众包竞赛绩效影响因素及其作用机理研究

ZHONGBAO JINGSAI JIXIAO YINGXIANG YINSU
JIQI ZUOYONG JILI YANJIU

田 剑◎著

企业管理出版社
ENTERPRISE MANAGEMENT PUBLISHING HOUSE

图书在版编目（CIP）数据

众包竞赛绩效影响因素及其作用机理研究／田剑著. —北京：企业管理出版社，2016.11

ISBN 978－7－5164－1395－1

Ⅰ.①众… Ⅱ.①田… Ⅲ.①企业管理-组织管理学-研究 Ⅳ.①F272.9

中国版本图书馆 CIP 数据核字（2016）第 274960 号

书　　名：	众包竞赛绩效影响因素及其作用机理研究
作　　者：	田　剑
责任编辑：	刘一玲　崔立凯
书　　号：	ISBN 978－7－5164－1395－1
出版发行：	企业管理出版社
地　　址：	北京市海淀区紫竹院南路 17 号　　邮　编：100048
网　　址：	http：//www.emph.cn
电　　话：	总编室 68701719　　发行部 68414644　　编辑部 68701322
电子信箱：	80147@sina.com　　zbs@emph.cn
印　　刷：	北京嫒明印刷厂
经　　销：	新华书店
规　　格：	710 毫米×1000 毫米　　16 开本　　13.75 印张　　210 千字
版　　次：	2016 年 11 月第 1 版　　2016 年 11 月第 1 次印刷
定　　价：	38.00 元

版权所有　翻印必究・印装有误　负责调换

前　言

　　创新是企业产品和技术研发过程的核心，是企业赖以持久生存和发展的关键，对促进科技进步和经济发展具有重大意义。但随着科学技术的快速发展和信息网络化水平的不断提高，顾客获取商品信息的速度变得越来越快，产品生命周期也变得越来越短。因此，传统的、依靠企业内部研发资源进行的封闭式创新（closed innovation）模式已使企业难以应对快速变化的市场需求，越来越多的企业开始在技术创新和产品创新过程中，强调企业内外创新资源的整合，即同时利用内部和外部相互补充的创新资源实现创新，这种创新模式被称为开放式创新（open innovation）。开放式创新模式能够广泛吸收企业外部的新鲜创意，从而加速企业内部创新，提升企业竞争力。除了吸引客户、供应商等外部力量参与创新活动外，众包竞赛（crowdsourcing contest）已逐步成为企业广泛采纳的一种新型开放式创新模式，例如，BMW，IBM 和 Siemens 等公司都曾通过举办创新竞赛来获得创新思想、产品和技术的改进方案以帮助解决企业创新难题。

　　近年来，随着互联网在全球范围的广泛普及，越来越多的企业开始借助众包平台开展创新竞赛活动，越来越多的网络创新者也参与到创新竞赛活动中。2008 年 11 月至 12 月，Google 公司举办了一项全球性少年绘画创意大赛，共征集到 19000 份 Google 徽标绘画作品。2010 年，思科公司自主举办的第二届"I-Prize"全球创新竞赛，吸引了超过 156 个国家的 2900 名创新者参与，提交创意达 824 条，最终获胜者赢得 25 万美元的奖励。众包竞赛不仅受到大公司的青睐，也为很多中小企业提供了新的创新渠道，这是因为企业选择自己组织创新竞赛的成本较高且还会受到自身知名度的限制，所以很多中小企业选择在专门的众包竞赛社区发布任务。比如，创立于 2001 年的 InnoCentive.com 就是国际上著名的众包竞赛社区，很多企业都已通过该平台来解决部分技术创新难题，所发布的创新任务涉及数学、物理、化学、生命科学、计算机科学等众多领域。国外与之类似的众包竞赛社区还包括 Threadless.com 和 Topcoder.com 等。在我国，众包竞赛始于 2006 年，主要的平台有：任务中国网（www.taskcn.com）、猪八戒网（www.zhubajie.com）和时间财富网（www.680.com）等，所涉及的竞赛任务类型主要包括设计类、网站类、写作类、程序类等。以国内最大的众包竞赛平台——猪八戒网为例，从 2006 年创办伊始至 2016 年 2 月，猪八戒网已有超过 1391 万人注册，任务发布数量超过 502 万个，奖金发放总额超过 19 亿元，近几年更是进入一个高速增长期，仅从 2014 年 2 月到 2016 年 2 月，解答者注册人数增长了将近 400 万。

众包竞赛以其所具有的参与式文化和集体智慧特征，不但加速了创意的产生和创新的深化，降低了企业研发、设计等创新活动的成本，而且使创新活动成为了一种社会化行为。目前国内外众包竞赛得到了迅速发展，但同时也存在诸多问题，如现金奖励对解答者的激励作用不显著；解答者参与热情不高，努力投入不足；很多众包竞赛任务在规定竞赛期限内得不到较好的解决，竞赛效率不高等；竞赛中诚信缺失现象屡见不鲜，发起者作弊行为时常发生，如解答者提交竞赛方案之后，发起者审核不通过，却在竞赛结束之后不经解答者同意擅自使用解答者创新方案等，导致解答者对任务发起者信任缺失。这些问题都直接导致了创新竞赛绩效的下降，因此，深入分析并很好地解决上述问题对提升众包竞赛的应用效果具有极其重要的意义。基于上述背景，本书将对众包竞赛绩效的影响因素及其作用机理进行研究，并在此基础上，进一步探索更为有效的众包竞赛机制，以期丰富众包竞赛相关理论，为众包竞赛的应用提供实践指导。

本书在回顾国内外众包竞赛研究现状的基础上，重点围绕以下五个问题展开研究：

1. 众包竞赛绩效影响因素基准模型构建

基于创新竞赛的相关理论，构建了研究模型，重点从市场环境因素和固定设计要素两个方面研究了网上创新竞赛绩效的影响因素。

2. 众包竞赛最优奖励机制研究

运用委托代理理论构建赢者通吃和多奖项两类不同奖励机制下的激励相容模型，通过求解分析了解答者参赛经验、解答者之间的交互作用等对解答者努力程度以及组织者期望收益的影响，通过动态仿真验证了理论结果的正确性，并给出了设计最优奖励机制的相关策略。

3. 不同奖励机制情形下绩效影响因素作用机理研究

从竞赛设计要素的角度，探讨了奖励机制对竞赛设计要素与竞赛绩效之间的关系具有调节作用，通过研究进一步发现不同竞赛任务类型下奖励机制对竞赛绩效的影响作用机理。

4. 不同竞赛序列情形下绩效影响因素作用机理研究

讨论了不同竞赛序列情形下，竞赛固定设计要素对网上众包竞赛绩效的作用机理，重点比较了单阶段多奖项奖励与两阶段多奖项奖励竞赛结构下，竞赛周期、任务描述以及奖金设置对竞赛绩效的影响。

5. 考虑信任情形下的众包竞赛中绩效影响因素研究

引入努力程度作为中介变量，信任作为调节变量，构建了众包竞赛绩效影响因素模型，进而以国内最大的众包平台——猪八戒网为研究对象，通过对解答者展开问卷调查以及采用网络数据抓取技术搜集相关数据，对解答者创新绩效影响因素进行了实证研究。

通过研究，形成以下结论：

——市场价格和竞争强度是影响网上创新竞赛绩效的重要市场环境因素。竞赛周期、任务描述和奖励金额是影响网上创新竞赛绩效的重要固定设计要素。研究结果表明过高的市场价格会削弱网上创新竞赛绩效水平。较高的市场竞争强度对吸引解答者参赛有积极影响，但任务完成率都会随着竞争强度的增加而下降。但竞争强度对竞赛绩效的影响作用会随着具体市场情况的变化而变化。在创意类和专业知识类竞赛任务中，适当的延长竞赛周期有利于提高创新竞赛绩效。而过多的任务描述会降低创意类竞赛任务绩效，但能提高专业知识类任务绩效。组织者通过设置高额奖金有利于吸引更多解答者参与和获得更多有效解答方案，但会降低解答者的任务完成率。当竞赛奖励金额高于市场价格时，奖励金额对解答者人数与有效方案数量的正向影响作用更强。

——在赢者通吃和多奖项情形下，固定奖励机制均不能实现组织者与解答者之间的激励相容；竞价奖励机制中组织者与解答者之间的激励相容问题存在最优解。对于组织者实现期望收益最大化的目标，当组织者给出的固定奖金在一定范围内时，即使不能实现组织者与解答者的激励相容，固定奖励机制依然优于竞价奖励机制。解答者的参赛经验从正向和负向两个方面对组织者的期望收益产生影响。解答者参赛经验的积累对提高解答者在众包竞赛中投入的努力水平有积极作用；但对解答者产生的创新产出具有一定的弱化作用。总体来说，解答者参赛经验的积累对组织者期望收益的促进作用大于弱化作用。在多奖项情形下解答者之间存在交互作用，这种交互作用将促进解答者提高其努力程度，进而提高组织者的期望收益；且随着交互作用的增强，多奖项众包竞赛突显出绝对优势。由于信息不对称，解答者的代理成本不可避免，解答者提交方案质量的差异、解答者的绝对风险规避程度、解答者努力的成本系数、解答者的参赛经验以及解答者之间的交互作用都是产生代理成本的重要根源。降低代理成本将大大提高众包竞赛的利润潜力。

——奖励机制是固定设计要素与网上创新竞赛绩效之间关系的重要调节变量。研究表明，在创意类任务中，当采用多奖项奖励机制时，延长竞赛周期对提升网上创新竞赛绩效的效果更显著。而专业知识类任务中，当采用赢者通吃奖励机制时，延长竞赛周期对提升网上创新竞赛绩效的效果更显著。对于任务描述内容较多的创意类任务，采用赢者通吃奖励机制比多奖项奖励机制获得的竞赛绩效高。无论是专业知识类任务，还是创意类任务，当采用多奖项奖励机制时，提高奖励金额对竞赛绩效的积极影响更明显。

——不同竞赛序列情形下，固定设计要素对网上创新竞赛绩效有着不同的影响作用。研究结论表明，在单阶段竞赛中延长竞赛周期对提高创新竞赛绩效作用更显著。在单阶段竞赛中，任务描述过长会降低整个创新竞赛绩效；但在两阶段竞赛中，详细的任务描述却能吸引更多的解答者参与。一等奖对解答者的激励作用在单阶段竞赛中比在两阶段竞赛中强；二等奖对解答者的激励作用在两阶段竞赛中比在单阶段竞赛中强，且二等奖金额越接近一等奖金额，解答者人数和有效方案数量越多。因而，在单阶段创新竞赛中，采用赢者通吃的奖励机制是最优的，而在多阶段创新竞赛中，采取多奖项奖励机制可提高整个竞赛绩效。

——解答者的内外部动机是影响其创新绩效的重要因素。研究发现，解答者内部动机（享受娱乐、能力提升、自我效能、沉浸需要）和外部动机（奖金激励、感知有用性、感知易用性）对解答者创新绩效有正向影响；与内部动机相比，外部动机对解答者创新绩效的正向作用更加显著。努力程度对内外部动机影响创新绩效存在中介效应。解答者内外部动机通过努力程度影响解答者创新绩效，但并非完全通过努力程度作用于创新绩效，努力程度起部分中介效应。解答者对发起者的信任在其内外部动机对创新绩效的作用过程中具有调节效应，相对于内部动机，信任在外部动机对创新绩效的作用过程中的调节作用更加显著。当解答者对发起者信任程度低时，外部动机对解答者创新绩效的正向作用减弱；当解答者对发起者信任程度高时，外部动机对解答者创新绩效的正向作用显著增强。

本书为教育部人文社会科学研究规划项目"考虑任务异质性的众包竞赛绩效影响因素及其作用机理研究"（项目批准号：15YJA630064）的中期成果之一，受到江苏省"青蓝工程"中青年学术带头人培养计划、江苏科技大学应用经济学学科建设专项经费资助，在此一并致谢。在本书创作和完稿过程中得到了孟庆良教授以及作者所指导的硕士研究生王丽伟、邓娇、费友丽、赵蕾的大力支持和帮助。在此，对参与本课题研究的全体老师和学生表示感谢！由于作者水平有限，本书难免有所疏漏，望广大读者批评指正。

作者

2016年7月18日于江苏镇江

目 录

第一章 绪 论 / 1

    一、研究背景 ……………………………………………………（1）

    二、研究意义 ……………………………………………………（2）

    三、国内外研究现状 ……………………………………………（3）

        （一）众包竞赛设计要素与绩效关系研究 …………………（3）

        （二）众包竞赛参与动机与绩效关系研究 …………………（6）

    四、本书主要内容 ………………………………………………（8）

第二章 众包竞赛的相关理论 / 11

    一、众包竞赛的相关概念 ………………………………………（11）

        （一）众包竞赛的概念及特点 ………………………………（11）

        （二）众包竞赛相关设计要素 ………………………………（12）

        （三）众包竞赛的一般流程 …………………………………（15）

    二、众包竞赛绩效的评价模型 …………………………………（16）

        （一）传统众包竞赛绩效评价模型 …………………………（16）

        （二）网上众包竞赛绩效评价模型 …………………………（17）

    三、竞赛机制设计相关理论 ……………………………………（18）

        （一）赢者通吃与多奖项奖励机制 …………………………（19）

        （二）单阶段与多阶段竞赛模型 ……………………………（21）

    四、本章小结 ……………………………………………………（23）

第三章 众包竞赛绩效影响因素基准模型构建 / 24

    一、引 言 ………………………………………………………（24）

    二、基准模型构建与研究假设 …………………………………（25）

（一）众包竞赛绩效的评价因素 ……………………………………（25）
　　（二）众包竞赛绩效的影响因素 ……………………………………（25）
三、数据收集与变量测量 …………………………………………………（29）
　　（一）样本来源与数据收集 …………………………………………（29）
　　（二）相关变量测量 …………………………………………………（29）
　　（三）数据分析方法 …………………………………………………（30）
四、假设检验与结果分析 …………………………………………………（30）
　　（一）描述性统计分析与多元回归模型检验 ………………………（30）
　　（二）市场环境要素对网上众包竞赛绩效的影响作用 ……………（31）
　　（三）固定设计要素对网上众包竞赛绩效的影响作用 ……………（33）
　　（四）模型修正 ………………………………………………………（35）
五、结果讨论 ………………………………………………………………（37）
六、本章小结 ………………………………………………………………（39）

第四章　众包竞赛最优奖励机制研究／40

一、引　言 …………………………………………………………………（40）
二、赢者通吃情形下众包竞赛最优奖励机制研究 ………………………（41）
　　（一）固定奖励机制中的激励相容 …………………………………（41）
　　（二）竞价奖励机制中的激励相容 …………………………………（42）
　　（三）赢者通吃情形下两种奖励机制中组织者期望收益比较 ……（46）
　　（四）赢者通吃竞价奖励机制的代理成本 …………………………（48）
三、多奖项情形下众包竞赛最优奖励机制研究 …………………………（50）
　　（一）固定奖励机制下的激励相容 …………………………………（50）
　　（二）竞价奖励机制下的激励相容 …………………………………（52）
　　（三）多奖项竞价奖励机制的代理成本 ……………………………（57）
四、仿真及策略分析 ………………………………………………………（59）
　　（一）仿真模型假设 …………………………………………………（59）
　　（二）赢者通吃情形下不同奖励机制的激励相容结果比较 ………（59）
　　（三）多奖项情形下不同奖励机制的激励相容结果比较 …………（65）
　　（四）不同的赢者确定方式下组织者期望收益比较 ………………（70）

五、本章小结 …………………………………………………… (72)

第五章　不同奖励机制情形下绩效影响因素作用机理研究 / 74

一、引　言 …………………………………………………… (74)
二、模型构建与研究假设 …………………………………… (75)
三、研究样本与变量测量 …………………………………… (77)
　（一）样本来源与数据收集 ………………………………… (77)
　（二）相关变量测量 ………………………………………… (78)
　（三）数据分析方法 ………………………………………… (78)
四、假设检验与结果分析 …………………………………… (79)
　（一）描述性统计分析与多元回归模型检验 ……………… (79)
　（二）奖励机制对网上众包竞赛绩效的调节作用检验 …… (81)
　（三）模型假设修正 ………………………………………… (89)
五、结果讨论 ………………………………………………… (90)
六、本章小结 ………………………………………………… (92)

第六章　不同竞赛序列情形下绩效影响因素作用机理研究 / 93

一、引　言 …………………………………………………… (93)
二、模型构建与研究假设 …………………………………… (94)
三、研究样本与变量测量 …………………………………… (97)
　（一）样本来源与数据收集 ………………………………… (97)
　（二）相关变量测量 ………………………………………… (97)
　（三）数据分析方法 ………………………………………… (98)
四、假设检验与结果分析 …………………………………… (100)
　（一）描述性统计分析与多元回归模型检验 ……………… (100)
　（二）竞赛序列对网上众包竞赛绩效的调节作用检验 …… (100)
　（三）模型假设修正 ………………………………………… (104)
五、结果讨论 ………………………………………………… (104)
六、本章小结 ………………………………………………… (110)

第七章 考虑信任情形下的众包竞赛中绩效影响因素研究 / 112

一、引 言 ……………………………………………… (112)

二、研究模型及假设 …………………………………… (113)

三、问卷设计及数据收集 ……………………………… (116)

 （一）变量测度 ………………………………………… (116)

 （二）问卷设计 ………………………………………… (119)

 （三）样本选择和数据收集 …………………………… (119)

四、实证分析 …………………………………………… (120)

 （一）描述性统计分析 ………………………………… (120)

 （二）因子分析 ………………………………………… (122)

 （三）信度分析 ………………………………………… (130)

 （四）效度分析 ………………………………………… (131)

 （五）结构方程模型检验 ……………………………… (133)

五、研究结果讨论及建议 ……………………………… (142)

 （一）研究结果分析与讨论 …………………………… (142)

 （二）管理建议 ………………………………………… (145)

六、本章小结 …………………………………………… (147)

第八章 结论与研究展望 / 148

参考文献 / 153

附　　录 / 165

第一章 绪 论

一、研究背景

创新是企业产品和技术研发过程的核心,是企业赖以持久生存和发展的关键,对促进科技进步和经济发展具有重大意义。但随着科学技术的快速发展和信息网络化水平的不断提高,顾客获取商品信息的速度变得越来越快,产品生命周期也变得越来越短。因此,传统的、依靠企业内部研发资源进行的封闭式创新(closed innovation)模式已使企业难以应对快速变化的市场需求,越来越多的企业开始在技术创新和产品创新过程中,强调企业内外创新资源的整合,即同时利用内部和外部相互补充的创新资源实现创新,这种创新模式被称为开放式创新(open innovation)。[1-3]除了吸引客户、供应商等外部力量参与创新活动外,众包已逐步成为企业广泛采纳的一种新型开放式创新模式。[4-7]

众包是指公司或机构将过去由员工执行的工作任务以自由自愿的形式外包给非特定的(通常是大型的)大众网络的做法。[8]Boudreau 和 Lakhani 将众包归结为竞赛、合作型社区、互补者和劳动力市场四种类型,并指出竞赛已成为众包中最活跃的应用领域。[9]众包竞赛(crowdsourcing contest),也称为创新竞赛(innovation contest),是指创新者运用自身技能、经历和创造力为组织者设定的某一特定竞赛任务提供解决方案而展开的在线竞争。[10]比如,创立于 2001 年的 InnoCentive.com 就是国际上著名的众包竞赛社区,很多企业都已通过该平台来解决部分技术创新难题,所发布的创新任务涉及数学、物理、化学、生命科学、计算机科学等众多领域。国外与之类似的众包竞赛社区还包括 Threadless.com 和 Topcoder.com 等。在我国,基于互联网的众包竞赛始于 2006 年,主要的平台有:任务中国网(www.taskcn.com)、猪八戒网(www.zhubajie.com)和时间财富网(www.680.com)等,所涉及的竞赛任务类型主要包括设计类、网站类、写作类、程序类等。以国内最大的众包竞赛平台猪八戒网为例,据猪八戒网站公布的统计数据显示,从 2006 年创办伊始至 2016 年 2 月,猪八戒网已有超过 1391 万人注册,任务发布数量超过 502 万个,奖金发放总额超过 19 亿元,近几年更是进入一个高速增长期,仅从 2014 年 2 月到 2016 年 2 月,解答者注册人数增长了将近 400 万人。

众包竞赛的应用为企业新产品开发拓宽了创新渠道、压缩了研发成本和周期,但同时也涌现出诸多问题,如现金奖励对解答者激励作用不显著、[11]大量任务在设定的竞赛周期内无法得到有效解决等。[4,12]上述问题的存在都直接或间接地影响到众包竞赛绩效,因此,如何正确认识众包竞赛绩效影响因素来源、主次关系及其对竞赛绩效的作用机理对众包竞赛的推广应用至关重要。

二、研究意义

本研究的理论意义和实践价值在于:

(一) 从理论上,进一步丰富和拓展众包竞赛绩效的研究内容和研究方法

从研究内容上看,现有研究在考量众包竞赛绩效时,为简化问题,往往多限于单阶段众包竞赛且未考虑任务复杂性的影响,然而任务复杂性直接关系到奖励机制和竞赛序列的选择。本研究拟从两个方面对众包竞赛绩效的研究内容进行拓展:一是从"设计要素—竞赛绩效"关系角度出发,拟构建众包竞赛绩效影响因素分析的基准模型,按任务复杂程度对众包竞赛分类,实证分析不同任务类型的竞赛绩效影响因素来源及其作用机理的差异性;二是引入奖励机制和竞赛序列为调节变量,修正基准模型,进而分析比较两类奖励机制(赢者通吃或多奖项奖励机制)和两类竞赛序列(单阶段或多阶段竞赛)的调节效应。

从研究方法上看,已有研究多采用博弈论和实验的方法,即便有少量的实证研究又多基于国外众包竞赛平台数据,其研究结论是否适用于国内众包竞赛实践还有待进一步检验。本研究以国内众包平台(猪八戒网)发布的竞赛任务为研究对象,采集平台历史数据,运用回归分析的方法对不

同任务类型众包竞赛绩效影响因素及其作用机理展开实证研究。

（二）在实践上，为发起者科学设计众包竞赛机制提供决策支持

国内众包竞赛实践起步相对较晚但发展迅速，企业和政府对此高度重视。2015年9月国务院发布的《关于加快构建大众创业万众创新支撑平台的指导意见》中明确提出"借助互联网等手段，将传统由特定企业和机构完成的任务向自愿参与的所有企业和个人进行分工，最大限度利用大众力量，以更高的效率、更低的成本满足生产及生活服务需求，促进生产方式变革，开拓集智创新、便捷创业、灵活就业的新途径"。作为众包的重要方式，众包竞赛被企业广泛采纳。如何科学有效地设计众包竞赛机制，不仅直接影响到竞赛绩效水平，同时也对推动众包竞赛在我国的广泛应用与健康发展具有十分重要的现实意义。本研究基于国内外众包平台现实数据，从众包竞赛要素设计角度全面考量其对创新绩效的影响，以期为竞赛发起者正确认识不同设计要素的重要性，科学设计众包竞赛机制，提升众包竞赛绩效提供决策支持。

三、国内外研究现状

围绕众包竞赛绩效这一主题，国内外学者沿着两条主线展开研究：一是从经济学视角，主要运用博弈论或实验方法研究众包竞赛设计要素与绩效的关系；二是从行为学视角，主要运用动机理论探究解答者参与动机与绩效的关系。

（一）众包竞赛设计要素与绩效关系研究

如何科学设计众包竞赛机制以实现绩效最大化，一直是学者们关注的焦点。Bullinger 等基于文献梳理并结合众包竞赛实践特点，描述了构成众包竞赛活动的10大要素。[10] 早期研究更多是从经济学视角，运用博弈方法重点探讨参赛人数设置和奖励机制选择问题。随着研究的深入，学者们开始关注更大范围的设计要素与众包竞赛绩效的关系。

1. 参赛人数与竞赛绩效的关系研究

是否应该限制参赛者人数，一直是竞赛理论研究者们长期争论的话

题。经典竞赛理论认为随着参与者人数的增加,个体参赛者获胜概率会下降,进而会减弱其努力水平和参与积极性,从而导致竞赛绩效降低。[13-14]然而从众包竞赛的应用实践看,更多的竞赛是向所有人开放,而非限制参赛人数。[7]Boudreau 等发现,针对不确定性程度高的竞赛任务,通过增加竞赛人数有助于提高竞赛绩效且任务不确定性也能削弱因参赛者人数增加所带来的负面效应。[15]Bayus 通过对 Dell 创意风暴社区的案例研究提出,大量创意提供者能带来更具实施价值的创意。[16]Füller 等进一步指出众包竞赛绩效不仅取决于参与者的绝对数量和多样性,还取决于其专业化水平,专业化水平对提交方案的平均质量具有正效应且专家们更倾向于参与较为复杂的设计任务。[17]

2. 奖励机制与竞赛绩效的关系研究

从国内外众包竞赛实践看,所采用的奖励机制主要包括赢者通吃(winne-takes-all)和多奖项(multiple-prize)两类,已有研究更多是运用博弈方法从最大化参赛者努力水平以提升绩效的角度比较两类奖励机制的优劣性。Glazer 和 Hassin 指出,当参赛者努力成本函数为线性时,若参赛者能力是均衡的,则多奖励机制最优;若参赛能力是非均衡的,则赢者通吃奖励机制最优。[18]Moldovanu 和 Sela 指出,若参赛者的努力成本函数线性或凹的,则赢者通吃奖励为最优奖励机制;若为凸的,则设置多奖项奖励机制为最优。[19-20]韩建军等通过博弈分析发现,当参赛者成本非对称情形下,竞赛组织者选择赢者通吃为最优。[21]Sheremeta 等通过证明也发现,采用赢者通吃奖励机制会带来参与者更高的期望努力且组织者期望支付较多奖项奖励机制少。[22-23]也有学者认为最优奖励机制的选择在一定程度上依赖于参赛者风险偏好类型或任务类型。如,Archak 和 Sundarajan 的研究指出,若参赛者为风险厌恶型的,则应设置多奖项,而不是只奖励提交最优解决方案的唯一参赛者。[24]Terwiesch 和 Xu 根据技术和市场不确定性两个维度,将众包竞赛任务分为专业知识类、创意类和试验类,并指出最优奖励机制的选择与任务类型有关,即赢者通吃奖励机制更适用于创意类和试验类项目,而多奖项奖励则更适用于专业知识类项目。[25]Cason 等则采用实验的方法对两类奖励机制进行比较后发现,多奖项奖励机制较赢者通吃奖励机制更能吸引解答者参与,且会带来更高的竞赛绩效。[26]

3. 其他设计要素与绩效关系研究

除了参赛人数和奖励机制外，众包竞赛设计要素还包括任务描述、竞赛周期、奖金数量和信息反馈方式等方面，其中任务描述、竞赛周期和奖金数量是在众包竞赛发起前需事先明确的，因此，习惯上被称为固定设计要素。[5]

Shao 等研究发现，高奖金、低任务难度、较长竞赛周期以及低市场竞争强度的创新任务更能吸引解答者参与，而高奖金、高任务难度和较长竞赛周期的创新任务能吸引高水平的解答者参与。[27]王丽伟和田剑基于任务中国的众包竞赛任务数据的实证研究发现，设置较高的奖励金额可增加参赛人数，而延长竞赛周期则可增加解答方案数量和提高任务完成率；过多的任务描述会降低众包竞赛绩效水平；奖励机制对众包竞赛绩效影响因素具有重要的调节作用。[28]Sun 等基于期望理论的实证研究表明，奖金效价对众包竞赛参与者的努力水平产生正效应。[29]郝琳娜等针对创意型和专业型两种众包竞赛分别构建了损失规避情况下的博弈模型，通过模型求解发现，两类竞赛中解答者为规避损失，都相应降低了努力水平，而发起者为保障竞赛的持续进行并未降低奖金的设定。[30]而 Walter 和 Back 基于 Atizo 网站的实证研究却表明，奖金数量、竞赛周期、任务描述等固定设计要素对众包竞赛绩效的影响作用并未达到预期效果，通过设置高奖金来最大化创意数量和质量可能会与第三方的行为（平台维护者会通知高水平解答者参加竞赛）产生冲突。[31]

众包竞赛中，组织者可以选择在竞赛过程中对于参赛者的表现给予反馈或者不给予反馈，还可以选择在竞赛开始前声明或者隐瞒自己的反馈策略，合适的信息披露或信息反馈可以激励解答者付出努力，从而提高竞赛绩效。[32-33]葛如一和张朋柱研究发现，反馈策略的优劣与众包方的收益类型相关，当众包方的收益等于所有参赛者的努力总和时，无反馈策略和事先声明的有反馈策略效果相同，而事先隐瞒的有反馈策略最优；当众包方的收益等于参赛者的最大努力水平时，无反馈策略最劣，而事先声明和事先隐瞒的有反馈策略都有可能占优，最优策略由参赛者人数、参赛者能力分布及收到反馈的人数所决定。[34]除了组织者反馈信息外，解答者也可以选择是否披露私有信息。董坤祥和侯文华等通过研究发现，在解答者感知风险较高的情况下，风险规避的解答者更倾向于披露私有信息而提高其创新绩效；但风险规避的态度会促使解答者采取保守的解答策略，使得服务保证和参与经验对创新绩效的作用减弱。[35]

（二）众包竞赛参与动机与绩效关系研究

众包竞赛的早期研究认为，解答者参与众包竞赛的首要动机为了赢取奖金且奖励水平的高低对竞赛绩效产生重要影响。DiPalantino 和 Vojnovic 的研究表明，参与者人数随着奖励金额按照对数形式增长。[36]但也有学者对此持否定的观点，葛如一和张朋柱则认为，由于受自身历史积累和空闲时间的限制，解答者人数或者提交方案数量会随悬赏金额的提高而减少。[37]Chen 等基于 Google Answers 的研究发现，高奖励未必意味着发起者可获得最好的解答，[38]甚至有学者发现奖金对吸引解答者无显著作用。[11,39]还有研究指出虽然高奖励能产生更多提交方案并能吸引高水平解答者参与，但一旦出现高质量方案，高水平解答者参与积极性会降低，反而会导致提交方案质量的下降。[40]

随着研究的深入，学者们发现众包竞赛活动中解答者参与动机具有复杂多样性特征。Leimeister 等认为，解答者参赛动机包括学习、获取奖励、自我推销和社会交往等方面。[41]Brabham 通过对解答者的访谈发现，解答者参与众包竞赛不仅仅是为了获得奖励报酬，还希望提升创新技能、赢得工作机会和满足交往需要。[42]Ebner 等指出，现金奖励和获得工作机会是参赛者的主要动机。[43]叶伟巍和朱凌发现，参赛者动机因众包竞赛模式的不同而异，对于竞争型众包竞赛，解答者参与动机来自个人兴趣、展示分享专长的成就感、社会认同感和获胜的报酬，而对于合作型众包竞赛，动机则来自渴望学到新知识、与别人分享专长、实现共同的目标以及有利于职业发展。[44]孟韬、张媛和董大海基于猪八戒网的问卷调查发现，参与者预期收益及其对众包平台和发包方的信任会对参与意愿和行为产生显著的正向影响。[45]

也有学者主张将参与动机归结为内部和外部两个方面。Boudreau & Lakhani 认为解答者参与众包竞赛的外部动机包括赢取奖金、增长知识和技能及创建个人声誉，而内部动机则包括享受、智力激发等。[46]Zheng 等基于动机理论和工作设计理论发现,众包竞赛活动中内部动机比外部动机(获得奖励和认可)更能激发解答者的参与热情。[47]Sun 等运用期望价值理论和社会学习理论对解答者持续参与行为展开实证研究并发现,解答者的内外部动机都会显著影响其持续参与意愿,并且任务复杂性和解答者的自我效能会调节内外部动机与持续参与意愿之间的关系。[48]冯小亮和黄敏学通过探索性研究发现,众包竞赛的参与动机除了内部和外部两个方面外,还存在内化的外部性动机。[49]

还有学者从公平性和工作设计视角分析参与行为对竞赛绩效的影响,如 Franke 等认为公平期望会影响到解答者参与的可能性,而公平期望是形成于众包竞赛机制设计要素和对任务认知基础之上。[50]此外,Füller 等通过聚类分析和社会网络分析,将众包竞赛参与者划分为不同类型,分析了其行为贡献模式对竞赛机制设计的影响。[51]Martinez 将工作设计思想引入研究,并将解答者参与视为在线众包竞赛中影响创造力的关键因素。通过研究发现,随着解答者参与强度和持续性的提高,其创造力和贡献质量越高,且解答者参与对众包竞赛设计和创造力关系存在调节效应。[52]

众包竞赛用户行为的已有研究更多关注的是亲社会、合作行为对创新绩效的正向效应,忽视了竞争、反社会甚至不道德行为的负面个性特征因素。对此,Hutter 等基于公共交通领域的大规模众包竞赛的多源个体层面数据研究发现在网上众包竞赛环境下马基雅维利主义的三个维度(对他人的不信任、不道德和对地位的渴望)对竞赛绩效具有负的显著行为效应。[53]吕英杰等发现,网络的虚拟性导致竞赛参与双方缺乏信任,信用体系不健全、过度竞争等问题成为制约众包竞赛快速发展的瓶颈。[54]郑海超和侯文华指出,如何解决成员间的诚信问题是众包竞赛发展面临的重要问题。[11]庞建刚指出在信息不对称情况下,存在发包方欺骗行为,从而影响竞赛绩效,并提出应从众包社区创新准入制度、方案筛选机制、信用评价机制和奖惩机制等四个方面来设计众包社区创新的风险管理机制。[55]

通过对国内外有关众包竞赛绩效相关文献的梳理,我们发现近 10 年国内外学者们围绕众包竞赛绩效问题已展开了大量有价值的研究,对后续研究的开展产生了推动作用,也为众包竞赛实践提供了一定的策略指导。但同时我们也发现,已有研究在研究视角、对象和方法等方面上还存在一定的不足。

（1）从研究视角看，已有研究主要是从考虑竞赛者成本函数的角度，重点探讨了最优参赛的设定和最优奖励机制的选择，虽有文献从竞赛设计要素角度，分析研究了竞赛周期、任务描述、奖励金额等因素对竞赛绩效的影响作用，但研究结论上存在分歧（如文献［28 - 32］）。究其原因，一方面是因为研究过程中忽视了竞赛任务异质性问题的存在，不同复杂程度的竞赛任务，设计要素对绩效的影响可能存在差异性；另一方面已有研究更多强调的是奖励金额这一设计要素的作用，而忽视了奖励机制的调节效应。因此，从众包竞赛设计要素角度出发，面向不同复杂程度的任务类型系统考量各要素与绩效间关系十分必要。

（2）从研究对象看，已有文献更多关注的是单阶段众包竞赛，然而众包竞赛实践中对于高价值或高复杂程度的任务，组织者通过单阶段众包竞赛往往无法获取最佳解决方案，因此会首先将一个项目任务分解，然后依据序贯竞赛的方式分步解决竞赛任务，于是多阶段众包竞赛问题产生。单阶段众包竞赛研究所形成的结论未必适用于多阶段众包竞赛，即便有学者研究了多阶段竞赛问题（如文献［20］），但其研究局限仍限于传统竞赛环境，相关结论未必适用于网络环境，因此面向复杂任务的多阶段众包竞赛问题值得进一步探讨。

（3）从研究方法看，已有文献尤其是早期文献在研究众包竞赛时由于数据可获性方面的原因，学者们多采用博弈论（如文献［18 - 24］）和实验（如文献［12，27］）等理论分析的手段和方法。众包竞赛的大量理论研究形成许多有价值的结论，也为后续实证研究提供了理论支撑。随着众包竞赛应用实践的推广，国内外众包竞赛平台上数据的公开，也为实证研究工作的开展提供了可能，因此结合中国情景检验理论研究结论的正确性是对已有研究的补充和完善。

四、本书主要内容

本研究基于国内外文献综述并结合众包竞赛的特点，拟从市场环境因素和固定设计要素两个方面寻求影响因素与绩效水平评价因子间的关系假设并构建基准模型，首先，通过采集国内众包竞赛平台现实数据并运用多元回归分析方法实证分析不同任务类型的众包竞赛绩效影响因素及其作用机理。其次，分别引入奖励机制和竞赛序列作为调节变量，对基准模型和研究假设进行修正，运用多元调节回归分析比较分析两种奖励机制（赢者通吃和多奖项奖励）、两类竞赛序列（单阶段和多阶段竞赛）的调节效应。最后，在综合实证研究所得结论的基础上提出面向不同任务类型最佳设计要素组合，通过案例分析验证结论的有效性，并为竞赛发起者提供众包竞赛机制设计的途径与策略。全书一共分为七章。

第一章　绪论

第二章　众包竞赛的相关理论。本章首先介绍了网上创新竞赛的相关概念，主要包括网上创新竞赛的定义，创新竞赛设计要素以及网上创新竞赛的一般流程。其次回顾了创新竞赛绩效的评价模型，包括传统创新竞赛绩效评价模型和网上创新竞赛绩效评价模型。本章还对竞赛机制设计的相关理论研究作了介绍，以上理论内容的介绍为第三章网上创新竞赛绩效影响因素的研究模型构建和后续研究奠定了理论基础。

第三章　众包竞赛绩效影响因素基准模型构建。本章基于创新竞赛的相关理论，构建了研究模型，重点从市场环境因素和固定设计要素两个方面研究了网上创新竞赛绩效的影响因素。

第四章　众包竞赛最优奖励机制研究。本章基于众包竞赛的已有研究成果，首先，构建了赢者通吃情形下的众包竞赛模型，运用委托代理理论重点分析了固定奖励机制和竞价奖励机制中组织者与解答者之间的激励相容；探讨了解答者参赛经验对解答者努力程度以及组织者期望收益的影响。其次，分析了多奖项情形下的激励相容问题，进一步探讨了解答者之间的交互作用对解答者努力程度以及组织者期望收益的影响。最后，通过动态仿真验证了理论结果的正确性，并给出了设计最优奖励机制的相关策略。

第五章　不同奖励机制情形下绩效影响因素作用机理研究。本章从竞赛设计要素的角度，探讨了奖励机制对竞赛设计要素与竞赛绩效之间的关系具有调节作用，通过研究进一步发现不同竞赛任务类型下奖励机制对竞赛绩效的影响作用机理。

第六章　不同竞赛序列情形下绩效影响因素作用机理研究。本章在第三~五章研究的基础上，进一步讨论了不同竞赛序列情形下，竞赛固定设计要素对网上众包竞赛绩效的作用机理，重点比较了单阶段多奖项奖励与两阶段多奖项奖励竞赛结构下，竞赛周期、任务描述以及奖金设置对竞赛绩效的影响。

第七章 考虑信任情形下的众包竞赛中绩效影响因素研究。本章在全面梳理众包竞赛及解答者参与动机、解答者创新绩效和信任等国内外相关研究的基础上，引入努力程度作为中介变量，信任作为调节变量，构建了众包竞赛绩效影响因素模型，进而以国内最大的众包平台——猪八戒网为研究对象，通过对解答者展开问卷调查以及采用网络数据抓取技术搜集相关数据，对解答者创新绩效影响因素进行了实证研究。

第八章 结论与展望。

第二章 众包竞赛的相关理论

一、众包竞赛的相关概念

（一）众包竞赛的概念及特点

1. 众包竞赛的概念界定

伴随着开放式创新模式的推广和普及，越来越多的企业开始积极的整合内外部资源解决创新问题。在这种背景下，基于互联网技术的众包竞赛逐渐被发现是企业获得的创新性产品或服务的一种有效手段。[5]Terwiesch 和 Xu 首先从经济学委托代理理论视角对众包竞赛（innovation contest）作了解释，即委托人（组织者，如企业）将遇到的相关创新问题委托给多个相互独立的代理人（解答者），并授予提供最佳解答方案的代理人相应的奖励。[25,56]Bullinger 等则进一步将众包竞赛概括为组织者利用互联网平台为解决某一具体创新问题而针对公众或某一特定群体设置的竞赛，竞赛者将利用自身技能、经验以及创造力为竞赛任务提供解决方案。[10]而郑海超和侯文华基于竞赛流程将其定义为企业在网络平台发布众包竞赛信息，由解答者提供解决方案，然后由企业评价解决方案，最后对提供最优方案的解答者进行奖励的一种竞赛方式。[4]也有一些学者研究指出，网上众包竞赛，在美国也被称为众包竞赛（crowdsourcing contest），在中国也被称为威客竞赛（witkey contest），是指企业为获取新创意或创新问题解决方案而设定的竞赛。[57]Sun 等从知识共享研究角度对网上众包竞赛进行了解释，即知识寻求者基于交易型虚拟社区（如任务中国网、猪八戒网等）发布任务，并对提供知识解决问题的解答者给予一定奖金补偿，但参与任务的解答者需要通过相互竞争来赢得这一奖金。[48]基于上述讨论，本章综合前人研究将网上众包竞赛定义为：竞赛组织者为解决创新问题而基于互联网平台开展的一种竞赛方式，即组织者通过网络虚拟社区平台发布需要解决创新任务，解答者利用自身技能、经验以及创造力为组织者设定的具体竞赛任务提供创意或解决方案，其中提交最优方案的解答者将会赢得组织者提供的奖励。

2. 众包竞赛的特点

企业通过众包竞赛可以从众多的外部创新者中获得解决企业内部创新问题的最佳创意或是解决方案。[10] 目前，国内外网络创新社区采用的交易机制主要有竞赛制和招标制，如 InnoCentive 和任务中国网站。竞赛制与招标制相比，主要在任务参与人数、获胜对象选择、报酬支付、机制潜在风险以及适用创新任务类型等方面存在区别（见表2-1）。竞赛制主要是以参与者提交的最终结果来决出胜负，由于在竞赛制中企业可以直接观察到成果质量，不存在错判的风险，所以企业会更偏好竞赛制。[37]

表2-1 招标制与竞赛制的区别[37]

项目	招标制	竞赛制
参与人数	竞标对象数量是无限的，但中标者只有一个，即实际参与完成任务的人数有限	参与完成任务的对象数量是无限的
获胜对象选择	通过标书质量的好坏确定的胜出者	以提交的最终创新成果来决出胜负
报酬支付	对中标解答者完成成果验收后，按标书中的报价支付报酬	发放奖金给竞赛中提交最佳解答方案的解答者
机制潜在风险	以标书的好坏确定获胜者，存在错判风险	竞争过于激烈，会导致解答者努力程度降低
适用创新任务	创新产出主要依赖于解答者投入的任务	创新产出受随机因素影响较大，且创新产出主要依赖于解答者的知识积累但无需太多额外投入的任务

（二）众包竞赛相关设计要素

众包竞赛由组织者（seeker，也称为发起者或发布者）发起，组织者既可以是个体，也可以是企业、公共组织或非营利性组织；组织者的最初目的是想通过发起众包竞赛来探究外部环境，并从众多分散的创新者中选择创新思想。[43]但现在，组织者往往以解答方案价值最大化为目标。[25,42]组织者在发布一项众包竞赛前，首先，确定竞赛主题，并对任务信息进行描述，任务描述涉及内容主要包括：任务开放程度和创新渴望程度。从任务的特殊程度看，如果任务充分开放，则特殊程度就低；如果任务高度专业，则特殊程度就高。从众包竞赛的渴望程度看，任务可能仅仅需要的是文本描述或粗略框架，也可能是更具创新型的概念或样品，甚至是可实施的完整方案。[43]另外，根据主题不同，众包竞赛可被划分为三类：专业知识类（Expertise-based project）；创意类（Ideation project）；试验类（Trial-and-error project）[25]。从对国内网上众包竞赛的实际应用情况来看，创意类任务占主导地位，其次是专业知识类任务，而试验类任务所占比重很小。竞赛周期（即竞赛持续时间）是指组织者规定竞赛者完成众包竞赛任务的时间长度。目前学者们对竞赛周期的划分还缺乏统一性。有学者认为，众包竞赛周期可分为极短期（按秒或分钟计）、短期（按天计）、中期（按周计）、长期（按半年）。[43]也有文献将其分为极短期（几个小时～14天）、短期（15天～6周）、长期（6周～4个月）、极长期（4个月以上）。[10]竞赛奖励一般包括货币激励、准货币激励（如表彰或工作提供）、非货币（如乐趣）或上述组合方式。[10,42,58]从众包竞赛的应用实践看，货币奖励形式居多。有研究发现网上众包竞赛中组织者对任务的定价策略会受到任务属性（竞赛周期、任务难度、外包价格等）以及市场竞争状况的影响。[59]

  目标群体是指竞赛的参与者（solver，也称为解答者）。根据组织者对参赛的目标群体是否有要求或限制，可将目标群体分为特定目标群体（限制参赛者的人数、国籍、年龄或兴趣等）和非特定目标群体（竞赛对所有人开放）。[60]此外，组织者要明确参与者是以个体形式还是以团队形式或两者均有的形式参与众包竞赛。为使开放式众包竞赛取得成功，组织者应根据竞赛者的偏好对其加以慎重区分和整合。[61]组织者发布创新任务时需要选择发布任务的媒介，即竞赛环境。组织者可以选择自己组织众包竞赛（如Dell公司的创意风暴社区），也可以借助第三方平台（如InnoCentive社区）。一般而言，众包竞赛的媒介包括三种形式：在线、离线或两者混合。[42,62]基于网络平台的众包竞赛是互联网在企业开放式创新方面的最新应用，该领域研究目前尚处于起步阶段。网络社区的出现为竞赛者提供了交流平台，使竞赛者之间的合作变为可能。[10]基于具有社区支持功能平台的众包竞赛方式被证明有利于激发外部创新者的积极性。[61]网络社区集成了 Web2.0 相关技术的应用，包括竞赛者之间的互动、信息交流、相关主题讨论以及产品合作设计。[10]近年来，国外一些学者开始关注基于社区的众包竞赛研究（如 Ebner 等，[43] Bullinger 等，[10] Hutter 等[63]）。为了吸引更多解答者参与竞赛，众包竞赛在宣传方式上更加多样化，既可以通过线下广告，也可以借助网站、博客、电子邮件或者是社交软件进行线上宣传（见表 2-2）。

表 2-2　　　　　　　众包竞赛类型及其特征[25]

任务类别	创新任务特征	解答者采取的行动
专业知识类	任务没有不确定因素（循规蹈矩的解决方案），该类任务的绩效主要取决于解答者的专业知识和努力程度	解答者投入努力来改进已存在的专业技术难题，比如：修改现有的工艺设计来适应新的生产场所
创意类项目	由于创新问题的解答方案没有清晰的描述，导致竞赛任务存在不确定因素	投入努力来创作最好的创意或解答方案。如：设计下一代黏合剂
试验类项目	创新问题的解决方案具有明确的目标，但由于解决目标的高度明确性，在如何改善解决方案方面造成了不确定	通过试验尝试许多解答方案，然后挑选出一个具有最好绩效的解答方案。如：研发一种减少白头发的药片

在解答者提交解决方案后，组织者可能会给自己感兴趣的方案解答者提供信息反馈。相关解答者也会按组织者的要求对所提交方案进行修改，从而提高自己获胜的概率。最后，组织者对解答者提交的方案进行评价，并根据评价结果给予竞赛者相应的奖励。评价方式有评判委员会评价、同行评审、自我评价或以上三者的混合方式。[10]综合上述分析，一场众包竞赛涉及的设计要素如下表所示（见表 2-3）。

表 2-3　　　　　　　　众包竞赛设计要素

设计要素	属性或内容
组织者	个体、企业、公共组织和非营利性组织（Ebner 等，2009）
解答者	个体、团队或是两者均有（Bullinger 等，2010）
竞赛主题任务描述	任务特殊程度：若任务完全开放则特殊程度低，任务高度专业则特殊程度高（Bullinger 等，2010）
	创新渴望程度：大体概念的文本描述、框架、更具创新型的概念或者甚至是样品及全套的解决方案（Ebner 等，2009）
竞赛周期	极短期、短期、中期、长期、极长期（Ebner 等 2009；Bullinger 等，2010）
奖励形式	货币、准货币激励（如表彰或是工作提供）、非货币（乐趣）或是以上组合的方式（Brabham，2010；Bullinger 等，2010）
目标群体	特定目标群体和非特定目标群体（Hallerstede 和 Bullinger，2010）
竞赛媒介	在线、离线或两者的混合（Boudreau 等，2008；Brabham，2010）
社区功能	互动、信息交流、相关主题讨论以及产品的合作设计（Bullinger 等，2010）
信息反馈	公布解答者作品排名或向感兴趣方案的解答者反馈信息（Yang 等，2009）
评价方式	评判委员会评价、同行评审、自我评价或以上三者的混合（Bullinger 等，2009）

（三）众包竞赛的一般流程

在组织者准备发起一场众包竞赛前，首先要对竞赛周期、任务描述、奖金数量等固定设计要素进行设置。[5] 在组织者公布竞赛任务信息后，外部解答者一般以个体参与形式参与到竞赛中。为了提高众包竞赛的绩效水平，竞赛一般都是向所有人开放的，即组织者对解答者的背景信息无要求，也不限制参与人数。解答者们则会根据任务信息、自身兴趣及条件决定是否参加竞赛。需要特别指出的是，众包竞赛的参赛时间是动态的，只要是在竞赛结束前，解答者都可以注册参与，这一点与传统竞赛不太相同。但是，参与竞赛的解答者必须在规定竞赛期限内提交自己的解答方案。一旦有解答者提交解决方案，组织者就可以对提交方案进行评价，不需要等到竞赛全部结束。因此，组织者可能会给自己感兴趣方案的提交者反馈修改信息，相应的解答者会按组织者的要求对所提交方案进行修改，从而提高自己获胜的概率。最后，组织者对全部符合要求的解答方案进行评价，选出其中最优的解决方案，并发放奖金给相应的解答者。综合上述描述，众包竞赛流程大体上分为五步：组织者发布创新任务→外部创新者根据任务信息和自身条件决定是否参加竞赛→竞赛者提交解决方案→组织者提供反馈信息，相关竞赛者修改方案→组织者评价提交方案，给予最优方案的竞赛者奖励。[32] 传统竞赛流程和众包竞赛流程如图 2-1 所示。

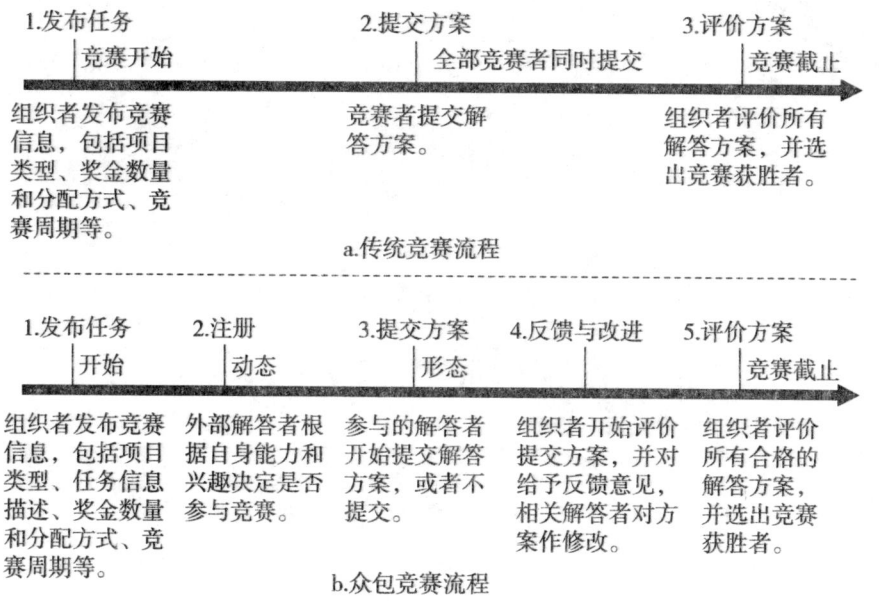

图 2-1 传统竞赛流程与众包竞赛流程的比较[32]

二、众包竞赛绩效的评价模型

（一）传统众包竞赛绩效评价模型

根据 Terwiesch 和 Xu[25]的研究，一场单阶段众包竞赛的绩效可以通过一组由最佳提交方案绩效和全部提交方案平均绩效组成的加权函数来表示（见式2-1），其中V为总绩效，v_i为第i提交方案的绩效，$\rho \in [0,1]$为权重。当$\rho=1$时，表示组织者只关心最佳提交方案的价值；当ρ介于0和1之间时，组织者可能认为多个提交方案的组合是最好的；而当组织者关心全部提交方案的平均质量时，$\rho=0$。

$$V = \rho \max_{i=1,\cdots,n}\{v_i\} + (1-\rho)\frac{\sum_{i=1,\cdots,n} v_i}{n} \quad (2-1)$$

每位解答者的绩效v_i，主要取决于解答者自身的专业知识β_i（为私有信息，服从于$[\underline{\beta}, \overline{\beta}]$上的分布函数$F$）、投入的努力$e_i$和随机因素$\xi_i$，如式2-2，其中$r(e_i)$表示解答者投入努力所获得的绩效增长部分，是关于$e_i$的一个递增凹函数。

$$v_i = \beta_i + r(e_i) + \xi_i \quad (2-2)$$

对于不同的众包竞赛项目而言，决定的解答者创新绩效的因素是不同的。在专业知识类竞赛中，解答者的绩效产出主要取决于自身的知识积累和对任务投入的努力。在创意类竞赛中，解答者的绩效主要取决于对任务投入的努力和组织者的主观偏好。在试验类竞赛中，解答者的绩效主要取决于试验次数和技术的不确定性（见表2-4）。

表2-4　三类众包竞赛任务解答者绩效模型[25]

项目类别	决定绩效的变量
专业知识类	解答者i已具备的专业知识β_i，解答者投入的努力e，绩效函数：$v_i(\beta_i, e_i) = \beta_i + r(e_i)$
创意类项目	解答者i投入的努力e，发布者的主观喜好（市场的不确定性），绩效函数：$v_i(e_i, \xi_i) = \beta + r(e_i) + \xi_i$
试验类项目	试验次数m，每次试验的结果（技术的不确定性），绩效函数：$v_i(m_i, \xi_i) = \max_j\{v_{ij} = \beta + \xi_{ij}, j=1,2,K,m_i\}$

（二）网上众包竞赛绩效评价模型

Terwiesch和Xu的绩效评价模型只适用于解答者数量确定并同时参与的线下众包竞赛研究，不适用于动态开放式的网上众包竞赛研究。[32]因为，在网上众包竞赛中,解答者可以在竞赛期限内任何时间参与,而且竞赛参与者的人数不确定。另外,由于网上众包竞赛中组织者可以向解答者反馈自己的建议,所以组织者的主观喜好 ξ_i 对解答者创新绩效的影响很小。[32] 收益最大化并不一定是网上众包竞赛机制设计的根本目标,组织者可能更关心提交方案的数量或是最优方案的质量。[36,64] Terwiesch 和 Xu 也指出在开放式众包竞赛中,解答者人数越多虽然会导致解答者的均衡努力降低,从而导致最终提交的解答方案质量下降,但是解答人数越多越有利于创新成果的多样性,这一定程度可以抵消因解答者投入不足导致的效率损失。[25] 因此,在 Terwiesch 和 Xu 的评价模型基础上,Yang 等对模型进行了修正,构建了适合于网上众包竞赛绩效研究的模型,即在不收取入场费的开放式动态网上众包竞赛中,每个解答者代表了一个知识单位,在解答者知识积累相同的情况下,参与竞赛的解答者数量一定程度上能够反映众包竞赛的潜在绩效(见式 2-3),这一理论观点也得到了其他学者的认可,如 Shao 等,[27] 杨小雷。[65]

$$V_{potential} \propto Number\ of\ Solvers \qquad (2-3)$$

另外,解答者最终提交的合格方案数量(满足组织者要求的解答方案)也被视为是测量网上众包竞赛绩效的重要变量之一,[65] 如式 2-3。在开放式创新模式下,当企业借助外部资源进行创新时,拥有外部资源越多,R&D 创新的绩效越高。[66] 因此,在开放式网上众包竞赛中,解答者提交的创意或解答方案数量越多,组织者获得的外部资源越多,竞赛产生创新成果的多样性越强,组织者能够得到最优解决方案的可能性越大,竞赛绩效也就会越高。[25]

三、竞赛机制设计相关理论

在竞赛理论研究中,如何设置奖励机制和竞赛序列一直是竞赛机制设计的重要问题。[67,68,69] 目前,在开放式众包竞赛理论研究中涉及的主要是关于奖励机制的研究,对竞赛序列的理论研究相对不足。

（一）赢者通吃与多奖项奖励机制

在一场单阶段开放式众包竞赛（不收取入场费）中，组织者发布一项创新任务并给出悬赏奖金为 P，有 $n \geq 2$ 个解答者参加竞赛，所有解答者和组织者都是风险中性的。绩效产出最大的解答者将赢得竞赛奖金，解答者的问题可以表示为：

$$Max \pi_i = P \cdot p_i - ce_i, \quad s.t. \; 0 \leq x_i \leq m_i, \; \pi_i \geq 0 \qquad (2-4)$$

其中，$p_i(\cdot)$ 表示解答者赢的竞赛的概率，ce_i 表示解答者的努力成本。根据竞赛规则，绩效 v_i 最大的创新者赢得比赛。[37] 假设组织者发布一个创新任务并设置了两个奖项，奖金分别为 $P_1 \geq P_2 \geq 0$，且 $P_1 + P_2 = P$。

（1）对专业知识类竞赛任务而言，解答者的绩效函数为 $v_i(\beta_i, e_i) = \beta_i + r(e_i)$，解答者根据自身知识积累决定努力投入，即 $e_i = b(\beta_i)$，令，$y(\beta_i) = \beta_i + r[b(\beta_i)]$，解答者 i 赢得竞赛的条件为 $v_i > v_j = y(\beta_j)$，$\forall i \neq j$，则解答者赢得比赛的概率为 $F^{n-1}[y^{-1}(v_i)]$，解答者的期望收益为：

$$Max_{v_i \geq 0} \pi_i = P_1 \cdot F^{n-1}[y^{-1}(v_i)] + P_2(n-1)[1 - F(y^{-1}(v_i))]F^{n-2}[y^{-1}(v_i)] - ce_i$$

由一阶条件：

$$\{P_1(n-1)F^{n-2}[y^{-1}(v_i)] + P_2(n-1)F^{n-3}[y^{-1}(v_i)][n-2-(n-1)F(y^{-1}(v_i))]\}f[y^{-1}(v_i)]\frac{1}{y'[y^{-1}(v_i)]} = \frac{c}{r'[r^{-1}(v_i - \beta_i)]}$$

由对称均衡策略 $v_i = v = y(\beta)$，且 $b(\underline{\beta}) = 0 (y(\underline{\beta}) = \underline{\beta})$，可得解答者努力程度的 $Bayes - Nash$ 均衡为：

$$e^* = \frac{P_1 F(\beta)^{n-1} + P_2(n-1)[F^{n-2}(\beta) - F^{n-1}(\beta)]}{c}$$

假定，$P_1 = (1-a)P$，$P_2 = aP$，$a \in [0, 1/2]$，上式可改写为

$$e^* = \frac{P\{F(\beta)^{n-1} + a[(n-1)(F^{n-2}(\beta) - nF^{n-1}(\beta)]\}}{c}$$

因此，组织者的最终绩效（期望收益）为：

$$V(a) = \rho \int_{\underline{\beta}}^{\bar{\beta}} \{\beta + r[e^*(\beta, P, a)]\} nF^{n-1}(\beta)f(\beta)d\beta +$$

$$(1-\rho) \int_{\underline{\beta}}^{\bar{\beta}} \{\beta + r[e^*(\beta, P, a)]\} f(\beta)d\beta$$

如果，$V''(a) < 0$ 且 $V'(a) < 0$，则 $V(a)$ 在 $a = 0$ 处可取得最大值。这种情况下组织者采用赢者通吃的奖励方式是最佳的。[25]

（2）对创意类任务而言，解答者的绩效函数为 $v_i(e_i, \xi_i) = \beta + r(e_i) + \xi_i$，假定解答者 i 在对称的纳什均衡中期望其他解答者投入的努力为 e，则 i 赢得奖金 P_1 比赛的概率为：

$$\Pr\{\beta + e_i + \xi_i > \beta + e + \xi_j, \forall i \neq j\} = \Pr\{e_i + \xi_i > e + \xi_j, \forall i \neq j\}$$

$$= \frac{1}{1 + (n-1)\exp\left[\dfrac{r(e) - r(e_i)}{\mu}\right]}$$

i 赢得奖金 P_2 比赛的概率为：

$$\Pr\{i \text{ 赢得 } P_2\} = (n-1)\left\{\frac{1}{1 + (n-2)\exp\left[\dfrac{r(e) - r(e_i)}{\mu}\right]} - \frac{1}{1 + (n-1)\exp\left[\dfrac{r(e) - r(e_i)}{\mu}\right]}\right\}$$

解答者的期望收益为：

$$\underset{e_i \geq 0}{Max}\pi_i = P_1 \cdot \Pr\{i \text{ 赢得 } P_1\} + P_2 \cdot \Pr\{i \text{ 赢得 } P_2\} - ce_i$$

采用对称策略 $e = e_i = e^*$，求得一阶条件为：

$$\frac{r'(e^*)}{\mu n^2(n-1)}[P_1(n-1)^2 + P_2(n^2 - 3n + 1)] - c = 0$$

因为 $r'(e^*)$ 为单调递减函数且 $(n-1)^2 > (n^2 - 3n + 1)$，所以，创意类任务采取赢者通吃的奖励方式是最优的，即 $P_1 = P$，$P_2 = 0$。[25]

（3）对试验类项目而言，假定解答者 i 在对称的纳什均衡中期望其他解答者投入的努力为 m，解答者 i 的期望收益为：

$$\underset{m_i \geq 1}{Max} \pi_i = P_1 \cdot \Pr\{i \text{ 赢得 } P_1\} + P_2 \cdot \Pr\{i \text{ 赢得 } P_2\} - cm_i$$

$$= P_1 \frac{m_i}{m_i + (n-1)m} + P_2(n-1)\left[\frac{m_i}{m_i + (n-2)} - \frac{m_i}{m_i + (n-1)m}\right] - cm_i$$

采用对称策略 $m = m_i = m^*$，求得一阶条件为：

$$P_1 \frac{(n-1)}{n^2 m^*} + P_2 \frac{n^2 - 3n + 1}{(n-1)} \frac{1}{n^2 m^*} - c = 0$$

因为 $n - 1 > (n^2 - 3n + 1)/(n - 1)$，所以对于试验类项目而言，采取赢者通吃的奖励方式是最优的，即 $P_1 = P$，$P_2 = 0$。[25]

（二）单阶段与多阶段竞赛模型

1. 单阶段竞赛博弈模型

假设在单阶段竞赛中，竞赛组织者发布一项任务并给出单个奖金为 P，有 $n \geq 2$ 个解答者参加竞赛，所有解答者和组织者都是风险中性的。解答者 i 为赢得奖金投入的努力为 e_i，则解答者赢得竞赛的概率函数为：

$$p_i(e_i, e_{-i}) = \frac{e_i}{\sum_{j=1}^{n} e_j} \quad (2-5)$$

其中，解答者获胜概率是关于自身努力 e_i 的单调递增函数，是关于对手努力 e_i 的单调递减函数。解答者 i 的期望收益函数为：

$$E(\pi_i) = p_i(e_i, e_{-i})P - e_i \quad (2-6)$$

由一阶条件可得，解答者努力程度的对称纳什均衡为：

$$e^* = \frac{(N-1)}{N^2} P \quad (2-7)$$

2. 多阶段竞赛博弈模型

根据 Gradstein 和 Konrad 的研究，[70] 假设在第一阶段竞赛中，所有的竞赛者被分成 k 组（每组人数为 n/k），每组的获胜者可以进入第二阶段的竞赛。根据公式（2-7），采用归纳法得出，第二阶段竞赛中每位竞赛者的均衡努力为：[71]

$$e_2^* = \frac{(k-1)}{k^2}P$$

因此,在第二阶段竞赛中,竞赛者的期望收益 $E(\pi_2^*) = \frac{P}{k^2}$。从而得出在第一阶段竞赛中,每组 n/k 个竞赛者的均衡努力为:

$$e_1^* = \frac{(n-k)}{n^2 k}P \qquad (2-8)$$

由对称均衡策略条件和二阶条件可知,解答者期望收益是非负的。根据 Sheremeta 的研究结论,[71]竞赛组织者采用两阶段竞赛模式比采用同等的单阶段竞赛模式所获得竞赛者努力程度更高,获得收益也会更大。因为在两阶段竞赛模式中,竞赛者在第一阶段的竞赛中付出的努力越大,进入第二阶段的可能性就越强。因此,第一阶段竞赛作为一种筛选手段,能够帮助组织者选出更具有竞争力的竞赛者进入第二阶段的竞赛。

根据奖励机制和竞赛序列的不同,可将竞赛划分为以下四类竞赛结构:单阶段赢者通吃竞赛、单阶段多奖项竞赛、多阶段赢者通吃竞赛和多阶段多奖项竞赛(见图 2-2)。通过对国内外主要众包竞赛网站的调研发现,国内的网上众包竞赛应用主要是以单阶段竞赛为主,如任务中国网,猪八戒网;而在国外的网上众包竞赛应用中单阶段和多阶段竞赛都有涉及,如 topcoder.com。

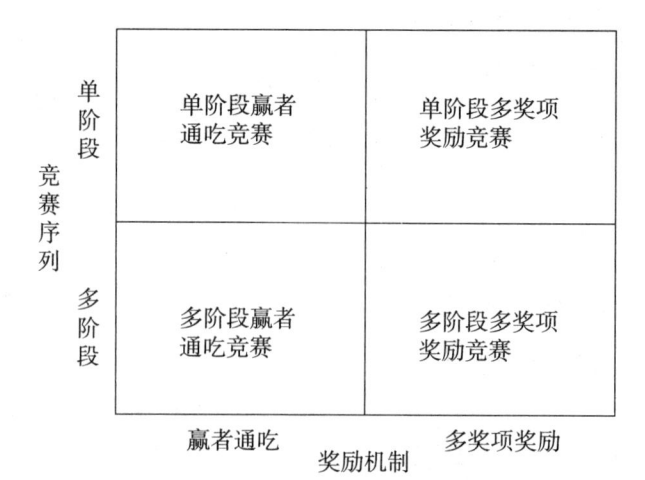

图 2-2 四类竞赛结构

四、本章小结

本章首先介绍了网上众包竞赛的相关概念，主要包括网上众包竞赛的定义，众包竞赛设计要素以及网上众包竞赛的一般流程。其次回顾了众包竞赛绩效的评价模型，包括传统众包竞赛绩效评价模型和网上众包竞赛绩效评价模型。以上理论内容的介绍为后续章节模型构建提供了理论支撑。本章还对竞赛机制设计的相关理论研究作了介绍，这也为第四章和第五章的研究内容提供了理论基础。

第三章 众包竞赛绩效影响因素基准模型构建

一、引 言

如何提高众包竞赛绩效一直组织者们最为关心的问题之一，同样也受到了国内外学者的广泛关注。目前，关于众包竞赛绩效影响因素的相关研究已从众包竞赛固定设计要素角度作了初步探讨。例如，Yang 等采用实证研究的方法研究认为解答者参与人数和提交方案数量及速度直接反映了众包竞赛绩效情况，而影响解答者参与人数和提交方案速度的因素则包括了奖励金额、任务描述、竞赛周期、任务复杂性、市场竞争强度、任务的市场价格等。[32]在 Yang 研究的基础上，其他一些学者也对固定设计要素对众包竞赛绩效的影响作用作了进一步研究。这些研究一定程度上拓展和丰富了众包竞赛的相关理论，但他们在部分设计要素因素的影响作用上仍存在争议和分歧。例如，Yang 等、[72]Shao 等[27]和杨小雷[65]都研究认为，奖金较高的任务更能吸引解答者参与，奖金对提交解答方案的数量也有显著积极影响。但郑海超和侯文华的研究却表明，奖金激励对吸引解答者作用不显著。[11]另外，也有学者发现奖励金额与解答者提交方案数量不相关。[39]此外，Yang 等的研究表明，任务描述越短的竞赛任务，能够吸引的参赛人数越多。[72]但杨小雷研究发现，文本的描述长度对创意类的项目有正向影响，但对其他类型的竞赛影响不大。[65]而 Walter 和 Back 则指出奖金数量、竞赛周期、任务描述等设计要素对众包竞赛绩效的影响作用并未达到预期的效果。[31]由此可见，奖励金额、任务描述、竞赛周期等设计要素对众包竞赛绩效的作用机理还存在争议，有待进一步深入研究。基于此，本章将在前人已有研究成果的基础上，构建研究模型，深入揭示不同任务类型下，市场环境因素和固定设计要素对众包竞赛绩效的作用机理，以丰富相关理论，并为第五章和第六章的研究提供理论支撑。

二、基准模型构建与研究假设

(一) 众包竞赛绩效的评价因素

根据第二章的理论分析，在奖金固定和发起者反馈度足够高的情况下，解答者参与人数（简称"解答者人数"）和提交的有效解答方案数量（简称"有效方案数量"，有效方案是指解答者提交方案中被组织者认为对解决创新问题有效的方案）直接反映了网上众包竞赛的绩效情况。[72]Terwiesch 和 Xu 对开放式众包竞赛研究分析指出，增加竞赛参与人数有利于创新成果的多样性，这可以全部或部分抵消因参赛者投入不足而导致的效率损失，从而提高众包竞赛绩效。Boudreau 等的研究也证实增加解答者的人数可提高整个众包竞赛的绩效。[15]同时，任务解答者提供的创意或解答方案数量越多，企业得到解决方案的多样性越高，竞赛的绩效也就越高。[25]

此外，解答者的任务完成率（简称"任务完成率"）也是反映众包竞赛绩效的一个重要相对指标。[72]因为，解答者虽然参与了竞赛，但可能会因为任务复杂性程度过高，导致其所获得报酬与投入成本（如机会成本、时间成本等）的差距过大，赢得奖金的概率过小，而中途放弃或退出竞赛。从获得创意或解答方案多样性的角度考虑，如果解答者的完成率越低，解答方案多样性水平就越低，这会导致因参赛者投入不足而导致的效率损失的扩大。另外，大部分组织者是想通过众包竞赛来从众多创意或解答方案中选择最好的一个，如果解答者的完成率过低，企业最终能够选择的创意或解决方案就会很少，获得最优解决方案的概率将会下降。因此，在同类型的竞赛任务中，具有相对较高完成率的众包竞赛的绩效水平会更高。基于此，本章选择解答者人数和有效方案数量以及竞赛任务的完成率来反映众包竞赛的绩效水平。

(二) 众包竞赛绩效的影响因素

已有相关研究（如 Yang 等，[32,72]Shao 等[27]）主要将众包竞赛绩效的影响因素分为两类：一类是市场环境因素，主要是指众包竞赛任务的市场价格、竞争强度等；另一类是固定设计要素，主要是指竞赛周期、任务描述、奖励金额等。[5]因此，本章也选择从这两个方面对众包竞赛绩效的影响因素进行分析。

1. 市场环境要素与众包竞赛绩效的关系

传统的线下众包竞赛之间都是相互独立的，但在网上众包竞赛中，同一时间会有多个同类型的众包竞赛同时进行，这些竞赛相互间会争夺网上创新市场中的解答者。因此，每场众包竞赛的绩效可能会受到诸如市场价格、竞争强度等市场环境因素的影响。[32]

（1）市场价格（market price）。市场价格是指过去一段时间内以及同时进行的同类型任务奖金的均值，它反映了对于同类型竞赛任务解答者一般能接受的竞赛奖金大小。[32]根据微观经济学理论，当同类型竞赛的市场价格增加时，竞赛者参加某一竞赛本质上将面临更高的机会成本，因为他将失去参加更高奖金竞赛的机会。[32]Yang等认为如果一场竞赛给定的奖金数量小于或等于市场价格，那么这场竞赛能吸引的解答者数量就会低于那些奖金高于市场价格的竞赛任务。因此，当组织者发布一场竞赛时（奖金设定后）所面临的市场价格越高，它能吸引到的解答者人数越少，最终得到解答方案数量也就越少。因此，本章提出如下假设：

假设1a：市场价格对解答者人数有负向影响

假设1b：市场价格对有效方案数量有负向影响

假设1c：市场价格对解答者的任务完成率有负向影响

（2）竞争强度（competition intensity）。竞争强度指的是网上创新市场中一场众包竞赛在竞赛周期内所面临的同类型竞赛的数量。在网上众包竞赛市场中，当组织者发布一场竞赛后，市场中若没有其他同类型竞赛任务存在，那么市场中的解答者就只能选择参加这个竞赛。但现实中并不是这样，在一场众包竞赛的竞赛周期内同时进行的同类型竞赛任务有多个，而解答者可以选择参加任意一个或多个竞赛任务，这就会降低该场竞赛原本的解答者参与人数。也有学者的研究表明竞争强度对解答者的参与数量有负向影响。[32,27]由此可见，一场众包竞赛面临的同类型竞赛任务越多，竞赛间相互竞争的强度也就越大，解答者的参与人数、提交方案数量以及完成率都可能会降低。因此，本章提出如下假设：

假设2a：竞争强度对解答者人数有负向影响

假设2b：竞争强度对有效方案数量有负向影响

假设2c：竞争强度对解答者的任务完成率有负向影响

2. 固定设计要素与众包竞赛绩效的关系

（1）竞赛周期（contest duration）。竞赛周期是指组织者规定解答者完成竞赛任务的时间长度。由于基于网络平台的众包竞赛过程是动态的，在规定时间内，外部解答者可以随时参与竞赛，所以竞赛周期的长短对竞赛人数会有直接影响。在竞赛社区中，一场新的竞赛发布后，通常它呈现在公告栏的第一行，这个位置的任务最容易被解答者发现，但随着时间的推移，接下来发布的新任务将代替先前发布的任务，这样先前发布任务被解答者发现的概率就会逐渐下降。但Yang等研究任务，解答者累计参与人数是关于竞赛时间t的增函数，较长的竞赛周期可吸引更多的解答者参与。[72]此外，Lakhani等研究发现，网络环境下创新者的生产投入主要是他们的空闲时间，创新者能否赢得比赛与创新者投入的空闲时间数量显著正相关。[73]当参加竞赛周期较长的任务时，解答者可以利用更多空闲时间完成任务，从而提交方案数量和任务完成率都会提高。因此，本章提出如下假设：

假设3a：竞赛周期对解答者人数有正向影响

假设3b：竞赛周期对有效方案数量有正向影响

假设3c：竞赛周期对解答者的任务完成率有正向影响

（2）任务描述（task description）。任务描述是指组织者对解答者提交方案的具体要求，体现了创新问题的确定性程度和创新渴望程度。郑海超和侯文华认为任务描述的长度近似代表信息质量，任务描述内容越长，相关信息的详细程度和准确程度要求越高。[11]Yang等从转换成本角度分析指出，任务描述越长对解答者的要求或限制越多，解答者的学习成本越高，会导致参赛解答者的人数和提交方案的数量下降。[72]因此，本章提出如下假设：

假设4a：任务描述对解答者人数有负向影响

假设4b：任务描述对有效方案数量有负向影响

假设4c：任务描述对解答者的任务完成率有负向影响

（3）奖励金额（amount of reward）。获取现金奖励是解答者参与众包竞赛活动的主要外部动机，因为奖金在一定程度上弥补了解答者的参与成本，如果没有奖金，解答者的参与意愿将会下降。[74]因此，组织者提供现金奖励对吸引解答者参赛具有积极作用。已有研究认为竞赛的奖励金额越高，参与众包竞赛的解答者越多，[72]且奖金额对解答方案的质量有显著影响。[4]DiPalantino 和 Vojnovic 通过实证分析发现，创意类竞赛任务中参与人数随奖励金额的增长速度要比假设的对数增长方式快。[36]然而，葛如一和张朋柱认为悬赏金额并非越高越好，因为悬赏金额愈高意味着创新产出要求愈高，在创新者的历史积累和空闲时间有限的条件下，很多创新者将不得不放弃参与竞赛，所以悬赏金额越高，能参加竞赛的解答者就越少，或是参加了也很可能无法完成任务。[37]因此，本章提出如下假设：

假设 5a：奖励金额对解答者人数有正向影响

假设 5b：奖励金额对有效方案数量有正向影响

假设 5c：奖励金额对解答者的任务完成率有负向影响

基于上述讨论，本章构建了基准概念模型（见图 3-1）。

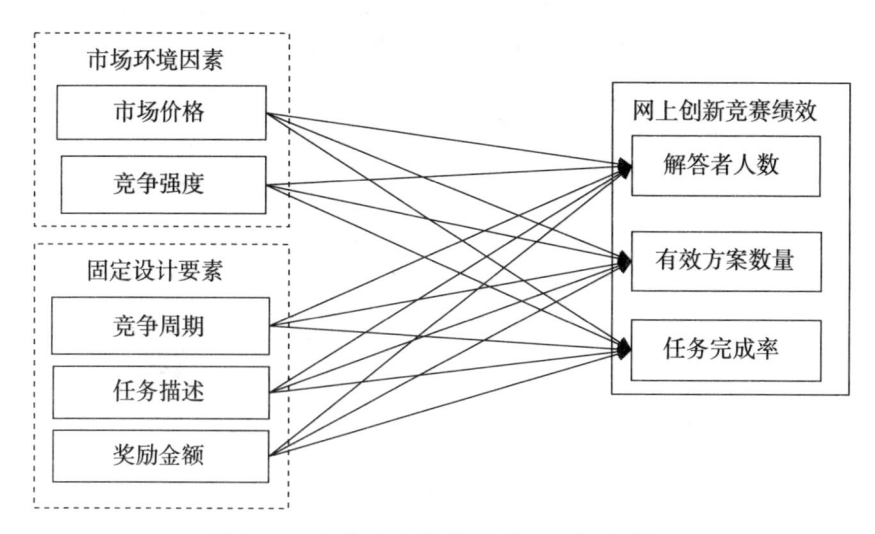

图 3-1 众包竞赛绩效影响因素概念模型

三、数据收集与变量测量

（一）样本来源与数据收集

考虑到数据的可获取性，本文选择国内具有代表性的网上众包竞赛社区——任务中国网作为样本数据来源。任务中国创办于2006年，所涉及的竞赛任务包括设计类、写作类、程序类等，截止到2014年2月，任务中国的解答者注册人数已超过343万人，任务数量超过5.5万个，任务总金额超过3668万元。为了获取具有代表性的样本数据，本章随机选择了任务中国网站悬赏任务模块下，截至2013年4月已结束的任务1016项Logo、VI标志设计类众包竞赛任务（共收集1030项，剔除加密和中途取消等信息不全的任务共计14项，最终有1016项有效任务数据）和960项专业知识类众包竞赛任务（主要来自程序类、网站类任务）用于假设检验（共收集1000项，剔除加密和中途取消等信息不全的任务共计40项，最终有960项有效任务数据）。实证数据样本如附录1所示。

（二）相关变量测量

关于研究变量的测量，本章研究参考了国内外相关研究中（如文献[27,32]）的类似处理方法，并根据本章的研究内容进行了必要的修正。本章涉及的因变量主要包括：①解答者人数：通过任务中国网站中提供的每场竞赛任务实际参与人数来测量；②有效方案数量：通过任务中国网站中经组织者筛选后认为合格的解答方案数量来测量；③完成率：通过有效方案数量和参与人数的比值来测量。由于任务中国网站允许解答者在同一任务中多次提交作品，因此任务完成率可能会大于1。自变量包括：①市场价格：任务中国网站中某一竞赛开始前和进行中社区中已结束和正进行的全部同类型竞赛奖金的平均数；②竞争强度：任务中国网站中竞赛周期内其他同类型竞赛的数量；③竞赛周期：用竞赛任务结束时间减去开始时间（按天计）；④任务描述：收集任务中国网站中每场竞赛有关任务要求的描述信息，利用Excel函数对有效字符信息描述进行提取后计算得出；⑤奖励金额：通过任务中国网站中每个竞赛提供的悬赏奖金总额来测量。

(三) 数据分析方法

本章主要采用线性回归分析方法对上述假设进行验证。为了能反映出解释变量对因变量的弹性影响，并消除回归方程中异方差的影响，本章参考文献［27，72］对变量处理方法，首先对连续型的因变量和自变量分别取自然对数，然后采用最小二乘法进行回归分析，回归模型如式（3-1）、（3-2）和（3-3）。为了提高回归模型的拟合优度，在保证各变量间多重共线性水平不升高的前提下，部分回归模型作了加权处理。

$$\begin{aligned}\mathrm{Ln}(\text{解答者人数}) = &\beta_{10} + \beta_{11}\mathrm{Ln}(\text{市场价格}) + \beta_{12}\mathrm{Ln}(\text{竞争强度})\\&+ \beta_{13}\mathrm{Ln}(\text{竞赛周期}) + \beta_{14}\mathrm{Ln}(\text{任务描述})\\&+ \beta_{15}\mathrm{Ln}(\text{奖励金额}) + \varepsilon_1\end{aligned} \quad (3-1)$$

$$\begin{aligned}\mathrm{Ln}(\text{有效方案数量}) = &\beta_{20} + \beta_{21}\mathrm{Ln}(\text{市场价格}) + \beta_{22}\mathrm{Ln}(\text{竞争强度})\\&+ \beta_{23}\mathrm{Ln}(\text{竞赛周期}) + \beta_{24}\mathrm{Ln}(\text{任务描述})\\&+ \beta_{25}\mathrm{Ln}(\text{奖励金额}) + \varepsilon_2\end{aligned} \quad (3-2)$$

$$\begin{aligned}\mathrm{Ln}(\text{任务完成率}) = &\beta_{30} + \beta_{31}\mathrm{Ln}(\text{市场价格}) + \beta_{32}\mathrm{Ln}(\text{竞争强度})\\&+ \beta_{33}\mathrm{Ln}(\text{竞赛周期}) + \beta_{34}\mathrm{Ln}(\text{任务描述})\\&+ \beta_{35}\mathrm{Ln}(\text{奖励金额}) + \varepsilon_3\end{aligned} \quad (3-3)$$

四、假设检验与结果分析

（一）描述性统计分析与多元回归模型检验

（1）描述性统计分析（见表3-1和表3-2）。它是创意类竞赛任务和专业知识类竞赛任务的描述性统计分析结果，分别列出了各变量的均值、标准差以及相关系数。

（2）回归方程显著性检验（见表3-3和表3-4），每组回归模型的F值都高度显著（$P<0.001$），说明自变量整体上对因变量有高度显著线性影响。

（3）残差分析。在利用回归方程模型进行分析和预测前，应该先通过

第三章　众包竞赛绩效影响因素基准模型构建

残差分析来检验模型的残差是否满足等方差及不相关的基本假定条件,以诊断回归效果与样本数据的质量。[75]残差分析一般包括方差齐性检验和残差正态性检验。[76]由附录2中各回归模型的标准化预测值与其标准化残差的散点图可见,绝大部分观测变量都随机地分布在垂直围绕±2的范围内,预测值与残差值之间无明显关系,所以各回归方程都满足方差齐性条件。另外,由附录2中各回归模型残差直方图和P-P图(累计概率图)可见,各回归模型样本的残差近似服从于正态分布。因此,各回归方程模型满足基本假定条件,可用来作进一步的分析和预测。

(4) 多重共线性分析。本章的回归分析结果如表3-3和3-4所示,通过多重共线性检验发现各自变量的方差扩大化因子(VIF)均小于2,说明每组回归模型不存在严重的多重共线性问题。

(二) 市场环境要素对网上众包竞赛绩效的影响作用

1. 市场价格对绩效的影响作用分析结果

表3-3和表3-4中的回归分析结果表明,在创意类和专业知识类竞赛中,市场价格对解答者人数有显著负向影响,回归系数分别为-0.18***、-0.13***,假设1a得到支持。同样,市场价格对有效方案数量也有显著负向作用,回归系数分别为-0.20***、-0.093***,假设1b得到支持。此外,市场价格还对专业知识类竞赛中任务完成率有显著负向影响,回归系数分别为-0.15***,但对创意类竞赛任务中任务完成率无显著负向影响,假设1c得到部分支持。

2. 竞争强度对绩效的影响作用分析结果

由表3-3和表3-4中模型1的回归分析可知,在创意类和专业知识类竞赛中,竞争强度对解答者人数有显著正向影响,回归系数分别为0.02*、0.40***,假设2a不成立。另外,竞争强度对创意类竞赛的有效方案数量有显著负向作用,回归系数为-0.07***,但对专业知识类竞赛的有效方案数量有显著正向作用,回归系数为0.29***,假设2b得到部分支持。此外,竞争强度还对创意类和专业知识类竞赛中任务完成率都具有显著负向影响,回归系数分别为-0.10***、-0.07***,假设2c得到支持。

表 3-1　　变量的均值、标准差和相关系数（创意类）

变量	均值	标准差	1	2	3	4	5	7	8
1. 市场价格	490.36	173.9							
2. 竞赛数量	260.48	131.52	-0.27						
3. 竞赛周期	30.32	31.18	0.13	0.26					
4. 任务描述	518.83	430.57	0.10	0.08	0.32				
5. 奖励金额	517.64	881.28	0.12	0.03	0.37	0.45			
6. 解答者人数	84	84.78	0.06	0.11	0.50	0.23	0.56		
7. 有效方案数量	54.89	73.06	0.11	-0.02	0.50	0.17	0.49	0.89	
8. 任务完成率	0.62	0.17	0.16	-0.27	0.16	-0.06	0.04	0.19	0.45

注：表中绝对值大于或等于0.10的相关系数在0.01水平上显著；大于0.07的系数在0.05水平上显著；小于或等于0.07的系数不显著。样本 N=1016。

表 3-2　　变量的均值、标准差和相关系数（专业知识类）

变量	均值	标准差	1	2	3	4	5	7	8
1. 市场价格	213.58	83.59							
2. 竞赛数量	23.33	15.07	-0.20						
3. 竞赛周期	17.52	18.82	0.06	0.53					
4. 任务描述	241.24	205.56	0.05	-0.06	0.04				
5. 奖励金额	198.80	348.47	0.05	-0.05	0.08	0.19			
6. 解答者人数	13.63	15.03	0.13	0.20	0.22	0.17	0.34		
7. 有效方案数量	7.14	8.41	0.01	0.24	0.23	0.15	0.15	0.84	
8. 任务完成率	0.61	0.32	-0.09	-0.04	0.04	-0.02	-0.14	-0.23	0.11

注：表中绝对值大于或等于0.09的相关系数在0.01水平上显著；大于0.07的系数在0.05水平上显著；小于或等于0.07的系数不显著。样本 N=960。

第三章 众包竞赛绩效影响因素基准模型构建

（三）固定设计要素对网上众包竞赛绩效的影响作用

1. 竞赛周期对绩效的影响作用分析结果

由表 3-3 中模型 1-3 和表 3-4 中模型 1-3 的分析结果可知，在创意类和专业知识类竞赛中，竞赛周期都对解答者人数有显著正向影响，回归系数分别为 0.16***、0.12***，假设 3a 得到支持。同样，竞赛周期对有效方案数量也有显著正向作用，回归系数分别为 0.21***、0.18***，假设 3b 得到支持。此外，竞赛周期对解答者的完成率也有显著正向影响，回归系数分别为 0.06***、0.04***，假设 3c 得到支持。

表 3-3   回归分析结果（创意类）

变量	因变量		
	解答者人数 模型 1	有效方案数量 模型 2	任务完成率 模型 3
自变量			
常数项	2.88*** (0.29)	3.20*** (0.29)	0.303** (0.07)
市场价格	-0.18*** (0.04)	-0.20*** (0.04)	-0.01 (0.007)
竞争强度	0.02* (0.01)	-0.07*** (0.006)	-0.10*** (0.005)
竞赛周期	0.16*** (0.01)	0.21*** (0.01)	0.06*** (0.004)
任务描述	-0.12*** (0.01)	-0.15*** (0.01)	-0.03*** (0.004)
奖励金额	0.43*** (0.01)	0.40*** (0.01)	-0.04*** (0.004)
调整后的 R^2	0.82	0.82	0.49
F	916.41***	922.09***	193.99***
N	1016	1016	1016

注：*** $p<0.001$；** $p<0.01$；* $p<0.05$；+ $p<0.1$；括号内数据为回归系数的标准误差；模型 1-3 进行了加权处理，权重为残差序列绝对值的倒数。样本 $N=1016$.

2. 任务描述对绩效的影响作用分析结果

由表 3-3 中模型 1-3 可见，在创意类竞赛中，任务描述对解答者人数、有效方案数量，以及任务完成率存在显著负向影响，回归系数分别为 -0.12***、-0.15*** 和 -0.03***，假设 4a、4b 和 4c 得到支持。但由表 3-4 中模型 1-3 分析结果可知，在专业知识类竞赛中，任务描述对解答者人数、有效方案数量以及任务完成率有显著正向影响，回归系数分别为 0.04***、0.06*** 和 0.02***，假设 4a、4b 和 4c 不成立。

表 3-4　　　　　　　　回归分析结果（专业知识类）

变量	因变量		
	解答者人数	有效方案数量	任务完成率
	模型 1	模型 3	模型 5
自变量			
常数项	-1.143*** (0.20)	0.24 (0.21)	0.79*** (0.13)
市场价格	-0.13*** (0.036)	-0.093** (0.035)	-0.15*** (0.02)
竞争强度	0.40*** (0.016)	0.29*** (0.019)	-0.07*** (0.01)
竞赛周期	0.12*** (0.012)	0.18*** (0.01)	0.04*** (0.007)
任务描述	0.04** (0.014)	0.06*** (0.01)	0.02* (0.009)
奖励金额	0.213*** (0.01)	0.06*** (0.01)	-0.13*** (0.005)
调整后的 R^2	0.627	0.558	0.519
F	323.92***	241.28***	207.66***
N	960	960	960

注：*** $p<0.001$；** $p<0.01$；* $p<0.05$；+ $p<0.1$；括号内数据为回归系数的标准误差；模型 1-3 进行了加权处理，权重为残差序列绝对值的倒数。样本 N=960。

3. 奖励金额对绩效的影响作用分析结果

关于竞赛奖金对众包竞赛绩效的影响作用，从表 3-3 和表 3-4 回归模型的分析结果可看出，在创意类和专业知识类竞赛中，奖励金额对解答者人数都具有显著正向影响，回归系数分别为 0.43*** 和 0.213***，假设 5a 得到支持。与此同时，奖励金额对有效方案数量也都有显著正向作用，回归系数分别为 0.40*** 和 0.06***，假设 5b 得到支持。此外，奖励金额对创意类和专业知识类竞赛任务的任务完成率有显著负向影响，回归系数分别为 -0.04*** 和 -0.13***，假设 5c 得到支持。通过进一步研究发现（见表 3-5），无论是在创意类竞赛中，还是在专业知识类竞赛中发，当竞赛奖励金额高于市场价格时，奖励金额对解答者人数与有效方案数量的正向影响作用更强。

表 3-5　不同市场价格情形下奖金影响作用分析结果

竞赛类型	分组	因变量		
		解答者人数	有效方案数量	任务完成率
创意类	奖金<市场价格	0.31*** (0.036)	0.30*** (0.042)	-0.03+ (0.016)
	奖金>市场价格	0.46*** (0.053)	0.49*** (0.067)	-0.06* (0.03)
专业知识类	奖金<市场价格	0.10** (0.03)	-0.01 (0.03)	-0.11*** (0.02)
	奖金>市场价格	0.31** (0.09)	0.20* (0.09)	-0.11* (0.05)

注：自变量为奖励金额。*** $p<0.001$；** $p<0.01$；* $p<0.05$；+ $p<0.1$。

（四）模型修正

综合上述分析，大部分研究假设得到了支持，假设检验结果的汇总如表 3-6 所示。

表 3-6　假设检验结果汇总

自变量	假设	预测符号	因变量	创意类	专业知识类
市场价格	假设 1a	-	解答者人数	支持	支持
	假设 1b	-	有效方案数量	支持	支持
	假设 1c	-	任务完成率	不支持	支持
竞争强度	假设 2a	-	解答者人数	不支持	不支持
	假设 2b	-	有效方案数量	支持	不支持
	假设 2c	-	任务完成率	支持	支持
竞赛周期	假设 3a	+	解答者人数	支持	支持
	假设 3b	+	有效方案数量	支持	支持
	假设 3c	+	任务完成率	支持	支持
任务描述	假设 4a	-	解答者人数	支持	不支持
	假设 4b	-	有效方案数量	支持	不支持
	假设 4c	-	任务完成率	支持	不支持
奖励金额	假设 5a	+	解答者人数	支持	支持
	假设 5b	+	有效方案数量	支持	支持
	假设 5c	+	任务完成率	支持	支持

本研究在验证了大部分假设的同时，但也有一些假设需要做出修正，修正的假设如下：

修正假设1c：在创意类任务中，市场价格对任务完成率无显著影响作用；但在专业知识类任务中，市场价格对任务完成率有负向影响。

修正假设2a：在创意类和专业知识类任务中，竞争强度对解答者人数有正向影响。

修正假设2b：在创意类任务中，竞争强度对有效方案数量有负向影响；但在专业知识类任务中，竞争强度对有效方案数量有正向影响。

修正假设4a：在创意类任务中，任务描述对解答者人数有负向影响；但在专业知识类任务中，任务描述对解答者人数有正向影响。

修正假设4b：在创意类任务中，任务描述对有效方案数量有负向影响；但在专业知识类任务中，任务描述对有效方案数量有正向影响。

修正假设4c：在创意类任务中，任务描述对任务完成率有负向影响；但在专业知识类任务中，任务描述对任务完成率有正向影响。

修正假设后的理论模型如图3-2和3-3所示：

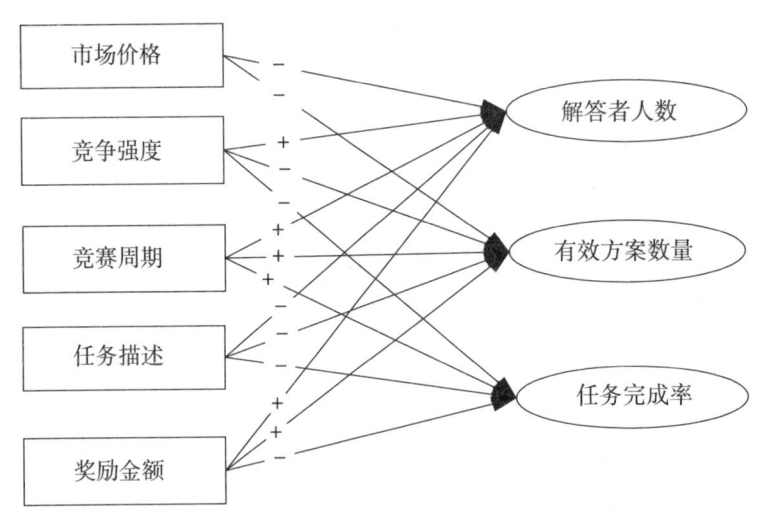

图3-2 创意类任务绩效影响因素修正后的概念模型

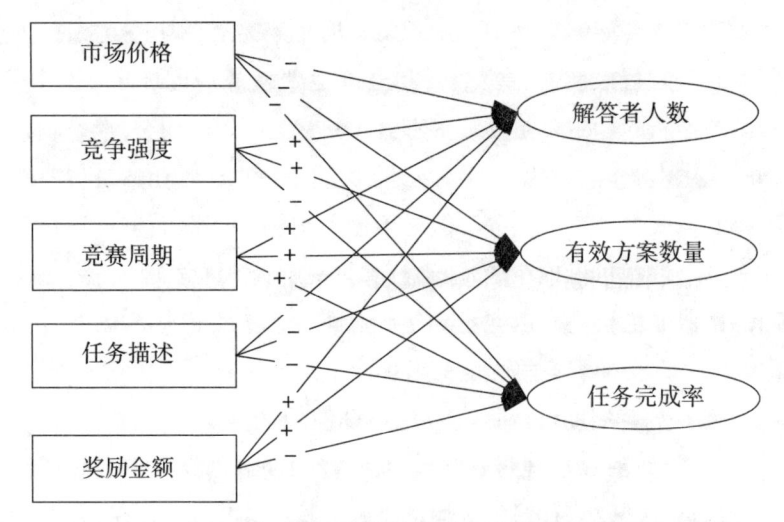

图 3-3　专业知识类任务绩效影响因素修正后的概念模型

五、结果讨论

通过对创意类和专业知识类网上众包竞赛任务的实证检验，本章得出了如下结论：

（1）过高的市场价格会削弱网上众包竞赛绩效水平。回归结果表明市场价格对两类竞赛任务的解答者人数和有效方案数量均有负向影响，这一发现与 Shao 等[27]研究结果不同，但与 Yang 等[32]的研究结果相一致。究其原因，在网上众包竞赛社区中，在即将进行任务的奖金低于已发布或已结束竞赛任务的平均奖金情形下，如果解答者选择参与即将进行的竞赛，则很可能失去参加其他具有更高奖金竞赛的机会，因而解答者会选择观望或不参加竞赛，进而导致即将进行竞赛的参与人数和提交解答方案数量减少。另外，回归结果还显示，过高的市场价格还会降低专业知识类竞赛的任务完成率。

（2）较高的竞争强度对吸引解答者参赛有积极影响，但会降低竞赛任务的完成率。该结论与 Yang 等[27]和 Shao 等[32]研究结论不同。这是因为，当网上众包竞赛市场竞争强度较大时，组织者们发布的创新任务数量较多且时间较集中，随着多个竞赛的同时进行，这会吸引越来越多的外部解答者关注，从而参与到竞赛中的解答者人数也会随之增加。此外，本章还进一步发现竞争强度能够提高专业知识类竞赛的有效解答方案数量,但会降低创意类竞赛的有效解答方案数量和全部竞赛任务的完成率。究其原因,专业知识类创新问题主要是要求解答者改进已存在的专业技术难题,解答者能同时提供多个解答方案。另外,很多要解决的专业任务是相似的,因而解答者能完成多个竞赛任务。但对于创意类创新问题而言,解答者一般只能完成一个创意,很难在短时间内同时完成多个创意,即便完成,这些创意间的相似度也很高,也得不到组织者的认可。[16]但从总体上看,两类任务的完成率都会随着竞争强度的增加而下降。

(3) 延长竞赛周期可以提高众包竞赛绩效。该结论与 Yang 等和 Shao 等[32,27]研究结论相一致。回归结果表明竞赛周期对创意类和专业知识类竞赛任务的解答者人数、有效方案数量以及完成率均有正向影响。由于网络创新者生产投入的主要是其空闲时间,对于竞赛周期较长的创新任务而言,解答者可以利用更多空闲时间来完成竞赛任务,这也能让部分具备好创意但空闲时间不足的解答者参与竞赛并顺利完成任务。因此,适当的延长竞赛周期,有助于提高网上众包竞赛的绩效水平。因此,当企业发布一个复杂程度较高的创新任务时,最大化绩效的一种方法是考虑将其模块化,即将任务划分成若干能够容易独立完成的小任务,再分别进行悬赏;另一种方法是通过延长竞赛周期来使那些具有好的创意但又受限于空闲时间不得不放弃竞赛的解答者完成任务并提交方案。

(4) 过于具体的任务描述会降低创意类任务竞赛绩效,但能提高专业知识类任务竞赛绩效。该结论与 Yang 等[72]的研究结论一致,但与杨小雷[65]的研究结果不同。回归结果表明,任务描述对创意类竞赛的解答者人数、有效方案数量以及任务完成率有负向影响。这是因为创意类任务的不确定程度较高,由于网络环境下创新者主要是利用空闲时间来参与众包竞赛。组织者对解答者提交方案的详细程度和准确程度要求过高,一方面会限制解答者的发挥;另一方面会导致知识积累或空闲时间不足的解答者,因参赛的机会成本过高,不得不放弃参与或中途退出竞赛,从而导致绩效水平的下降。因此,对于组织者而言,在对一项任务进行描述时,应降低对创新方案过于详细的限定,从而给解答者更大的创意空间,但可以在解答者提交方案后,向感兴趣方案的相关解答者反馈修改意见,让解答者按自己的需求进一步修改方案,从而获得最佳解答方案。但对于专业类任务而言,任务的确定性程度较高,组织者对解决方案的细节描述越具体,解答者越能在短时间内有针对性的解决原有专业技术问题。

(5)设置高额奖金能够提高解答者参与人数和有效解答方案数量,但会降低解答者的任务完成率。该结论进一步证实了葛如一和张朋柱的研究判断。[37]在创意类和专业知识类竞赛中,组织者通过设置相对较高的奖金可以吸引更多的外部创新者关注竞赛,进而增加解答者的人数和解答方案数量。但奖金越高,能够完成任务的解答者人数却越低。究其原因,高奖金往往意味着高产出,这会导致知识积累和空闲时间不足的解答者无法顺利完成竞赛任务。[37]此外,本章还发现当竞赛奖励金额高于市场价格时,奖励金额对解答者人数与有效方案数量的正向影响作用更强。这说明获得奖金是解答者参与竞赛的主要外部动机之一,奖金对提高竞赛绩效有积极作用,进一步证实了众包竞赛理论研究的相关结论。

六、本章小结

本章基于众包竞赛的相关理论,构建了研究模型,重点从市场环境因素和固定设计要素两个方面研究了网上众包竞赛绩效的影响因素。通过本章的研究,我们证实了一些学者的研究结论,但也发现了与已有研究结论不同的地方,比如对于不同的竞赛任务(创意类和专业知识类),市场价格、竞争强度、竞赛周期、任务描述和奖励金额等因素对众包竞赛的绩效会有不同的作用机理,这些发现一定程度上丰富了众包竞赛绩效影响因素的相关理论研究。此外,本章还基于研究发现,针对网上众包竞赛的实际情况,给出了提升绩效的相关建议,一定程度上为组织者更好地应用网上众包竞赛提供了参考。

第四章 众包竞赛最优奖励机制研究

一、引 言

随着众包竞赛越来越广泛的应用在各个领域，学者们从理论和实践各个方面对众包竞赛的机制设计展开研究，根据组织者确定竞赛获胜者的方式不同可分为赢者通吃众包竞赛和多奖项众包竞赛。学者们证明了在特定的环境条件下赢者通吃众包竞赛的优越性与适用性。现实生活中也不乏利用赢者通吃众包竞赛实现创新的案例，例如思科公司自主举办的第二届"I-Prize"全球众包竞赛，吸引了超过 156 个国家的 2900 名创新者参与，提交创意达 824 条，最终获胜者赢得 25 万美元的奖励。

当众包竞赛的组织者关注的目标是竞赛中创新方案的最高质量，那么赢者通吃众包竞赛是适用的。在竞赛中组织者需要设计一个最优的奖励机制，来激励解答者参与的积极性，提高其努力投入，进而提高创新方案的质量，降低竞赛组织者生产成本，实现组织者期望效益最大化。主要的奖励机制有：固定奖励机制和竞价奖励机制。关于竞赛的最优奖励机制设计，学者们争论许久仍没有一个统一的答案，如何设计奖励机制是一项复杂且艰巨的工作，同时这也是一项至关重要的工作，因为只有当奖励机制设计合理时，众包竞赛的优势才能凸显。[77]基于此，本章在前人的研究基础上，针对赢者通吃情形下众包竞赛的最优奖励机制问题展开研究。选择委托代理理论作为理论基础，结合众包竞赛的特点，构建了赢者通吃情形下众包竞赛的激励相容模型，比较了固定奖励机制和竞价奖励机制中组织者与解答者之间的激励相容结果，为第四章和第五章的研究提供理论支撑。在模型中我们着重探讨了解答者的参赛经验对其努力程度与其创新产出的影响。

在众包竞赛中存在三个不变的参与主体：组织者、解答者和众包平台。组织者是发包方将遇到的创新问题以任务的形式发布到众包平台，并提出与任务相关的要求和奖励机制。作为接包方，解答者依据兴趣爱好和个人能力选择是否承接任务。

在这个过程中，众包竞赛中组织者和解答者之间存在博弈，组织者考虑的问题是如何通过适当的奖励机制来激励解答者更加努力创造更高的质量的创新方案。解答者主要考虑的问题是如何依据组织者提出的奖励机制，通过较少的努力来获得奖励。这是一种典型的委托代理关系。我们要寻求最优的奖励机制使得竞赛参与者被激励而理性的付出他们真实的最大努力，实现组织者期望收益最大化的目标，使得众包竞赛激励相容。这一激励相容问题包括一个目标函数，两个约束条件。目标函数为组织者的期望收益最大化；第一个约束条件是解答者的参与约束：解答者参加这一竞赛获得的期望收益要不小于其保留收益，即其参加市场上其他同类竞赛的机会成本；第二个约束条件是激励相容约束：解答者在激励合同下选择的行动能最大化自己的期望收益，同时这个行动也是组织者希望解答者采取的，能实现组织者期望收益最大化的行动。

二、赢者通吃情形下众包竞赛最优奖励机制研究

（一）固定奖励机制中的激励相容

首先，讨论固定奖励机制中的激励相容情况，记为 G。在时期 0，竞赛组织者宣布竞赛规则，即采用赢者通吃的方式来确定最后的获胜者，并确定固定奖金 w_0；选择 N（≥ 2）个解答者参与竞赛。在时期 1，每个解答者观察到固定奖金 w_0，同时且独立地选择努力投入 e，付出努力带来的成本为 $c(e)$，竞赛中的解答者是理性人，解答者努力的成本随着努力程度的提高而增大，并且增大的速度不断加快，这是符合实际的心理效用规律的，故 $c'(e)>0$，$c''(e)>0$，即 $c(e)$ 是上升的凸函数，$c(e)=me^2$，其中 m 为努力的成本系数，是私有信息，$m>0$。在时期 2，竞赛组织者观察到解答者的创新产出 y（即其提交的创新方案的质量），比较后从中选择一个解答者胜出。在时期 3，竞赛组织者获得胜出的解答者所提供的创新方案并支付其固定奖金 w_0，未胜出的解答者获得保留收益 $\overline{w}$。

根据委托代理理论，在固定奖励机制下，组织者与解答者之间的激励

相容问题可表达成如下形式：

$$\max[y - w_0]$$
$$S.T. (IR) w_0 - c(e) \geqslant \overline{w}$$
$$(IC) \max[w_0 - c(e)] \quad (4-1)$$

命题 4.1：赢者通吃情形下固定奖励机制不能激励解答者付出最大的努力来完成创新任务，无法实现组织者与解答者之间的激励相容。

证明：在式（4-1）的参与约束条件中对努力（e）求偏导可得 $\frac{\partial[w_0 - c(e)]}{\partial e} = -2me < 0$，即解答者的收益 $[w_0 - c(e)]$ 随着他付出的努力（e）的增加而减小。另外，考虑到众包竞赛中解答者付出的努力是沉没成本这一重要特性，解答者努力与不努力都有可能得不到奖金，未得到奖金时，其付出的努力也无法收回。综合上述两点，在固定奖励机制中解答者会选择较低的努力程度，恰好能完成企业设定的任务需求，不会产生更高标准的创新质量，这不满足激励相容约束，因此，固定奖金奖励模型下并不能实现组织者和解答者的激励相容。

（二）竞价奖励机制中的激励相容

固定奖励机制无法实现组织者与解答者之间的激励相容，下面讨论竞价奖励机制中的激励相容情况，记为 J。当竞赛组织者采用竞价奖励机制，即获胜解答者最终能获得的奖金大小与其提交的创新产出相关。为简化问题，我们考虑一个线性奖励：

$$w(y) = s + ky \quad (4-2)$$

其中，s 是固定奖励部分，k 是激励系数，即解答者分享的产出份额，$0 \leqslant k \leqslant 1$，$k = 0$ 意味着解答者不承担任何风险，$k = 1$ 意味着解答者承担全部风险，y 是解答者的创新产出。

根据 Terwiesch 和 Xu[25] 的研究，每位解答者的创新产出 y，主要取决于解答者自身的专业知识 β（为私有信息，服从于 $[\underline{\beta}, \overline{\beta}]$ 上的分布函数 F），投入的努力 e 和随机因素 ξ，可以表示为：

$$y = \beta + r(e) + \xi \quad (4-3)$$

其中，$r(e)$表示解答者投入努力所获得的创新产出增长部分，是关于e的一个递增凹函数（即解答者工作越努力，产出越高，但努力的边际产出率递减）；专业知识β是对解答者过往在某一特定问题上积累的经验与知识的衡量。

Yang等也指出一个解答者在过去参加的竞赛中的表现是对他将来获胜概率的最佳预测。[78] Bayus在研究Dell头脑风暴社区的实验中指出竞赛参与者过往的获胜经历会对其后续的创意产生负向的影响。[16]由此可知在众包竞赛中解答者的参赛经验也是影响其创新产出的重要因素，它从两个方面对解答者的创新产出产生影响：首先，过往的参赛经验会转化为解答者专业知识的积累，提高他解决问题的能力；其次，过往的参赛经验可能会给解答者在思维上造成认知固定，局限后续创新思维的发散。

而Liu和Lu在他们的模型中则引入工作效率（θ）的概念，解答者付出努力带来的成本为e/θ，即工作效率的倒数是其努力的成本系数。[79]

总结以上观点，我们将解答者的创新产出定义为一个关于解答者投入的努力程度、解答者参赛经验、解答者工作效率和随机因素的函数：

$$y = \frac{p}{m}e + \varepsilon \qquad (4-4)$$

其中，p是解答者参赛经验系数，$0 < p < 1$；m是解答者的努力成本系数，$1/m$代表他的工作效率；随机因素$\varepsilon \sim N(0,\sigma^2)$。解答者为获得创新方案付诸努力所带来的成本仍为$c(e) = me^2$。

模型中组织者和解答者都是理性人，在大多数情况下，理性人是属于风险规避的。没有绝对的风险爱好者和风险中性者，随着风险的逐渐增加，解答者内心感受到的压力和威胁逐步加大，即使是曾经的风险爱好者和风险中立者也会逐渐向风险规避者靠拢的。[80]因此我们假设组织者是风险中性的，则给定激励函数，组织者的期望效用等于期望收入：

$$Ev(y-w) = (1-k)\frac{p}{m}e - s \qquad (4-5)$$

假定解答者具有不变的绝对风险规避特征，他的效用函数为$u = -e^{-\rho x}$，其中ρ是绝对风险规避度量，$\rho = -U''/U'$，x为实际货币收入，解答者的实际货币收入为：

$$x = w(y) - c(e) = s + k(\frac{p}{m}e + \varepsilon) - me^2 \qquad (4-6)$$

根据确定性等值的定义有 $Eu = u(CE)$。因此，解答者的确定性等价收入为：

$$Ex - \frac{1}{2}\rho k^2 \sigma^2 = s + k\frac{p}{m}e - \frac{1}{2}\rho k^2 \sigma^2 - me^2 \qquad (4-7)$$

其中，Ex 是解答者的期望收益，$\frac{1}{2}\rho k^2 \sigma^2$ 是解答者的风险成本，当 $k = 0$ 时，风险成本为零。

解答者的目标是使 $Eu[w - c(e)]$ 最大，并且解答者要求 $Eu[w - c(e)]$ 不低于其机会成本 CE，最大化 $Eu[w - c(e)]$ 等价于最大化上述确定性等值收入。于是，在竞价奖励机制下，组织者与解答者之间的激励相容问题可以写成：

$$\max[(1-k)\frac{p}{m}e - s]$$

$$S.T. (IR) s + k\frac{p}{m}e - \frac{1}{2}\rho k^2 \sigma^2 - me^2 \geq CE$$

$$(IC) \max[s + k\frac{p}{m}e - \frac{1}{2}\rho k^2 \sigma^2 - me^2] \qquad (4-8)$$

在最优情况下参与约束的等式成立，可得固定奖励项：

$$s = CE - k\frac{p}{m}e + \frac{1}{2}\rho k^2 \sigma^2 + me^2 \qquad (4-9)$$

根据莫里斯和霍姆斯特姆理论，激励相容约束可以用一阶条件代替，利用一阶条件方法，可知激励相容约束意味着：

$$e = \frac{kp}{2m^2} \qquad (4-10)$$

将参与约束和激励约束代入目标函数，上述规划可以重新表述如下：

$$\max[\frac{kp^2}{2m^3} - \frac{1}{2}\rho k^2 \sigma^2 - m(\frac{kp}{2m^2})^2 - CE] \qquad (4-11)$$

可解得最优的激励系数为：

$$k = \frac{p^2}{p^2 + 2m^3\rho\sigma^2} \tag{4-12}$$

命题 4.2：赢者通吃竞价奖励机制中，随着解答者参赛经验（p）的积累，解答者在众包竞赛中所投入的努力水平（e）有所提高，但会对解答者的创新产出（y）产生一定的弱化效应。

证明：在式（4-10）中，对 p 求偏导，有 $\frac{\partial e}{\partial p} = \frac{k}{2m^2} > 0$，即 e 是 p 的增函数；又因为 $0 < p < 1$，所以 $\frac{p}{m}e < \frac{e}{m}$。

命题 4.2 说明：解答者参赛经验的积累会促进解答者的努力程度的增加，从而提高其创新产出，这是参赛经验对解答者的创新产出带来的正向影响。现实中，众包竞赛的解答者是众多分散的非专家组成的群体，这样的群体需要通过一项一项创新任务积累经验，增加专业知识，只有参赛经验和专业知识达到一定水平的解答者才会愿意且有能力付出较多的努力来解答创新任务，因为他们有一定的获胜概率，这与模型中的解释是一致的。另一方面，众包竞赛面临这样一个挑战：如何维持解答者群体中不断提供有质量的创意，因为参赛经验丰富的解答者可能会形成思维定式，导致其提交的创新方案与过往参与过的竞赛中的方案雷同，学者们从认知心理学的角度验证了过往相关的工作经历会对后续的工作结果的多样性带来普遍的阻碍：认知固定（cognitive fixation）。[81,82] 这些学者的观点与我们的模型一致，即过往的参赛经验会对解答者付出努力得来的创新产出带来弱化作用。这是参赛经验对解答者的创新产出带来的负向影响。

命题 4.3：赢者通吃竞价奖励机制中，解答者的参赛经验（p）越丰富，越应该提高激励系数（k）；解答者越是风险规避（ρ），提交的创新方案质量方差（σ^2）越大，努力工作的成本系数（m）越高，组织者越应该降低激励系数（k），减小解答者应该承担的风险。

证明：在式（4-12）中，分别对 p, ρ, σ^2, m 求偏导，得

$$\frac{\partial k}{\partial p} = \frac{4m^3\rho\sigma^2 p}{(p^2 + 2m^3\rho\sigma^2)^2} > 0, \quad \frac{\partial k}{\partial \rho} = \frac{-2m^3\rho\sigma^2}{(p^2 + 2m^3\rho\sigma^2)^2} < 0$$

$$\frac{\partial k}{\partial \sigma^2} = \frac{-2m^3\rho}{(p^2+2m^3\rho\sigma^2)^2} < 0, \quad \frac{\partial k}{\partial m} = \frac{-6m^3\rho\sigma^2}{(p^2+2m^3\rho\sigma^2)^2} < 0$$

命题4.3说明：

（1）在其他条件不变的前提下，解答者具有丰富的参赛经验时，应该提高激励系数。从逻辑上考虑也能够得到相同的结论：相对于那些缺乏参赛经验的解答者，参赛经验丰富的解答者具备更专业的知识和技能，提交更高质量的创新方案的可能更大，因此，通过对具有丰富参赛经验的解答者增进激励，组织者能够得到更大的收益。

（2）解答者越是厌恶风险，提供的创新方案的质量的方差越大，越应该降低激励系数。这是因为最优激合同要在激励与保险之间寻求平衡，对于给定激励系数 k，ρ 或 σ^2 越大，风险成本 $\triangle RC = \frac{1}{2}\rho k^2\sigma^2$ 越高，因此最优风险分担要求激励系数越小越好。

（3）解答者努力的成本越高，越应该降低激励系数。一方面，从激励角度看，$e = \frac{kp}{2m^2}$，m 越大，e 越小；另一方面，从风险分担的角度看，m 越大，为了激励解答者选择同样的努力水平要求 k 越大，这会增加风险成本，而解答者更愿意以较低的努力来换取风险成本低的节约。[83]

（三）赢者通吃情形下两种奖励机制中组织者期望收益比较

在固定奖励模型下，求解激励相容规划可得解答者的均衡努力为：

$$e_G(w_0) = \sqrt{\frac{w_0}{m}} \quad (4-13)$$

因此，组织者的期望收益为：

$$E_G(y-w_0) = p\sqrt{\frac{w_0}{m^3}} - w_0 \quad (4-14)$$

同理，在竞价奖励模型下，求解对应的激励相容规划可得解答者的均衡努力，激励系数以及奖励固定项分别为：

$$e_J(k,p) = \frac{kp}{2m^2} \quad (4-15)$$

$$k_J = \frac{p^2}{p^2 + 2m^3\rho\sigma^2} \quad (4-16)$$

$$S_J = \frac{2m^3\rho\sigma^2 p^4 - p^6}{4m^3(p^2 + 2m^3\rho\sigma^2)^2} \quad (4-17)$$

组织者的期望收益为：

$$E_J(y-w) = \frac{p^4}{4m^3(p^2 + 2m^3\rho\sigma^2)} \quad (4-18)$$

两种奖励机制下组织者期望收益之差为：

$$E_J(y-w) - E_G(y-w_0) = \frac{p^4}{4m^3(p^2 + 2m^3\rho\sigma^2)} - (p\sqrt{\frac{w_0}{m^3}} - w_0)$$
$$(4-19)$$

命题4.4：当组织者给出的固定奖金金额在一定范围时，即使不能实现激励相容，对于组织者最大化期望收益的目标而言，固定奖励机制优于竞价奖励机制。

证明：求解式（4-19）可知：当 $\frac{(p-\sqrt{p^2-4m^3h})^2}{4m^3} < w_0 < \frac{(p+\sqrt{p^2-4m^3h})^2}{4m^3}$ 时，$E_J(y-w)^* - E_G(y-w_0)^* < 0$；当 $0 < w_0 < \frac{(p-\sqrt{p^2-4m^3h})^2}{4m^3}$ 及 $w_0 > \frac{(p+\sqrt{p^2-4m^3h})^2}{4m^3}$ 时，$E_J(y-w)^* - E_G(y-w_0)^* > 0$，其中 $h = \frac{p^4}{4m^3(p^2+2m^3\rho\sigma^2)}$。

命题4.4说明：当组织者给出的固定奖金金额在一定范围之内，采取固定奖励机制能使组织者能获得更高的期望收益。通常人们都是通过一件事物的价格来衡量这件事物的价值。在众包竞赛中，较高的固定奖金会给解答者造成这项创新任务要求很高，很难完成的直觉，以至于使他们望而生怯，宁愿以较低的努力来换取较低的风险成本，因此不会产生高质量的创新方案；这时采用竞价奖励机制更能激励解答者付出高倍努力，最大化组织者的期望收益。而较低固定奖金对解答者的激励不足，采用竞价奖励对解答者来说不至于以过高的努力去解决较低要求的创新任务而造成资源浪费。

(四) 赢者通吃竞价奖励机制的代理成本

委托代理理论中，存在一类由于委托人缺乏关于代理人努力程度与客观状态的充分信息所导致的权益损失，被称为代理理论。这是一种以充分信息条件下的最优契约所实现的利润水平为基准，对信息不对称条件下次优契约所出现的预期利润的偏差的一种估算。[84] 因为现实中永远不可能达到信息完全对称，所以代理成本也是不可能完全杜绝的，只能尽量地降低它。

在赢者通吃情形下，众包竞赛中由于信息不对称带来的解答者的代理成本主要原因有以下四个方面：①解答者提交创新方案质量的差异；②解答者的绝对风险规避程度；③解答者努力的成本系数；④解答者参赛经验的积累。

当组织者不能观测解答者的努力水平时，存在两类在对称信息下不存在的代理成本。一类是由帕累托最优风险分担无法达到而出现的代理成本；另一类是由较低的努力水平导致的期望产出的净损失减去努力成本的节约，称为激励成本。[84] 因为组织者是风险中性的，努力水平可观测时组织者承担全部风险，这意味着解答者的风险成本为零。当组织者不能观测解答者的努力水平时，解答者承担的风险为 $k = \dfrac{p^2}{p^2 + 2m^3\rho\sigma^2}$，这时的风险成本（即众包竞赛的净福利损失）为：

$$\triangle RC = \frac{1}{2}k^2\rho\sigma^2 = \frac{p^4\rho\sigma^2}{2(p^2 + 2m^3\rho\sigma^2)^2} \qquad (4-20)$$

在组织者可以观测解答者努力水平的时候，最优激励合同中的激励约束（IC）是不起任何作用的，解答者任何努力水平都可以通过满足参与约束（IR）的强制合同实现。因此，组织者和解答者之间的激励相容问题变成下列形式：

$$\max\left[(1-k)\frac{p}{m}e - s\right]$$

$$S.T.\ (IR)\ s + k\frac{p}{m}e - \frac{1}{2}\rho k^2\sigma^2 - me^2 \geq \underline{CE} \qquad (4-21)$$

可以解得：代理人的均衡努力水平为：$e = \frac{p}{2m^2}$，$k = 0$。

当解答者努力水平不可观测时，组织者的最优激励合同诱使组织者自动选择最优努力水平：$e = \frac{pk}{2m^2} - \frac{p^3}{2m^2(p^2 + 2m^3\rho\sigma^2)} < \frac{p}{2m^2}$，即在非对称信息下的最优努力水平严格小于对称信息下的努力水平。此时的解答者提交的创新方案质量的净损失为：

$$\triangle Ey = \frac{p^2}{2m^3} - \frac{p^4}{2m^3(p^2 + 2m^3\rho\sigma^2)} = \frac{p^2\rho\sigma^2}{(p^2 + 2m\rho\sigma^2)} > 0 \quad (4-22)$$

努力成本的节约为：

$$\triangle c(e) = \frac{p^2}{4m^3} - \frac{p^6}{4m^3(p^2 + 2m^3\rho\sigma^2)^2} = \frac{p^4\rho\sigma^2 + m^3p^2\rho^2\sigma^4}{(p^2 + 2m^3\rho\sigma^2)^2} \quad (4-23)$$

所以激励成本为：

$$\triangle Ey - \triangle c(e) = \frac{m^3p^2\rho^2\sigma^4}{(p^2 + 2m\rho\sigma^2)^2} \qquad (4-24)$$

故总代理成本为：

$$AC = \triangle RC + (\triangle Ey - \triangle c(e)) = \frac{p^2\rho\sigma^2}{2(p^2 + 2m^3\rho\sigma^2)} \quad (4-25)$$

在式（4-25）中对 σ^2，ρ，p，m 分别求偏导，可得

$$\frac{\partial AC}{\partial \sigma^2} = \frac{p^4\rho}{2(p^2 + 2m^3\rho\sigma^2)^2} > 0, \quad \frac{\partial AC}{\partial \rho} = \frac{p^4\sigma^2}{2(p^2 + 2m^3\rho\sigma^2)^2} > 0$$

$$\frac{\partial AC}{\partial p} = \frac{2m^3 p\rho^2\sigma^4}{(p^2 + 2m^3\rho\sigma^2)^2} > 0, \quad \frac{\partial AC}{\partial m} = \frac{-3m^2 p^2\rho^2\sigma^4}{(p^2 + 2m^3\rho\sigma^2)^2} < 0$$

可知解答者的代理成本随着解答者提交方案的质量的方差、解答者的风险规避系数、解答者参赛经验的上升而增大；随着解答者努力成本系数的增大而减小。方差 σ^2 越大说明解答者提交的创新方案质量差异越大，获胜的不确定性就越大；解答者风险规避系数 ρ 越高说明解答者越害怕承担

风险；解答者过往参赛经验 p 越大，解答者付出的努力水平将会越高，未获胜时需要承担的损失将越大；另外棘轮效应也表明：如果委托人过分关注代理人过去创造的业绩，代理人的工作积极性会相对降低，[85]较低的努力水平会导致激励成本的增加。这些因素的增大都会使其代理成本上升，利润潜力的损失越大。据研究在我国国有企业中因信息不对称产生的代理成本，等价于六至七成的利润潜力。[86]由此可见，降低代理成本将是今后众包竞赛研究应关注的重点问题。

信息不对称不但会带来代理成本，使得众包竞赛的利润受到损失，还会带来解答者与组织者两方的欺骗行为，使得众包竞赛的效率下降。有学者针对这类问题展开了研究，提出了应对和管理此类风险的策略。庞建刚从众包社区创新准入制度、方案筛选机制、信用评价机制和奖惩机制等四个方面设计了风险管理机制，提出具体可操作的解决办法。[55]费友丽等对竞赛中存在欺骗行为的表现形式以及形成原因作了详细研究，并提出应对策略。[87]

三、多奖项情形下众包竞赛最优奖励机制研究

在现实生活中，并不是所有的众包竞赛都是赢者通吃的。在很多情况中，有多个获胜者的众包竞赛对集体智慧的利用更合理。例如多人参与设计计算机编程，最终的程序通过模块化分别采用了多个人的程序；维基百科、百度词条的编辑也由众多参与者共同完成。学者也指出虽然赢者通吃众包竞赛对参与者付诸努力有更大的激励作用，但是多奖项竞赛却能带来更多的参与人数。[88]相对于那些仅关心最高质量创新方案的组织者，对那些即关注每一个解答者提交的创新方案，又关心众包竞赛总体产出的组织者来说，多奖项众包竞赛将会更适用。由于竞赛中解答者的付出的努力均为沉没成本，所以赢者通吃众包竞赛在对解答者智慧的利用率存在一定的缺失。[89]因此，基于上一章对赢者通吃情形下众包竞赛的最优奖励机制的分析，本章继续分析多奖项情形下众包竞赛的最优奖励机制。

（一）固定奖励机制下的激励相容

多奖项情形下固定奖励机制，记为 A，在时期 0，竞赛组织者宣布竞

赛规则，即在竞赛中设定多个奖项，并确定固定奖金总额为 w_A；选择 N（≥2）个竞赛参与者。在时期 1，每个竞赛参与者观察到竞赛固定奖金 w_A，同时且独立地选择自身的努力投入 e_i，付出努力带来的成本为 $c_i(e_i)$，$c_i(e_i) = m_i e_i^2$，其中 m_i 为解答者 i 努力的成本系数，$m_i > 0$。在时期 2，竞赛解答者提交其创新产出 $y_1, y_2 \cdots y_N$，组织者进行比较，从中选择 L 个解答者胜出。在时期 3，竞赛组织者获得胜出的解答者人所提供的创新方案并分别支付每个解答者固定奖金 $w_1 \geq w_2 \geq \cdots \geq w_L$，创新产出最高的解答者获得，创新产出次高的获得，并依次类推直到所有的奖金分配完毕。对每一个解答者来说，如果赢得奖金 w_i，则解答者的收益为 $w_i - c_i(e_i)$，未胜出的解答者获得保留收益 $\overline{w}$。

多奖项情形下的众包竞赛也是对称的独立私有价值模型，在完成创新任务的过程中，解答者各自独立完成任务，互不联系。组织者可以观测解答者的努力水平。组织者即关注解答者个体的努力水平，又关心总产出水平。由于解答者个体之间的努力是相互独立的，产出也是独立的，并且由于众包竞赛的任务特点，个人产出可以线性加总得到总产出，所以个人产出的最大化与总体产出的最大化是一致的。多奖项情形下各个变量之间的关系和组织者与解答者之间激励相容的实现情况与赢者通吃情形下基本一致。

根据激励相容理论的目标函数和两个约束条件，我们将多奖项情形下众包竞赛的固定奖励机制最优规划表达为如下形式：

$$\max \sum_{i=1}^{L} y_i - w_A$$
$$S.T. \ (IR) w_i - c_i(e_i) \geq \overline{w}$$
$$(IC) \max [w_i - c_i(e_i)] \tag{4-26}$$

解规划可得解答者的均衡努力水平为：

$$e_i = \sqrt{\frac{w_i}{m_i}} \tag{4-27}$$

组织者的期望收益为：

$$E(y - w_A) = \sum_{i=1}^{L} p_i \sqrt{\frac{w_i}{w_i^3}} - w_A \qquad (4-28)$$

由参与约束条件可知，$\frac{\partial(w_i - c_i(e_i))}{\partial e_i} = -2me_i < 0$ 对于每一个解答者来说，他的期望收益都随着其努力程度的增加而降低。这与赢者通吃情形下的结论一致，因此多奖项情形下固定奖励机制同样无法实现组织者与解答者之间的激励相容。

（二）竞价奖励机制下的激励相容

1. 独立产出模型

在竞价奖励机制中，我们首先讨论解答者独立产出模型，记为 D。在这种模型中，在竞赛开始前，组织者宣布采用竞价奖励机制，$w_i(y_i) = s_i + k_i y_i$；而后每个竞赛参与者同时且独立地选择自己的努力程度 e_i，并提交质量为 y_i 的创新方案，每个解答者之间互不影响；组织者进行比较，从中选择 L 个解答者胜出并分别支付每个解答者相应的绩效奖金，提交创新产出最高的解答者获得 w_1，提交产出次高的获得 w_2，并依次类推直到所有的奖金分配完毕。则对每一个解答者来说，如果赢得奖金 w_i，则解答者的收益为 $w_i - c_i(e_i)$，未胜出的解答者获得保留收益 $\bar{w}$。

于是在竞价奖励机制下，独立产出模型中组织者与解答者之间的激励相容问题可以写成如下规划：

$$\max \sum_{i=1}^{L} \left[(1-k_i) \frac{p_i}{m_i} e_i - s_i \right]$$

$$S.T. (IR) s_i + k_i \frac{p_i}{m_i} e_i - \frac{1}{2} \rho_i k_i^2 \sigma_i^2 - m_i e_i^2 \geq \underline{CE_i}$$

$$(IC) \max \left[s_i + k_i \frac{p_i}{m_i} e_i - \frac{1}{2} \rho_i k_i^2 \sigma_i^2 - m_i e_i^2 \right] \qquad (4-29)$$

解规划可得解答者的均衡努力，组织者的激励系数以及固定奖励部分分别为：

$$e_i = \frac{k_i p_i}{2 m_i^2} \qquad (4-30)$$

$$k_i = \frac{p_i^2}{p_i^2 + 2m_i^3 \rho_i \sigma_i^2} \qquad (4-31)$$

$$s_i = \frac{2m_i^3 \rho_i \sigma_i^2 p_i^4 - p_i^6}{4m_i^3 (p_i^2 + 2m_i^3 \rho_i \sigma_i^2)^2} \qquad (4-32)$$

组织者的期望收益为:

$$E_D(y - w_D) = \sum_{i=1}^{L} \frac{p_i^4}{4m_i^3 (p_i^2 + 2m_i^3 \rho_i \sigma_i^2)} \qquad (4-33)$$

在多奖项竞价奖励独立产出模型中，每个解答者各自独立完成任务，互不联系。由于解答者个体之间的努力是独立的，产出也是独立的，因此，多奖项众包竞赛总的期望收益应该是每个解答者个人产出效益的线性加总。所以个人产出的最大化与总体产出的最大化是一致的。因此在多奖项竞价奖励机制中，解答者独立产出模型具有与赢者通吃竞价奖励机制相似的结论：

（1）多奖项竞价奖励机制中，随着解答者参赛经验（p_i）的积累，解答者在众包竞赛中所投入的努力水平（e_i）有所提高，但每个解答者的创新产出（y_i）都相对减弱，从而降低了众包竞赛的总体产出（$\sum_{i=1}^{L} y_i$）。

（2）多奖项竞价奖励机制中，解答者的参赛经验（p_i）越丰富，组织者越应该提高激励系数（k_i）；解答者越是风险规避（ρ_i），提交的创新方案质量方差（σ_i^2）越大，努力工作的成本系数（m_i）越高，组织者越应该降低激励系数（k_i），减小解答者需要承担的风险。

2. 交互产出模型

以上讨论中我们都假设解答者是各自独立完成任务，互不联系。但现实许多情况中，众包竞赛是一个大型的社区，它不仅仅是一场竞赛，还为解答者提供了相互交流学习的机会。前人的研究也普遍认为在解答者创造创新方案的过程中个体间的交互作用和想法交换会促进解答者获得更多相关的、多样的知识。这里交流方式通常包括一对一或者集体讨论，以及评论活动等等。早在 20 世纪 50 年代 Osborn 就提出关于头脑风暴的一个基本观点：与不同的参与者的交流沟通可以刺激记忆的联想，带来更高质量的创意。[90]在传统的头脑风暴研究中，常见的交流方式有面对面交流和利用电脑作为中介媒体的讨论。与那些愿意分享信息和创意的参与者交流对自身的努力转化为创新成果有积极影响。Perry 等指出与他人的互动与交流能够帮助个体产生更多样的选择，补充自身的知识储备，并对自己的创意进行精炼，使得自己的创新方案更易被组织者采纳。[91,92] Nijstad 和 Stroebe 则证实了这一结论在线下和线上活动中均成立。[93] Bullinger 等对虚拟社区中的众包竞赛展开研究，指出竞赛本身有利于创新，而基于社区的竞赛更能为参与者提供交流合作的机会，这对众包竞赛的实践更有价值。[10]

在众包社区中，参与者通过阅读、投票以及评论的形式实现创意的共享。尽管每个众包参与者的参与目的不同，每一个个体与他人交流沟通普遍都能收获益处，他们会有强烈的社区成员参与感，并且会更加认真地对待创新任务。[94]这种有益的交互作用能够帮助解答者更好地理解创新任务的需求，创造出对组织者来说更够价值的创新方案，最后获胜的概率将更高。

因此，在独立产出模型的基础上，讨论交互产出模型，记为 H。在模型中在交互产出模型中我们引入解答者之间的交互作用。受回归分析中利用交叉项解释两个变量共同对被解释变量的影响的启发，我们在模型中用 $\sum_{j=1}^{L} \mu_{ij} p_j e_i$ 表示解答者 i 与其他竞赛参与者之间的交互作用，定义 I_i 是交互作用项，$I_i = \sum_{j=1}^{L} \mu_{ij} p_j$；$\mu_{ij}$ 是交互性系数，$\mu_{ij} > 0$。

这样解答者 i 的创新产出为：

$$y_i = \frac{p_i}{m_i} e_i + \sum_{j=1}^{L} \mu_{ij} p_j e_i + \varepsilon_i = \frac{p_i}{m_i} e_i + I_i e_i + \varepsilon_i \qquad (4-34)$$

交互产出模型中组织者和解答者之间的激励相容问题可以描述成以下规划：

$$\max \sum_{i=1}^{L} \left[(1 - k_i) \left(\frac{p_i}{m_i} e_i + I_i e_i \right) - s_i \right]$$

$$S.T. (IR) s_i + k_i \left(\frac{p_i}{m_i} e_i + I_i e_i \right) - \frac{1}{2} \rho_i k_i^2 \sigma_i^2 - m_i e_i^2 \geqslant \underline{CE_i}$$

$$(IC) \max [s_i + k_i(\frac{p_i}{m_i}e_i + I_i e_i) - \frac{1}{2}\rho_i k_i^2 \sigma_i^2 - m_i e_i^2] \qquad (4-35)$$

解规划可得解答者的均衡努力，组织者的激励系数以及固定奖励部分分别为：

$$e_i = \frac{k_i(p_i + m_i I_i)}{2m_i^2} \qquad (4-36)$$

$$k_i = \frac{(p_i + m_i I_i)^2}{(p_i + m_i I_i)^2 + 2m_i^3 \rho_i \sigma_i^2} \qquad (4-37)$$

$$s_i = \frac{2m_i^3 \rho_i \sigma_i^2 (p_i + m_i I_i)^4 - (p_i + m_i I_i)^6}{4m_i^3 [(p_i + m_i I_i)^2 + 2m_i^3 \rho_i \sigma_i^2]^2} \qquad (4-38)$$

组织者的期望收益为：

$$E_H(y - w_H) = \sum_{i=1}^{L} \frac{(p_i + m_i I_i)^4}{4m_i^3 [(p_i + m_i I_i)^2 + 2m_i^3 \rho_i \sigma_i^2]} \qquad (4-39)$$

命题 4.5：多奖项情形下解答者之间的交互作用可以提高其努力程度；交互作用越强，努力程度增加幅度越大。

证明：比较独立产出模型和交互产出模型中激励相容时解答者的最优努力，可知 $0 < \mu_{ij} < 1$，$p_j > 0$，则 $I_i = \sum_{j=1}^{L} \mu_{ij} p_j > 0$，所以，式（4-36）与式（4-30）相减 $e_{Hi} - e_{Di} = \frac{(p_i + m_i I_i)k_i}{2m_i^2} - \frac{k_i p_i}{2m_i^2} = \frac{I_i k_i}{2m_i} > 0$；另外，在式（4-36）中对解答者的努力程度（$e_i$）求交互作用项（$I_i$）的偏导可得：$\frac{\partial e_{Hi} - e_{Di}}{\partial I_i} = \frac{k_i}{2m_i} > 0$。

命题 4.5 说明：在众包社区中解答者之间的交流与合作带来的交互作用对提高解答者的努力程度有积极作用。这个交互作用是由交互性系数和竞赛中其他解答者的参赛经验共同决定的，交互性系数越大，说明解答者之间的交互作用越明显，其积极作用也更加突出；竞赛中其他解答者的参赛经验积累越多，即其他解答者专业知识技能水平越高，在交流共享的过程中能够给予其他解答者的帮助也越大，对交互作用的积极影响的贡献就越大。这在众包社区中有充分的体现，即存在"模范效应"，在团队中有能力突出的优秀解答者领头，其他人的工作效率和质量也会明显得到提升。解答者之间的交互作用越强，解答者付出的努力增加幅度越大，这一结论符合解答者们遇强则强的心理活动。

命题4.6：多奖项情形下解答者之间存在交互作用时，组织者的激励系数将增大，解答者分享的产出份额更高；且交互作用越强，组织者的激励系数增大的幅度越大。

证明：比较独立产出模型和交互产出模型中组织者最优的激励系数可得：

$$k_{Hi} - k_{Di} = \frac{(p_i + m_i I_i)^2}{(p_i + m_i I_i)^2 + 2m_i^3 \rho_i \sigma_i^2} - \frac{p_i^2}{p_i^2 + 2m_i^3 \rho_i \sigma_i^2}$$

$$= \frac{4m_i^4 \rho_i \sigma_i^2 p_i I_i + 2m_i^5 \rho_i \sigma_i^2 I_i^2}{[(p_i + m_i I_i)^2 + 2m_i^3 \rho_i \sigma_i^2] \times (p_i^2 + 2m_i^3 \rho_i \sigma_i^2)} > 0$$

另外，在式（4-37）中对激励系数（k_i）求交互系数（I_i）的偏导可得：

$$\frac{\partial k_{Hi} - k_{Di}}{\partial I_i} = \frac{4(p_i + m_i I_i) m_i^4 \rho_i \sigma_i^2}{[(p_i + m_i I_i)^2 + 2m_i^3 \rho_i \sigma_i^2]^2} > 0$$

命题4.6说明：当解答者之间存在交互作用时，解答者之间的相互促进可以被组织者观察到，为了促进解答者付出更高的努力水平，组织者会提高激励系数来增加解答者获胜后可得到的奖金。而这种交互效应越明显，组织者会越发增加激励系数来提高解答者可获得的产出份额，这对提高众包竞赛的总体创新产出是有利的。

命题4.7：多奖项情形下解答者之间的交互作用有利于提高组织者的期望收益。

证明：在多奖项竞价奖励机制下，我们比较独立产出模型和交互产出模型中组织者的期望收益，式（4-39）与式（4-33）相减可得：

$$E_H(y - w_H) = E_D(y - w_D) = \sum_{i=1}^{L} \frac{(p_i + m_i I_i)^4}{4m_i^3 [(p_i + m_i I_i)^2 + 2m_i^3 \rho_i \sigma_i^2]} -$$

$$\sum_{i=1}^{L} \frac{p_i^4}{4m_i^3 (p_i^2 + 2m_i^3 \rho_i \sigma_i^2)} > 0$$

命题4.7说明：交互产出模型中组织者的期望收益要大于独立产出模型中。解答者之间的交互作用对解答者努力水平的提高有积极作用，每个解答者努力水平的提高，带来了众包竞赛总体创新产出的提高，从而增加了组织者总体期望收益。

（三）多奖项竞价奖励机制的代理成本

多奖项竞价奖励独立产出模型中众包竞赛的总体创新产出是每个个体创新产出的线性加和，根据上述对赢者通吃竞价奖励机制的代理成本分析可以推断出多奖项情形竞价奖励独立产出模型中每一个个体的代理成本与赢者通吃情形下一致。

在多奖项竞价奖励交互产出模型中，解答者需要承担的风险为：

$$k_i = \frac{(p_i + m_i I_i)^2}{(p_i + m_i I_i)^2 + 2m_i^3 \rho_i \sigma_i^2}$$

由此产生的风险成本为：

$$\triangle RC_i = \frac{1}{2} k_i^2 \rho_i \sigma_i^2 = \frac{(p_i + m_i I_i)^4 \rho_i \sigma_i^2}{2[(p_i + m_i I_i)^2 + 2m_i^3 \rho_i \sigma_i^2]^2} \quad (4-40)$$

在组织者可以观测解答者努力水平时，组织者和解答者之间的激励相容问题为：

$$\max \sum_{i=1}^{L} \left[(1-k_i)\left(\frac{p_i}{m_i}e_i + I_i e_i\right) - s_i \right]$$

$$S.T.(IR) s_i + k_i\left(\frac{p_i}{m_i}e_i + I_i e_i\right) - \frac{1}{2}\rho_i k_i^2 \sigma_i^2 - m_i e_i^2 \geq \underline{CE_j} \quad (4-41)$$

可以解得：$e_i = \frac{p_i + m_i I_i}{2m_i^2}$，$k_i = 0$

当解答者 i 努力水平不可观测时，组织者的最优激励合同诱使解答者 i 自动选择最优努力水平 $e_i = \frac{(p_i + m_i I_i) k_i}{2m_i^2} < \frac{p_i + m_i I_i}{2m_i^2}$，即在非对称信息下的最优努力水平严格小于对称信息下的努力水平。此时解答者提交创新产出的净损失为：

$$\triangle Ey_i = \frac{(p_i + m_i I_i)^2}{2m_i^3} - \frac{(p_i + m_i I_i)^4}{2m_i^3[(p_i + m_i I_i)^2 + 2m_i^3 \rho_i \sigma_i^2]}$$

$$= \frac{(p_i + m_i I_i)^2 \rho_i \sigma_i^2}{(p_i + m_i I_i)^2 + 2m_i^3 \rho_i \sigma_i^2} > 0 \quad (4-42)$$

其努力成本的节约为：

$$\triangle c_i(e_i) = \frac{(p_i + m_i I_i)^2}{4m_i^3} - \frac{(p_i + m_i I_i)^6}{4m_i^3[(p_i + m_i I_i)^2 + 2m_i^3 \rho_i \sigma_i^2]^2}$$

$$= \frac{(p_i + m_i I_i)^4 \rho_i \sigma_i^2 + m_i^3 (p_i + m_i I_i)^2 \rho_i^2 \sigma_i^4}{[(p_i + m_i I_i)^2 + 2m_i^3 \rho_i \sigma_i^2]^2} \quad (4-43)$$

所以解答者 i 激励成本为：

$$\triangle Ey_i - \triangle c_i(e_i) = \frac{m_i^3 (p_i + m_i I_i)^2 \rho_i^2 \sigma_i^4}{[(p_i + m_i I_i)^2 + 2m_i^3 \rho_i \sigma_i^2]^2} \quad (4-44)$$

解答者 i 的总代理成本为：

$$AC_i = \triangle RC_i + (\triangle Ey_i - \triangle c_i(e_i)) = \frac{(p_i + m_i I_i)^2 \rho_i \sigma_i^2}{2[(p_i + m_i I_i)^2 + 2m_i^3 \rho_i \sigma_i^2]} \quad (4-45)$$

在上式中对 σ_i^2，ρ_i，p_i，I_i 分别求偏导，可得：

$$\frac{\partial AC_i}{\partial \sigma_i^2} = \frac{(p_i + m_i I_i)^4 \rho_i}{2[(p_i + m_i I_i)^2 + 2m_i^3 \rho_i \sigma_i^2]^2} > 0,$$

$$\frac{\partial AC_i}{\partial \rho_i} = \frac{(p_i + m_i I_i)^4 \sigma_i^2}{2[(p_i + m_i I_i)^2 + 2m_i^3 \rho_i \sigma_i^2]^2} > 0$$

$$\frac{\partial AC_i}{\partial p_i} = \frac{2m_i^3 \rho_i^2 \sigma_i^2 (p_i + m_i I_i)}{[(p_i + m_i I_i)^2 + 2m_i^3 \rho_i \sigma_i^2]^2} > 0,$$

$$\frac{\partial AC_i}{\partial I_i} = \frac{2m_i^4 \rho_i^2 \sigma_i^2 (p_i + m_i I_i)}{[(p_i + m_i I_i)^2 + 2m_i^3 \rho_i \sigma_i^2]^2} > 0$$

在多奖项竞价奖励交互产出模型中可得到与赢者通吃情形下相似的结论，即：解答者的代理成本随着解答者提交方案质量的方差、解答者的风险规避系数、解答者参赛经验的增加而增加。另外，当模型中交互作用项越大，代理成本越大。交互作用越强，解答者付出的努力水平将会越高，未获胜时需要承担更多的损失。

四、仿真及策略分析

（一）仿真模型假设

目前，国内外学者在研究众包竞赛的奖励机制时主要采用理论研究方法，然而运用仿真或实证数据进行研究相对匮乏。且通过第三章和第四章的研究可知，模型推导只能对众包竞赛中各变量之间的关系进行定性分析，并不能对不同变量的参数水平进行控制，定量总结各变量的变化趋势。因此，本章基于上文中的模型推导，试图对博弈模型进行仿真，对理论假设进行检验，对现实问题与现象进行解释。

我们使用 Matlab 仿真工具对第三章和第四章提出的模型进行仿真验证。通过对解答者的努力成本系数，组织者的激励系数，组织者给出的固定奖金金额等参数进行调节，分析内生变量的关系以及外生变量对结果的影响。主要分为三个部分：第一部分，对第三章中赢者通吃情形下不同奖励机制中的激励相容结果进行验证。第二部分，对第四章提出的多奖项情形下竞价奖励交互产出模型中的激励相容结果进行验证。第三部分，对不同赢者确定方式下组织者收益大小进行验证。

仿真模型有三条基本假设：①一般文献中将绝对风险规避系数设定为 1-4，本章中假设解答者的绝对风险规避系数 ρ 为 2；②为简化问题，本章仿真所考虑的多奖项众包竞赛设置两个奖项，即 $L=2$；③解答者提交的创新方案质量受随机因素的影响很小，随机扰动项的方差可忽略。

（二）赢者通吃情形下不同奖励机制的激励相容结果比较

1. 竞价奖励机制中解答者努力程度与组织者期望收益分析

对赢者通吃情形下竞价奖励机制中解答者参赛经验的积累对其努力程度以及组织者期望收益的影响进行仿真。假设组织者给予的奖励系数（k）分别取 0.3、0.5、0.8（即组织者给予解答者分享的产出份额较小、适中、较大），解答者的努力成本系数（m）分别为 0.5、1、1.5（$m=0.5$）意味着解答者的类型是事半功倍型，工作效率较高；$m=1$ 意味着解答者的类型是努力与回报均衡型，即付出一份努力，得到一份回报；$m=1.5$ 则意味着解答者的类型是事倍功半型，工作效率较低）。分析不同参数水平下解答者的努力程度以及组织者期望收益随着解答者参赛经验积累的变化趋势（见图4-1至图4-3）。

对图4-1至图4-3的（a）部分中解答者参赛经验的积累对其努力程度影响的仿真结果进行分析可知：

（i）在组织者的激励系数（k）分别取0.3、0.5、0.8的情况下，对于任何努力成本类型的解答者，其努力程度都随着其参赛经验的积累而增加。这验证了命题4.2中论断的正确性，即在赢者通吃竞价奖励机制中，随着解答者参赛经验的积累，解答者在众包竞赛中所投入的努力水平有所提高。结论的现实意义在于，相对于那些没有任何参赛经验或参赛经验较少的选手来说，参赛经验丰富的解答者更有可能会在竞赛中付出较高的努力，最终获胜的方案也更有可能来源于这些解答者。

（ii）在解答者努力成本系数（m）分别为0.5、1、1.5的情况下，对组织者的激励系数（k）取不同水平值，比较解答者均衡努力水平的大小，可知：对于相同努力成本类型的解答者来说，组织者给出的激励系数越高，其均衡努力水平也越高。这一结论的现实意义在于：对于任何类型的参赛选手而言，组织者给予的奖励的激励越大，他们努力工作的动力越足，越有可能产生高质量的方案。在组织者给出较高的激励系数的情况下，努力成本系数低的解答者与努力成本系数高的解答者之间均衡努力的差值比在组织者给出较低激励系数情况下更大；而且这种差值随着解答者参赛经验的积累进一步扩大。说明高奖金的诱惑对于能力优秀，经验丰富的解答者的激励作用大于平庸的解答者。

对图4-1至图4-3的（b）部分中解答者参赛经验对组织者期望收益影响的仿真结果进行分析可知：

（i）在组织者的激励系数（k）分别取0.3、0.5、0.8的情况下，无关乎竞赛中解答者的努力成本类型，组织者最终的期望收益都随着解答者参赛经验的积累而增加。这说明在赢者通吃竞价奖励机制中，随着解答者参赛经验的积累，解答者在众包竞赛中所投入的努力水平的提高，直接正向作用于其创新产出，从而提高了组织者的期望收益。在命题4.2中，我们除了证明了解答者参赛经验的积累对其努力程度的正向作用，同时也证明了解答者参赛经验的积累对其提交的创新方案质量具有一定的弱化作用,从仿真结果看到组织者的期望收益最终还是呈上升趋势,并且随着参赛经验积累,增长的速度越快,这说明:总体来说,解答者参赛经验积累的正向作用大于其负向作用。

(ⅱ)在解答者努力成本系数(m)分别取 0.5、1、1.5 的情况下,无论组织者给出什么样的激励水平,努力与回报均衡型($m=1$)解答者和事倍功半型($m=1.5$)解答者为组织者创造的期望收益几乎是处于同一水平的;而事半功倍型($m=0.5$)解答者为组织者创造的期望收益随着组织者给出的激励系数的增加,有所下降。对于这一结果理解是:因为组织者提高激励系数,会刺激解答者更加努力工作,从而产生更高质量的方案;但另一方面,激励系数的提高也意味着组织者分享到的产出份额将减少。组织者增加激励系数的水平,提高给予解答者的产出份额时,对事半功倍型解答者的激励作用最大,因为他们自身能力优秀,工作效率高,更能创造高质量的方案;同时由于,解答者的奖金额度大幅增加,组织者得到的产出份额降低给其期望收益带来一定的损失,两种作用同时发生,最终激励系数的提高带来的负效应略大于正效应,组织者的期望收益略有下降。而事倍功半型解答者能力欠缺,工作效率低下,无论组织者给出多大的产出份额的诱惑,其产生高质量方案的可能性都较小,获胜的概率也很小,因此,组织者给予的激励系数大小的影响不大,他们最终为组织者创造的期望收益也将维持在较低的水平上。

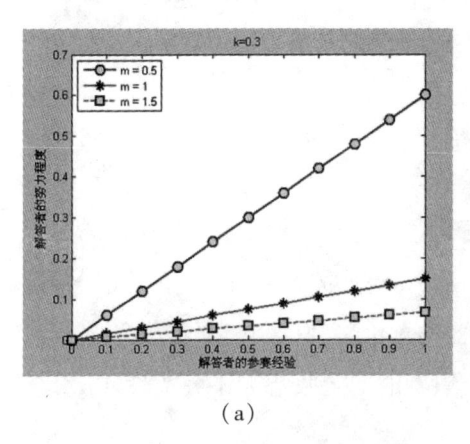

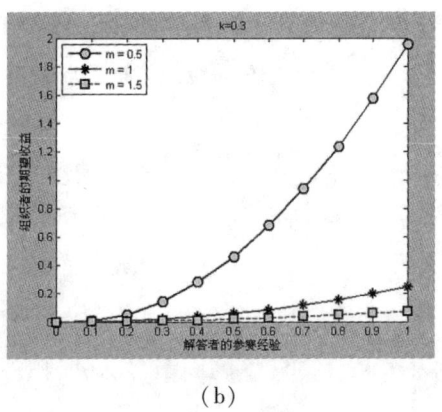

(a)

(b)

图 4-1 $k=0.3$ 时,解答者参赛经验与解答者努力程度、组织者期望收益的关系

(a)

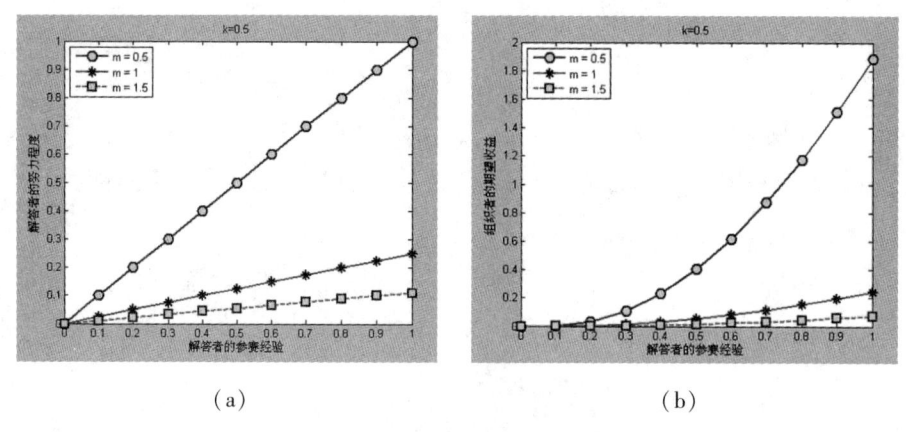

(b)

图4-2 $k=0.5$ 时，解答者参赛经验与解答者努力程度、
组织者期望收益的关系

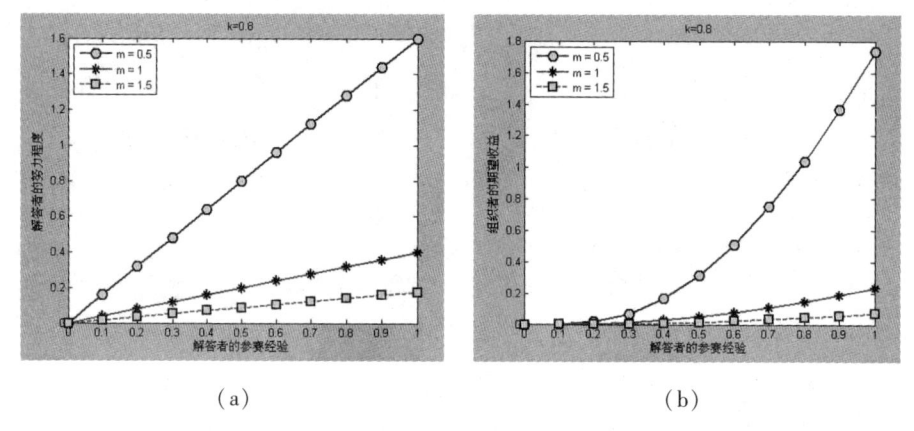

(a)

(b)

图4-3 $k=0.8$ 时，解答者参赛经验与解答者努力程度、
组织者期望收益的关系

2. 不同奖励机制中组织者期望收益分析

对赢者通吃情形下不同奖励机制中组织者的期望收益大小进行仿真。假设竞赛中解答者的努力成本系数（m）分别取 0.5、1、1.5 的情况下，比较奖励系数（k）为 0.3、0.5、0.8 的竞价奖励机制与固定奖金（w_0）为 0.3、1、3、5 的固定奖励机制中组织者的期望收益大小（见图4-4至图4-9）。

对图4-4至图4-6中同一固定奖金金额水平（$w_0 = 0.3$）下，不

第四章 众包竞赛最优奖励机制研究

同努力成本类型的解答者参赛经验对其为组织者创造的期望收益的仿真结果进行分析可知：随着解答者参赛经验的积累，在不同的奖励机制中解答者为组织者创造的期望收益都增大；且在竞价奖励机制中，随着解答者参赛经验的积累，组织者期望收益增加的增速变大。因此，在众包竞赛中选择参赛经验丰富的解答者对实现组织者期望收益最大化的目标是有益的。

对图4-6至图4-9中同一努力成本类型的解答者（$m = 0.5$）在不同固定奖金金额水平下（$w_0 = 0.3$、3、5），其参赛经验对其为组织者创造的期望收益的仿真结果进行分析可知：

（ⅰ）当固定奖励机制中组织者给定的奖金额度较低时（$w_0 = 0.3$），参赛经验较少的解答者与参赛经验较多的解答者在竞价奖励机制中为组织者创造的期望收益均大于固定奖励机制；参赛经验适中的解答者在固定奖励机制中创造的期望收益则略优于竞价奖励机制。现实生活中，固定奖金金额较小时，对参赛经验较高的解答者的激励不足，他们认为较低的奖金与他们解决一项问题需要付出的努力不等价；参赛经验适中的解答者对这类水平的竞赛要求能有一个准确的判断，其技能水平也能胜任，因此，固定奖励机制与竞价奖励机制对这类解答者的激励相当；而参赛经验较少的解答者在要求较低的竞赛任务中也未必能胜任，因此，对于这类解答者，奖金较低的固定奖励机制未必比竞价奖励机制更优。

（ⅱ）当固定奖励机制中组织者给定的奖金额度中等时（$w_0 = 1$），参赛经验较少的解答者在竞价奖励机制中为组织者带来的期望收益高于固定奖励机制；参赛经验适中与参赛经验较多的解答者在固定奖励机制中与竞价奖励机制中为组织者创造的期望收益大小不分伯仲。现实生活中，参赛经验丰富的解答者，专业技能水平较高，获胜的把握较大，中等固定奖金额度的固定奖励机制与竞价奖励机制对其的激励作用相当；而参赛经验缺乏的解答者，专业技能水平较低，获胜的把握较小，竞价奖励机制更能降低其风险。

（ⅲ）当固定奖励机制中组织者给定的奖金额度较高时（$w_0 = 3,5$），几乎对于所有不同参赛经验积累程度的解答者来说，他们均在竞价奖励机制中为组织者创造更高的期望收益，是组织者的最佳选择。现实生活中，高额的奖金会给人任务艰巨，难以完成的印象，使得解答者畏惧风险而不敢付出较高的努力；此时竞价奖励机制更能够降低其风险，激励他们努力工作。

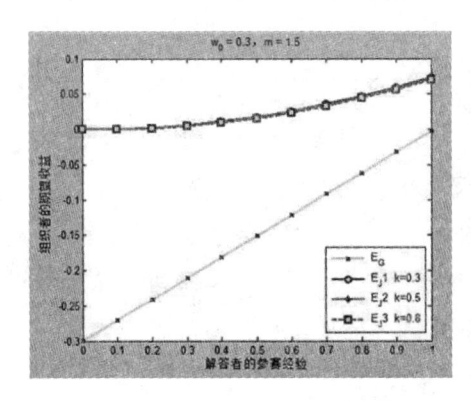

图 4-4　$w_0 = 0.3$, $m = 1.5$ 时，组织者的期望效益与解答者参赛经验的关系

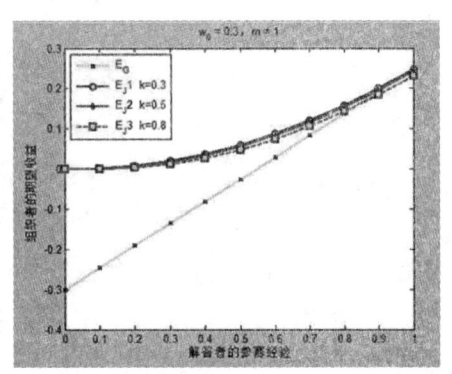

图 4-5　$w_0 = 0.3$, $m = 1$ 时，组织者的期望效益与解答者参赛经验的关系

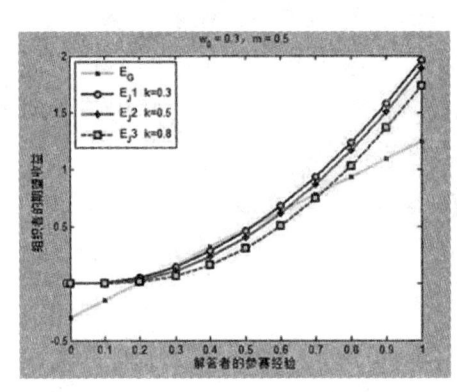

图 4-6　$w_0 = 0.3$, $m = 0.5$ 时，组织者的期望效益与解答者参赛经验的关系

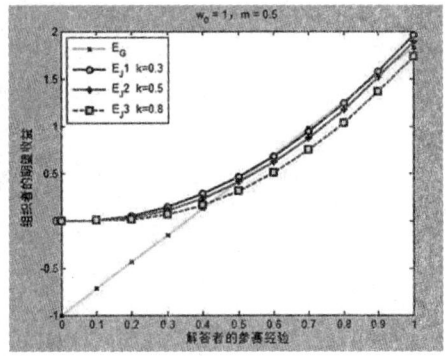

图 4-7　$w_0 = 1$, $m = 0.5$ 时，组织者的期望效益与解答者参赛经验的关系

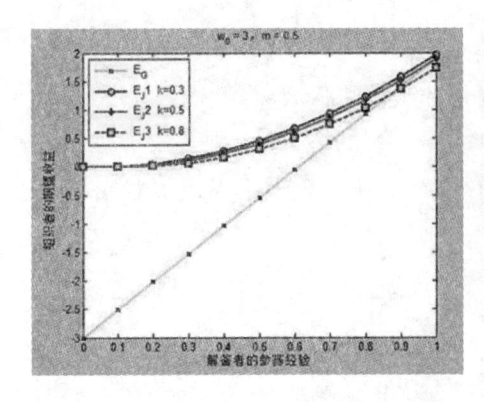

图 4-8　$w_0=3$，$m=0.5$ 时，组织者的期望效益与解答者参赛经验的关系

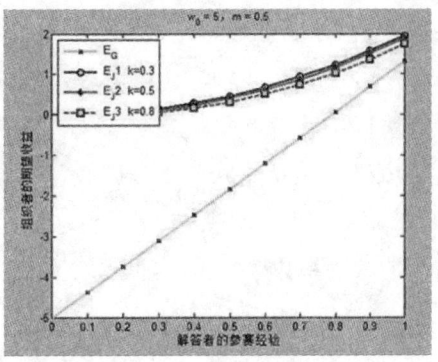

图 4-9　$w_0=5$，$m=0.5$ 时，组织者的期望效益与解答者参赛经验的关系

(三) 多奖项情形下不同奖励机制的激励相容结果比较

1. 竞价奖励交互产出模型中解答者努力程度分析

对多奖项情形竞价奖励交互产出模型中解答者参赛经验积累与解答者努力程度关系进行仿真。假设组织者的奖励系数 (k) 分别取 0.3、0.5、0.8，解答者的努力成本系数 (m) 分别为 0.5、1、1.5，解答者之间交互作用 μ 分别为 0.5，0.8 的水平下，解答者的努力程度随着其参赛经验积累的变化趋势 (见图 4-10 至图 4-15)。

(1) 无论其他参数处于何种水平，随着解答者参赛经验的积累，解答者的努力程度都有所提高，这与赢者通吃情形下的结论一致。

(2) 观察同一激励系数水平下 ($k=0.3$)，在不同努力成本类型的解答者的努力程度的变化趋势 (见图 4-10 至图 4-12) 中可知：对于任何努力成本类型的解答者来说，交互性系数越大、竞赛中其他解答者的参赛经验越丰富，解答者之间交互作用越强，随之解答者的努力程度的越高，这验证了命题 4.1 中论断的正确性；但因为交互作用的增加而带来的解答者努力程度提高的幅度却随着解答者努力成本系数的增加而减小。并且努力成本系数低的解答者均衡努力水平显著高于努力成本系数高的解答者。这一结论的现实意义在于，事半功倍型解答者在众包社区中更易获得的成长，解答者之间的交流沟通，相互学习对他们提升自身的努力水平的帮助更明显。

（3）观察相同努力成本类型的解答者在不同激励系数水平下努力程度的变化，可知：努力成本系数低（$m=0.5$）的解答者，随着交互性系数的增加，其努力水平增加的幅度在不同的激励系数水平下没有显著差别（见图4-12至图4-14）；努力成本系数高（$m=1.5$）的解答者，在较高的激励系数水平下，随着交互性系数的增加，其努力水平增加的幅度大于在较低的激励系数水平下的增幅（见图4-10及图4-15）。现实情况是，事半功倍型解答者自身能力突出，工作效率高，当组织者给予一定的奖励系数且解答者之间存在较强的交互作用时，他们的努力水平已经处在较高的水平上，因此，这时候再提高激励系数对他努力程度提高的促进作用相对于他本来高水平的努力程度来说就没有那么明显。而事倍功半解答者能力较差，工作效率低，在众包竞赛中参与度相对较弱，当激励系数与解答者之间的交互作用都较小时，其努力程度处在较低的水平；当激励系数与交互性系数同时正向作用时，其努力程度的水平会有较大的提高空间。

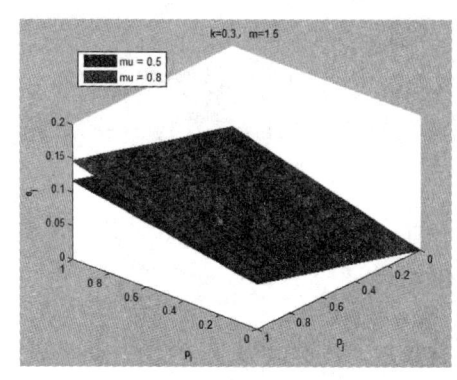

图4-10　$k=0.3$，$m=1.5$时，交互产出模型中解答者的努力程度

图4-11　$k=0.3$，$m=1$时，交互产出模型中解答者的努力程度

2. 竞价奖励交互产出模型中组织者期望收益分析

对多奖项情形竞价奖励交互产出模型中解答者参赛经验的积累与组织者期望收益的关系进行仿真。假设组织者的奖励系数（k）分别取0.3、0.5、0.8，解答者的努力成本系数（m）分别为0.5、1、1.5，解答者之

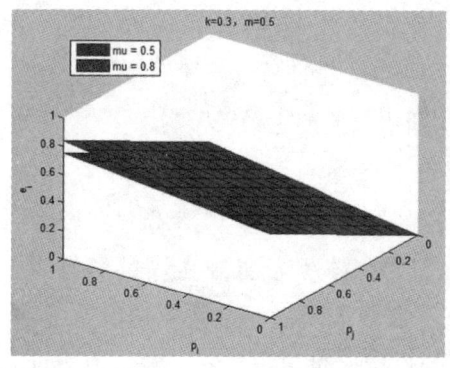

图4-12 $k=0.3$, $m=0.5$ 时，交互产出模型中解答者的努力程度

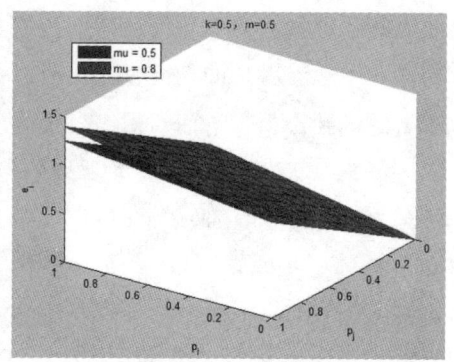

图4-13 $k=0.5$, $m=0.5$ 时，交互产出模型中解答者的努力程度

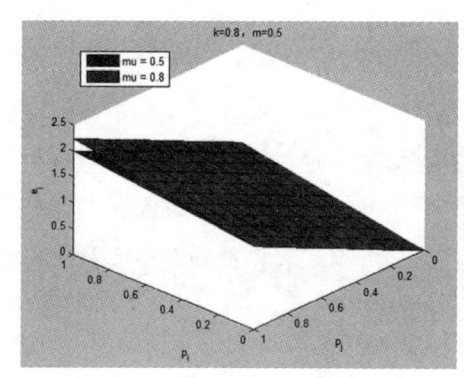

图4-14 $k=0.8$, $m=0.5$ 时，交互产出模型中解答者的努力程度

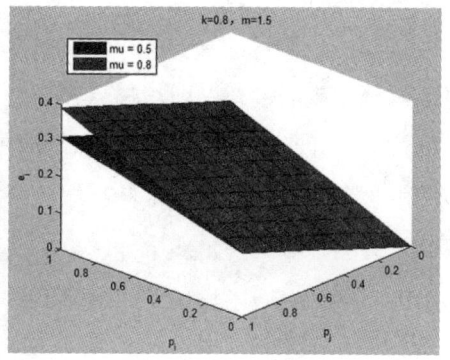

图4-15 $k=0.8$, $m=1.5$ 时，交互产出模型中解答者的努力程度

间交互作用 μ 为0.5、0.8的水平下，组织者的期望收益随着解答者参赛经验积累的变化趋势如图4-16至图4-21所示。

（1）观察同一激励系数水平下（$k=0.3$），在不同努力成本类型的解答者为组织者创造的期望收益大小（见图4-16至图4-18）中可知：对于任何类型的解答者来说，交互性系数越大，解答者之间交互作用越强，组织者期望收益越高；但因为交互性系数的增加而带来的组织者期望收益增加的幅度随着解答者努力成本系数的增加而减小。并且努力成本系数高的解答者为组织者创造的期望收益低于努力成本系数低的解答者。众包竞赛中解答者之间的交互作用通过提高解答者的努力程度正向作用于解答者的创新产出，进而对组织者最终的期望收益产生积极影响。

（2）观察相同努力成本类型的解答者在不同激励系数水平下，其为组织者创造的期望收益的变化（如图4.16以及图4.18至图4.21）可知：随着交互性系数的增加，无论是努力成本系数低或者高的解答者，其为组织者带来的期望收益增加的幅度在不同的激励系数下均没有显著差别。现实情况是，解答者之间的交互作用通过提高解答者的努力程度，提高了解答者的创新产出；但激励系数的提高，意味着组织者分享的产出份额将减少，这会降低其期望收益。从仿真结果可知，解答者之间的交互作用提高带来的正效应基本与组织者激励系数提高带来的负效应基本相抵消。

（3）观察图形发现：p_i在0至0.1之间时，$\mu_{ij}=0.5$，0.8时的两个曲面有大面积的重合，即在解答者的参赛经验极少的时候，交互性系数的增加或减少几乎对组织者期望收益没有显著影响。这是因为，参赛经验极少的解答者专业技能水平很低，即使解答者之间的交互作用足够大，对其创新产出的促进作用依然十分微小，而且，其为组织者创造的期望收益水平很低。

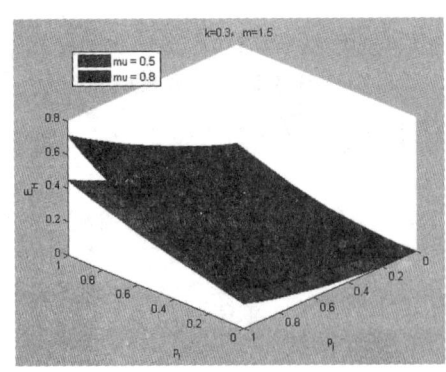

图4-16 $k=0.3$，$m=1.5$时，交互产出模型中组织者的期望收益

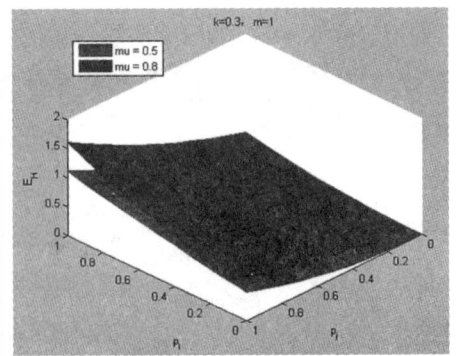

图4-17 $k=0.3$，$m=1$时，交互产出模型中组织者的期望收益

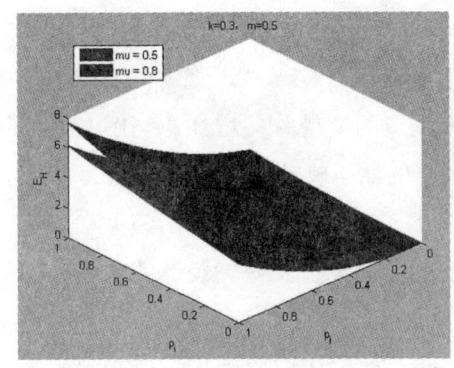

图4-18 $k=0.3$, $m=0.5$ 时，交互产出模型中组织者的期望收益

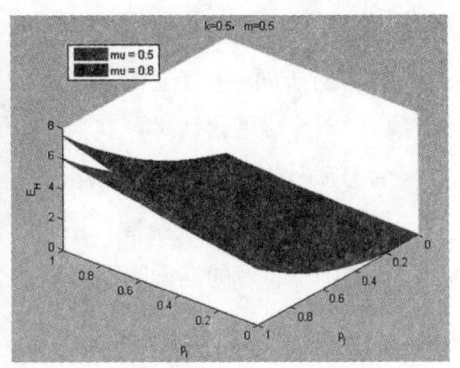

图4-19 $k=0.5$, $m=0.5$ 时，交互产出模型中组织者的期望收益

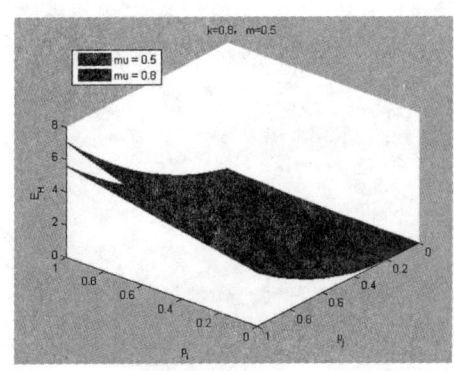

图4-20 $k=0.8$, $m=0.5$ 时，交互产出模型中组织者的期望收益

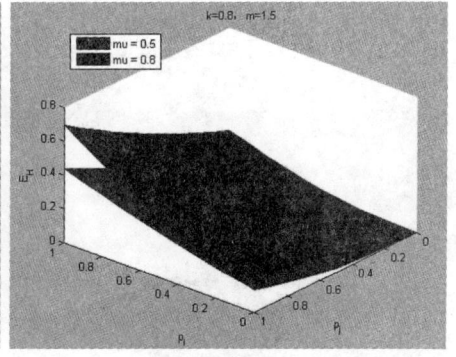

图4-21 $k=0.8$, $m=1.5$ 时，交互产出模型中组织者的期望收益

3. 多奖项情形下不同奖励机制中组织者期望收益比较

对多奖项情形下不同奖励机制中组织者的期望收益大小进行仿真。由上一节分析中可知在竞价奖励交互产出模型中随着激励系数的变化，组织者的期望收益增加没有显著差别，因此在这一小节的分析中我们不考虑组织者激励系数的变化。假设竞赛中解答者的努力成本系数（m）为0.5，竞价奖励机制中组织者的奖励系数（k）为0.5，比较固定奖励机制中组织者给定的固定奖金（w_0）为0.3、1、3、5的情况下，不同奖励机制中

组织者的期望收益大小如图4-22至图4-25所示。

（1）对于同一种努力成本类型的解答者而言，当固定奖励机制中组织者给定的奖金额度增加时，其为组织者创造的期望收益增加；当解答者的自身的参赛经验增加时，其为组织者创造的期望收益增加。

（2）比较固定奖金金额在不同水平下，竞价奖励交互产出模型和固定奖励机制中组织者的期望收益可知：当固定奖金金额处于较低的水平和中等水平时（$w_0 = 0.3, 1$），且竞价奖励交互产出模型中其他解答者的参赛经验较低时，解答者之间的交互作用较小，此时固定奖励机制能为组织者带来更高的期望收益；随着其他解答者的参赛经验增加，解答者之间的交互作用加强，竞价奖励交互产出模型的优势开始凸显，为组织者带来更高的期望收益。

（3）当固定奖金额度水平较高时（$w_0 = 3, 5$），无论竞赛中解答者之间的交互作用处于什么水平，竞价奖励交互产出模型始终优于固定奖励机制。

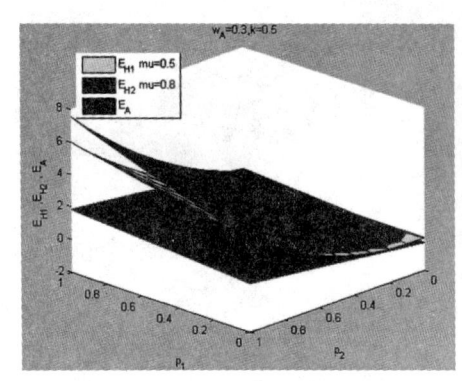

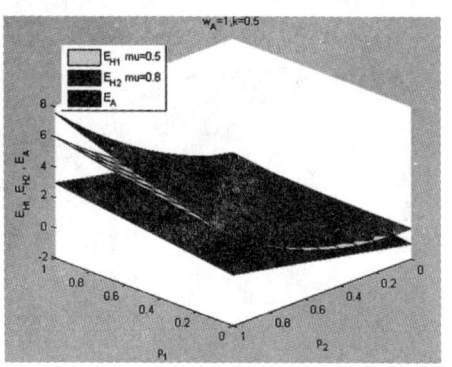

图4-22　$w_A = 0.3, k = 0.5$时，不同奖励机制中组织者的期望收益

图4-23　$w_A = 1, k = 0.5$时，不同奖励机制中组织者的期望收益

（四）不同的赢者确定方式下组织者期望收益比较

对不同的赢者确定方式下组织者的期望收益大小进行仿真。我们假设竞赛中解答者的努力成本系数（m）为0.5，竞价奖励机制中组织者的奖励系数（k）分别取0.3、0.5、0.8，比较赢者通吃竞价奖励机制与多奖项竞价奖励交互产出模型中组织者的期望收益大小。

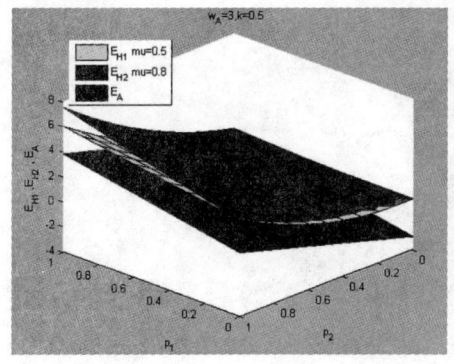

图4-24 $w_A=3$, $k=0.5$ 时，不同奖励机制中组织者的期望收益

图4-25 $w_A=5$, $k=0.5$ 时，不同奖励机制中组织者的期望收益

观察仿真结果（见图4-26至图4-28）可知：

（1）对于同一种努力成本类型的解答者而言，当多奖项竞价奖励交互产出模型中除解答者之外的其他解答者的参赛经验较低时，解答者之间的交互作用较小，此时赢者通吃竞价奖励机制能为组织者带来更高的收益；随着竞赛中其他解答者的参赛经验增加，解答者之间的交互作用增强，多奖项竞价奖励交互产出模型的优势开始体现，能够为组织者带来更高的期望收益。组织者给予的奖励系数大小对这个结果没有本质影响。

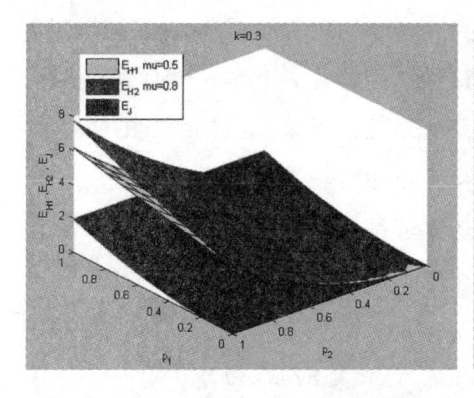

图4-26 $k=0.3$ 时，不同赢者确定方式下组织者的期望收益

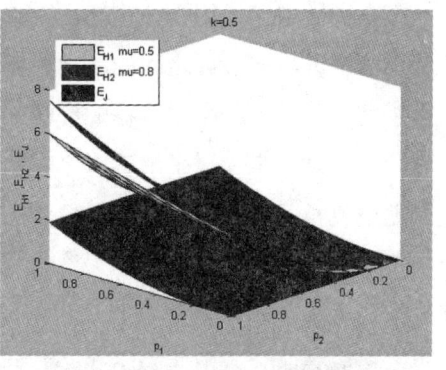

图4-27 $k=0.5$ 时，不同赢者确定方式下组织者的期望收益

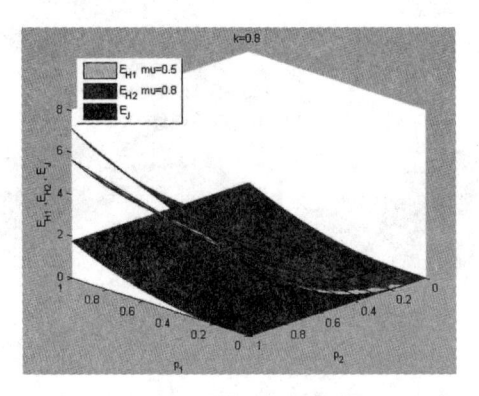

图 4-28 $k=0.8$ 时，不同赢者确定方式下组织者的期望收益

（2）随着解答者自身参赛经验的积累，解答者之间的交互作用对其产生积极影响时对其他参赛者的参赛经验的要求更高，即，解答者的参赛经验较高时，竞赛中其他解答者的参赛经验也必须处于一个较高的水平，此时交互作用对解答者的努力程度以及创新产出产生积极的影响才能凸显，使得多奖项竞价奖励交互产出模型中组织者的期望收益大于赢者通吃竞价奖励机制。

五、本章小结

本章基于众包竞赛的已有研究成果，首先，构建了赢者通吃情形下的众包竞赛模型，运用委托代理理论重点分析了固定奖励机制和竞价奖励机制中组织者与解答者之间的激励相容；探讨了解答者参赛经验对解答者努力程度以及组织者期望收益的影响。其次，分析了多奖项情形下的激励相容问题，进一步探讨了解答者之间的交互作用对解答者努力程度以及组织者期望收益的影响。最后，通过动态仿真验证了理论结果的正确性，并给出了设计最优奖励机制的相关策略。通过研究，得出以下结论：

（1）解答者的参赛经验从正向和负向两个方面影响众包竞赛的应用效果。研究表明随着解答者参赛经验的积累，解答者在众包竞赛中投入的努力水平有所提高，但对解答者最终的创新产出产生一定的弱化效应。众包竞赛的解答者需要通过一项一项创新任务积累经验，增加专业知识。只有参赛经验和专业知识达到一定水平的解答者才会有较高的获胜概率。另外，参赛经验丰富的解答者可能会形成思维定式，导致其提交的创新方案与过往参与过的竞赛中的方案雷同，这种由参赛经验的积累造成的认知固定会对解答者付出努力得来的创新产出带来弱化作用。总体来看，解答者参赛经验的积累带来正向作用大于负向作用。

（2）多奖项众包竞赛中解答者之间的交互作用有积极的影响。第四章的研究表明解答者之间的交互作用对解答者努力程度与组织者的期望收益均具有促进作用，且对于努力成本系数越小的解答者，促进作用越强。

（3）竞价奖励机制可实现组织者与解答者的激励相容。分别在赢者通吃和多奖项情形下分析了两种奖励机制下组织者与解答者之间的激励相容问题，分析表明固定奖励机制不能实现组织者与解答者之间的激励相容；竞价奖励机制中组织者与解答者之间的激励相容问题存在最优解。

（4）为实现组织者最大化期望效用的目标，应合理设置固定奖励机制中奖金金额，避免设置得过高或者过低。当众包社区中解答者之间的交互作用较小，赢者通吃众包竞赛能为组织者带来更高的收益；随着交互作用增强，多奖项众包竞赛具有绝对优势。

（5）代理成本不可能完全杜绝的，只能尽量地减少，降低代理成本将大大提高众包竞赛的利润潜力。研究表明由于信息不对称，解答者的代理成本不可避免，解答者提交质量的差异、解答者的绝对风险规避程度、解答者努力的成本系数、解答者的过往参赛经验以及解答者之间的交互作用都是产生代理成本的重要根源。

第五章　不同奖励机制情形下绩效影响因素作用机理研究

一、引　言

第三章已从市场环境因素和竞赛设计要素角度，分析了市场价格、竞争强度、竞赛周期、任务描述、奖励金额等因素对网上众包竞赛绩效的影响。除了上述因素外，奖励机制的设计问题也被视为众包竞赛领域的一个重要课题，受到了国内外学者的广泛关注。但对于选择何种奖励机制（赢者通吃还是多奖项奖励）以更好地激励解答者已有文献却给出了不同的回答。传统竞赛理论研究认为在竞赛者为风险中性且成本函数为线性或凹函数时，组织者将全部奖金都放在一等奖上可最大化竞赛绩效。[19]韩建军等进一步研究指出竞赛者成本非对称且成本函数分别为线性、凸或凹函数时，赢者通吃均为最优奖励机制。[21]但 Archak 和 Sundarajan 指出，当解答者为风险厌恶时，应设置多个奖项，而非仅奖励最优解决方案的提交者。[24]Cason 等采用实验方法比较分析了赢者通吃和多奖项奖励两种机制，发现后者较前者更能吸引解答者参与。[26]杨小雷进一步研究分析指出，对全部众包竞赛任务类型而言，按比例进行奖金分配比单奖项奖励方式更为有效。[65]但 Terwiesch 和 Xu 从经济学视角构建博弈模型研究发现，在创意类竞赛任务中采用赢者通吃是最优的，而在专业知识类任务中，多奖项奖励机制更为有效。[25]由此可见，已有研究在奖励机制选择问题上仍存在分歧。基于此，本章尝试从竞赛设计要素角度，采用实证研究方法深入分析创意类和专业知识类竞赛任务中，奖励机制对网上众包竞赛绩效的作用机理，以期探索更有效的奖励机制设计，丰富相关理论，并为开放式众包竞赛的应用提供指导。

第五章　不同奖励机制情形下绩效影响因素作用机理研究

二、模型构建与研究假设

传统竞赛理论研究认为赢者通吃和多奖项奖励机制对竞赛绩效有重要影响。[19,20,95]在赢者通吃竞赛中，只有唯一一名提交最优方案的解答者能获得全部奖金，因而参赛者之间的竞争很激烈，但采用该奖励机制能够激励能力较强的解答者参与竞赛。而在多奖项奖励竞赛中，组织者设置了多个奖项，除了最优方案提交者外，其他参与者也能获得部分奖金，因而参赛者之间的竞争激烈程度要小于赢者通吃竞赛，这有助于提高知识积累较低的竞赛者的参赛积极性，进而有利于提高竞赛产出的多样性。[25]有学者研究发现多奖项奖励比赢者通吃奖励更能加速可行方案的产生。[96]有关网上众包竞赛奖励机制的理论研究表明通过改变奖金结构可以降低因解答者投入不足造成的众包竞赛效率损失。[25]基于上述讨论，本章认为奖励机制可能会调节固定设计要素与众包竞赛绩效之间的关系（见图5-1）。

在第三章研究中，本章发现竞赛周期对创意类和专业知识类竞赛任务的解答者人数、有效方案数量以及完成率均有正向影响。因为网上众包竞赛中解答者生产投入的主要是其空闲时间，对于竞赛周期相对较长的创新任务而言，能够参与竞赛的解答者人数更多。在此情形下，组织者采用多奖项奖励机制可能会比采用赢者通吃奖励机制更能够提高知识积累较低的竞赛者的参赛积极性。基于此，本章提出如下假设：

假设1a：奖励机制对竞赛周期与解答者人数之间的关系具有调节作用，即在创意类和专业知识类竞赛中，当采用多奖项奖励机制时，延长竞赛周期对解答者参与人数的正向作用更显著。

假设1b：奖励机制对竞赛周期与有效方案数量之间的关系具有调节作用，即在创意类和专业知识类竞赛中，当采用多奖项奖励机制时，延长竞赛周期对有效方案数量的正向作用更显著。

假设1c：奖励机制对竞赛周期与任务完成率之间的关系具有调节作用，即在创意类和专业知识类竞赛中，当采用多奖项奖励机制时，延长竞赛周期对任务完成率的正向作用更显著。

第三章的研究结果表明，在创意类竞赛任务中，任务的不确定程度较高，要求解答者投入的时间成本较多，如果组织者对解答者提交方案的详细程度和准确程度要求过高，一方面会限制解答者的发挥；另一方面也会导致知识积累或空闲时间不足的解答者，因参赛的机会成本过高，不得不放弃参与或中途退出竞赛。因此，任务描述越具体对解答者人数、有效方案数量以及任务完成率负向影响越大。但如果组织者将全部奖金都放在一个奖项上，即采取赢者通吃奖励，那么获胜者赢得的报酬数量会远大于其付出的成本，这在一定程度上能够激励那些能力较强的解答者参与和完成竞赛任务。但对于专业知识类任务而言，任务的确定性程度较高，组织者对创新问题解决方案的要求描述越具体，解答者越能在短时间内有针对性的解决原有专业技术问题。所以，随着任务描述内容的增加，能够完成任务的外部解答者数量也将会增加，采用多奖项奖励可能会比赢者通吃更能吸引外部解答者参与竞赛，并获得更多提交方案数量和任务完成率。基于此，本章提出如下假设：

假设 2a：奖励机制对任务描述与解答者人数之间的关系具有调节作用，即在创意类竞赛任务中，随着任务描述的增加，采用赢者通吃奖励机制比多奖项奖励机制能激励更多解答者参与竞赛。但在专业知识类竞赛任务中，随着任务描述的增加，采用多奖项奖励机制比赢者通吃奖励机制更能激励解答者人数参与竞赛。

假设 2b：奖励机制对任务描述与有效方案数量之间的关系具有调节作用，即在创意类竞赛任务中，随着任务描述的增加，采用赢者通吃奖励机制比多奖项奖励机制更能激励解答者提交解答方案。但在专业知识类竞赛任务中，随着任务描述的增加，采用多奖项奖励机制比赢者通吃奖励机制更能激励解答者提交解答方案。

假设 2c：奖励机制对竞赛周期与任务完成率之间的关系具有调节作用，即在创意类竞赛任务中，随着任务描述的增加，采用赢者通吃奖励机制比多奖项奖励机制更能激励解答者完成竞赛任务。但在专业知识类竞赛任务中，随着任务描述的增加，采用多奖项奖励机制比赢者通吃奖励机制更能激励解答者完成竞赛任务。

奖金一直被视为是吸引竞赛者参与竞赛的重要激励因素。第三章的研究表明，在创意类和专业知识类竞赛中，组织者通过设置相对较高的奖金能吸引更多解答者参与,从而获得更多有效解答方案,但会降低解答者的任务完成率。若组织者选择赢者通吃奖励机制,那么全部奖金只会授予唯一一名提交最优方案的解答者,这会激励那些能力较强且赢得竞赛概率的解答者参与竞赛,但会导致那些具备好的创意但自身知识经验积累不足的解答者放弃参与。如果采用多奖项奖励机制,那么奖金可能会按比例或者均分给获胜的解答者们,能够获得奖金的解答者数量会有所增加,这在一定程度上能够提高知识积累较低的竞赛者的参赛积极性,进而有利于创新成果的多样性。基于此,本章提出如下假设:

假设3a:奖励机制对奖励金额与解答者人数之间的关系具有调节作用,即在创意类和专业知识类竞赛中,当采用多奖项奖励机制时,增加奖励金额对解答者参与人数的正向作用更显著。

假设3b:奖励机制对奖励金额与有效方案数量之间的关系具有调节作用,即在创意类和专业知识类竞赛中,当采用多奖项奖励机制时,增加奖励金额对有效方案数量的正向作用更显著。

假设3c:奖励机制对奖励金额与任务完成率之间的关系具有调节作用,即在创意类和专业知识类竞赛中,随着奖励金额的增加,采用多奖项奖励机制比赢者通吃奖励机制更能激励解答者完成竞赛任务。

此外,第三章已经证实网上众包竞赛绩效还会受到"市场价格"和"竞争强度"等市场环境因素的影响,因此,本章将"市场价格"和"竞争强度"作为控制变量。

三、研究样本与变量测量

(一) 样本来源与数据收集

考虑到数据的可获取性,本章的实证数据主要来源于任务中国众包竞赛社区。为了获取具有代表性的样本数据,本章随机选择了任务中国网站悬赏任务模块下,截至2013年4月已结束的任务508项Logo、VI标志设计类众包竞赛任务(共收集530项,剔除加密和中途取消等信息不全的任务共计22项,最终有508项有效任务数据)和400项程序设计专业知识类众包竞赛任务用于假设检验(共收集415项,剔除加密和中途取消等信息不全的任务共计15项,最终有400项有效任务数据)。实证数据样本如附录4所示。

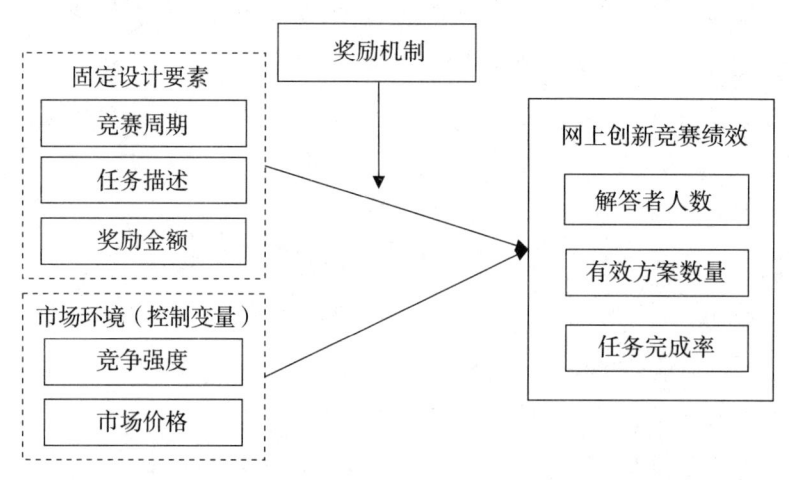

图5-1 奖励机制对网上众包竞赛绩效调节作用概念模型

(二)相关变量测量

关于研究变量的测量,我们参考了国内外相关研究中的处理方法(如文献[11,72]),并根据本章的研究内容进行了必要的修正。本章涉及的因变量主要包括:解答者人数、有效方案数量、任务完成率。自变量包括:竞赛周期、任务描述以及奖励金额。控制变量包括:市场价格和竞争强度。上述变量的测量与第三章相同。本章调节变量是奖励机制。在任务中国网站悬赏任务中主要包括两种中标模式,即"单人中标"和"多人中标"。"单人中标"意味着发起者在任务选标时只能选择一位中标人,而"多人中标"发起者在任务选标时可以选择一位以上的中标人,但需事先说明几人中标及奖金分配的比例。这两种模式实际上对应的是赢者通吃和多奖项奖励两种奖励机制。本章采用虚拟变量 D 对奖励机制进行编码,$D=0$ 表示"多奖项奖励",$D=1$ 表示"赢者通吃"。

(三)数据分析方法

本章的主要研究目的是观察不同奖励机制下众包竞赛设计要素对竞赛绩效的影响。为了能够检验奖励机制的调节作用,本章主要采用多元调节回归分析方法进行假设检验,即在回归分析时,首先引入控制变量,再将引入自变量，最后引入交互项。此外，为了能反映出解释变量对因变量的弹性影响，并消除回归方程中异方差的影响，本章首先对连续型的因变量和自变量分别取自然对数，然后采用最小二乘法进行回归分析。为了进一步提高回归模型的拟合优度，在保证各变量间不存在多重共线性水平的前提下，本章在回归分析时对部分回归模型作了加权处理。主要回归模型，如式（5-1）至（5-3）。

$$\begin{aligned}\text{Ln}(\text{解答者人数}) = & \beta_{10} + \beta_{11}\text{Ln}(\text{市场价格}) + \beta_{12}\text{Ln}(\text{竞争强度}) \\ & + \beta_{13}\text{Ln}(\text{竞赛周期}) + \beta_{14}\text{Ln}(\text{任务描述}) \\ & + \beta_{15}\text{Ln}(\text{奖励金额}) + \beta_{16}D \times \text{Ln}(\text{竞赛周期}) \\ & + \beta_{17}D \times \text{Ln}(\text{任务描述}) + \beta_{18}D \times \text{Ln}(\text{任务描述}) \\ & + \varepsilon_1 \end{aligned} \quad (5-1)$$

$$\begin{aligned}\text{Ln}(\text{有效方案数量}) = & \beta_{20} + \beta_{21}\text{Ln}(\text{市场价格}) + \beta_{22}\text{Ln}(\text{竞争强度}) \\ & + \beta_{23}\text{Ln}(\text{竞赛周期}) + \beta_{24}\text{Ln}(\text{任务描述}) \\ & + \beta_{25}\text{Ln}(\text{奖励金额}) + \beta_{26}D \times \text{Ln}(\text{竞赛周期}) \\ & + \beta_{27}D \times \text{Ln}(\text{任务描述}) + \beta_{28}D \times \text{Ln}(\text{任务描述}) \\ & + \varepsilon_2 \end{aligned} \quad (5-2)$$

$$\begin{aligned}\text{Ln}(\text{完成率}) = & \beta_{30} + \beta_{31}\text{Ln}(\text{市场价格}) + \beta_{32}\text{Ln}(\text{竞争强度}) \\ & + \beta_{33}\text{Ln}(\text{竞赛周期}) + \beta_{34}\text{Ln}(\text{任务描述}) \\ & + \beta_{35}\text{Ln}(\text{奖励金额}) + \beta_{36}D \times \text{Ln}(\text{竞赛周期}) \\ & + \beta_{37}D \times \text{Ln}(\text{任务描述}) + \beta_{38}D \times \text{Ln}(\text{奖励金额}) \\ & + \varepsilon_3 \end{aligned} \quad (5-3)$$

四、假设检验与结果分析

（一）描述性统计分析与多元回归模型检验

（1）描述性统计分析。如表5-1和表5-2所示，分别是创意类项目和专业知识类项目的描述性统计分析结果，列出了各变量的均值、标准差以及相关系数。

（2）回归方程显著性检验。如表5-3和5-4所示，每个回归模型的

F 值都高度显著（P < 0.001），说明每个自变量整体上对因变量有高度显著线性影响。

表 5 - 1　　　变量的均值、标准差和相关系数（创意类）

变量	均值	标准差	1	2	3	4	5	7	8	9
1. 市场价格	495.14	127.77								
2. 竞赛数量	260.41	135.75	-0.42							
3. 竞赛周期	35.45	37.24	0.23	-0.03						
4. 任务描述	555.07	471.47	0.27	-0.07	0.35					
5. 奖励金额	624.93	1043.40	0.31	-0.10	0.37	0.52				
6. 解答者人数	88.47	95.65	0.13	-0.05	0.53	0.28	0.53			
7. 有效方案数量	60.42	90.72	0.24	-0.18	0.52	0.21	0.47	0.86		
8. 任务完成率	0.63	0.20	0.44	-0.42	0.23	0.02	0.10	0.22	0.51	
9. 奖励机制	0.75	0.44	-0.07	0.05	-0.12	-0.17	-0.22	-0.16	-0.11	0.02

注：表中绝对值大于 0.13 的相关系数在 0.01 水平上显著；大于或等于 0.10 的系数在 0.05 水平上显著；小于 0.10 的系数不显著，样本 N = 508。

（3）残差分析。由附录 4 中各回归模型的标准化预测值与其标准化残差的散点图可见，绝大部分观测变量都随机地分布在垂直围绕 ±2 的范围内，预测值与残差值之间无明显关系，所以各回归方程都满足方差齐性条件。另外，由附录 4 中残差直方图和 P - P 图可见，各回归模型的样本残差近似服从于正态分布。因此，各回归方程模型满足基本假定条件，可用来作进一步的分析和预测。

（4）多重共线性分析。本章的回归分析结果如表 5 - 3 和 5 - 4 所示，通过多重共线性检验发现各自变量的方差扩大化因子（VIF）均小于 3，说明回归模型不存在严重的多重共线性问题。

第五章　不同奖励机制情形下绩效影响因素作用机理研究

表 5-2　变量的均值、标准差和相关系数（专业知识类）

变量	均值	标准差	1	2	3	4	5	7	8	9
1. 市场价格	212.58	51.35								
2. 竞赛数量	19.90	17.44	-0.18							
3. 竞赛周期	20.89	28.58	0.05	0.58						
4. 任务描述	264.90	251.62	-0.02	-0.04	0.14					
5. 奖励金额	208.69	407.03	-0.06	-0.09	0.07	0.21				
6. 解答者人数	12.74	26.71	-0.07	0.13	0.09	0.17	0.24			
7. 有效方案数量	7.72	18.72	-0.07	0.11	0.08	0.13	0.07	0.94		
8. 任务完成率	0.71	0.41	-0.05	-0.07	0.06	0.03	-0.13	-0.12	0.04	
9. 奖励机制	0.66	0.47	0.07	-0.69	-0.25	-0.04	0.03	-0.23	-0.15	0.16

注：表中绝对值大于 0.13 的相关系数在 0.01 水平上显著；大于或等于 0.10 的系数在 0.05 水平上显著；小于 0.10 的系数不显著，样本 N = 400。

（二）奖励机制对网上众包竞赛绩效的调节作用检验

1. 创意类竞赛任务中奖励机制的调节作用检验结果

由表 5-3 中模型 1-3 的回归分析结果可见，在创意类任务中，奖励机制对竞赛周期与解答者人数之间的关系存在显著调节作用（-0.08***），对任务描述与解答者人数之间的关系存在显著调节作用（0.06***），对奖励金额与解答者人数之间的关系存在显著调节作用（-0.031*）。从奖励机制的调节作用模式（见图 5-2）可以看出，随着竞赛周期的延长和奖金额度的增加，选择多奖项奖励机制可以吸引更多的解答者参与，但随着任务描述的增加，解答者人数的递减趋势在赢者通吃竞赛中比在多奖项竞赛中缓慢。因此，采用赢者通吃奖励机制可以减少因参赛成本增加而损失的解答者（图 5-2（a）中多奖项奖励和赢者通吃的拟合系数分别为

表 5-3 回归分析结果（创意类）

变量	自变量	因变量：解答者人数			因变量：有效方案数量			因变量：任务完成率		
		模型 1	模型 2	模型 3	模型 4	模型 5	模型 6	模型 7	模型 8	模型 9
常数项		4.31*** (0.66)	4.31*** (0.66)	5.46*** (0.67)	3.52*** (0.57)	3.67*** (0.58)	4.24*** (0.57)	−1.30*** (0.26)	−1.30*** (0.26)	−1.20*** (0.23)
市场价格		−0.42*** (0.09)	−0.42*** (0.09)	−0.58*** (0.09)	−0.23** (0.09)	−0.24** (0.09)	−0.32*** (0.09)	0.27*** (0.04)	0.27*** (0.04)	0.25*** (0.03)
竞争强度		0.01 (0.02)	0.01 (0.02)	−0.01 (0.02)	−0.09*** (0.01)	−0.09*** (0.01)	−0.10*** (0.01)	−0.10*** (0.008)	−0.10*** (0.008)	−0.10*** (0.007)
竞赛周期		0.18*** (0.01)	0.18*** (0.01)	0.20*** (0.01)	0.21*** (0.02)	0.20*** (0.02)	0.25*** (0.02)	0.03*** (0.008)	0.03*** (0.008)	0.06*** (0.008)
任务描述		−0.14*** (0.01)	−0.14*** (0.01)	−0.16*** (0.01)	−0.16*** (0.01)	−0.16*** (0.01)	−0.21*** (0.01)	−0.05*** (0.005)	−0.05*** (0.005)	−0.05*** (0.005)
奖励金额		0.46*** (0.01)	0.46*** (0.01)	0.45*** (0.01)	0.39*** (0.02)	0.38*** (0.02)	0.41*** (0.02)	−0.03*** (0.007)	−0.03*** (0.007)	−0.04*** (0.007)
奖励机制			−0.004 (0.03)	−0.01 (0.03)		−0.04 (0.03)	−0.01 (0.03)		0.001 (0.01)	0.01 (0.01)

续表

变 量	解答者人数			有效方案数量			任务完成率		
	模型 1	模型 2	模型 3	模型 4	模型 5	模型 6	模型 7	模型 8	模型 9
奖励机制×竞赛周期			-0.08*** (0.01)			-0.12*** (0.02)			-0.03*** (0.007)
奖励机制×任务描述			0.06*** (0.017)			0.11*** (0.02)			0.06*** (0.005)
奖励机制×奖励金额			-0.031* (0.016)			-0.02 (0.02)			0.01 (0.006)
调整后的 R^2	0.739	0.738	0.758	0.780	0.781	0.804	0.585	0.584	0.666
F	287.98***	239.52***	177.90***	360.96***	301.76***	232.49***	143.96***	119.73***	113.17***
ΔR^2		0.00	0.02*		0.00	0.02**		0.00	0.08***

注:*** 表示 $P<0.001$ 水平下显著,** 表示 $P<0.01$ 水平下显著,* 表示 $P<0.05$ 水平下显著,+ 表示 $P<0.1$ 水平下显著;括号内数据为回归系数的标准误差;模型 1-9 作了加权处理,权重为残差序列绝对值的倒数。N=508。

0.32、0.16，图5-2（b）分别为-0.26、-0.12，图5-2（c）中分别为0.53、0.41）。

表5-3模型4-6的回归分析结果显示，奖励机制对竞赛周期与有效方案数量之间的关系存在调节作用（-0.12***），对任务描述与有效方案数量之间的关系存在调节作用（0.11***），但对奖励金额与有效方案数量之间的关系无显著调节作用（-0.02）。从奖励机制的调节作用模式（见图5-3）可以看出，随着竞赛周期的延长，采用多奖项奖励机制获得有效方案数量要大于采用赢者通吃奖励机制获得的有效方案数量。但随着任务描述长度的增加，采用赢者通吃奖励机制获得有效方案数量要大于采用多奖项奖励机制获得的有效方案数量（图5-3（a）中多奖项奖励和赢者通吃的拟合系数分别为0.45、0.18，图5-3（b）分别为-0.42、-0.13）。

表5-3模型7-9的回归分析结果表明，奖励机制对竞赛周期、任务描述与任务完成率之间的关系存在显著调节作用（交互系数分别为-0.03***、0.06***），但对奖励金额与任务完成率之间的关系无显著调节作用（0.01）。从奖励机制的调节作用模式（见图5-4）可以发现，随着竞赛周期的延长，采用多奖项奖励机制可以激励更多的解答者完成竞赛任务；而对于任务描述较多的创新问题，采用赢者通吃奖励机制可以激励更多的解答者完成任务（图5-4（a）中多奖项奖励和赢者通吃的拟合系数分别为0.13、0.02，图5-4（b）分别为-0.16、-0.02）。

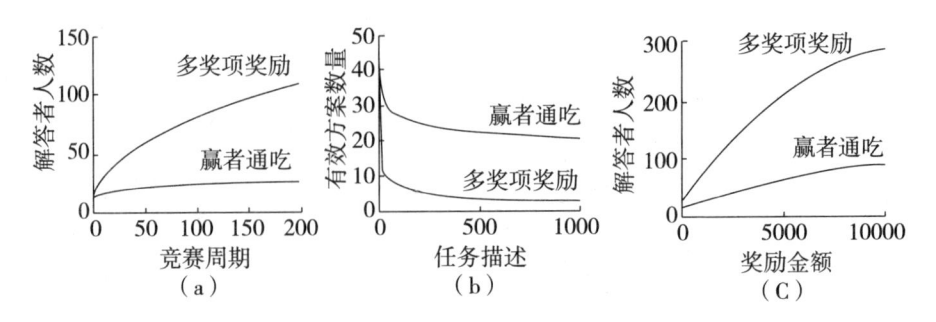

图5-2 奖励机制对设计要素与解答者人数关系的调节作用模式

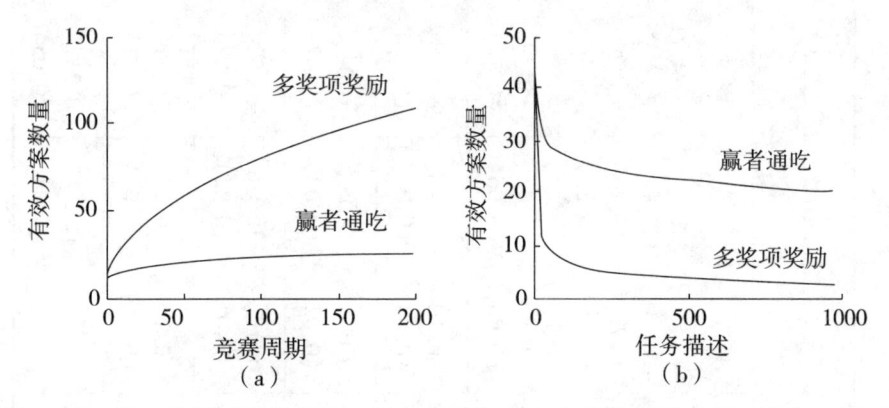

图 5-3 奖励机制对竞赛周期、任务描述与有效方案数量关系的调节作用模式

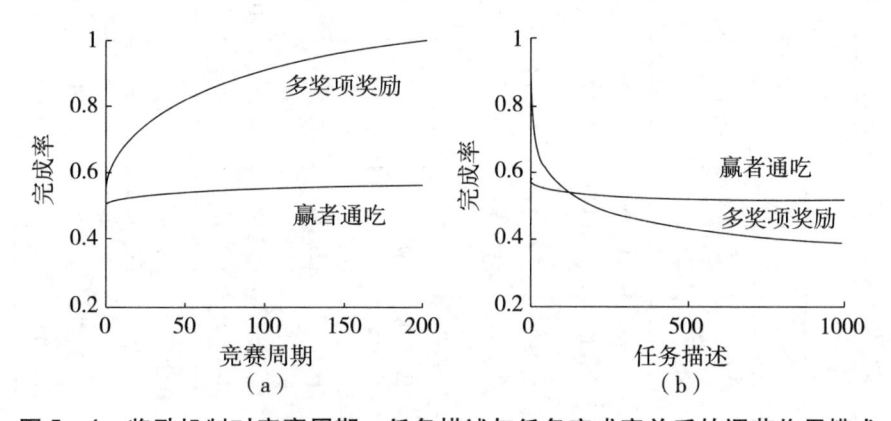

图 5-4 奖励机制对竞赛周期、任务描述与任务完成率关系的调节作用模式

2. 专业知识类竞赛任务中奖励机制的调节作用检验结果

从表 5-4 中模型 1-3 的回归分析结果可看出，在专业知识类任务中，奖励机制仅对奖励金额与解答者人数之间的关系存在显著调节作用（-0.12**），对竞赛周期、任务描述与解答者人数之间的关系无显著调节作用（交互系数为 -0.06、-0.03）。从奖励机制的调节作用模式（见图 5-5（a））可看出，在专业知识类竞赛中，随着奖金额度的增加，采用多奖项奖励比采用赢者通吃更能吸引解答者人数参与竞赛。表 5-4 模型 4-6 的结果显示，奖励机制对竞赛周期、奖励金额与有效方案数量之间的关系存在调节作用（交互系数为 0.09+ 和 -0.10*），但对任务描述与有效方案数量之间的关系无显著调节作用（-0.01）。从奖励机制的调节作用模式

表 5-4　回归分析结果（专业知识类）

变量		因变量								
		解答者人数			有效方案数量			任务完成率		
		模型 1	模型 2	模型 3	模型 4	模型 5	模型 6	模型 7	模型 8	模型 9
自变量	常数项	−1.35 (1.51)	−1.79[+] (1.11)	−1.66 (1.11)	−0.09 (1.14)	−0.36 (1.12)	−0.41 (1.13)	0.76[*] (0.36)	1.19[***] (0.35)	0.87[*] (0.35)
	市场价格	−0.02 (0.19)	0.14 (0.19)	0.19 (0.19)	−0.24 (0.19)	−0.14 (0.47)	−0.08 (0.19)	−0.14[*] (0.06)	−0.23[***] (0.06)	−0.17[**] (0.06)
	竞争强度	0.36[***] (0.07)	0.18[**] (0.07)	0.19[**] (0.07)	0.24[***] (0.07)	0.12[+] (0.07)	−0.14[*] (0.07)	−0.10[***] (0.02)	−0.04[*] (0.02)	−0.04[+] (0.02)
	竞赛周期	0.22[***] (0.06)	0.17[**] (0.06)	0.17[**] (0.06)	0.26[***] (0.06)	0.22[***] (0.06)	0.22[***] (0.06)	0.032[+] (0.02)	0.06[**] (0.02)	0.04[*] (0.02)
	任务描述	0.19[***] (0.05)	0.16[**] (0.05)	0.15[**] (0.05)	0.22[***] (0.05)	−0.20[***] (0.05)	0.19[***] (0.05)	0.032[+] (0.018)	0.026 (0.02)	0.02 (0.02)
	奖励金额	0.19[***] (0.04)	0.26[***] (0.04)	0.20[***] (0.05)	0.08[*] (0.04)	0.13[*] (0.04)	0.09[+] (0.05)	−0.11[***] (0.01)	−0.14[***] (0.01)	−0.11[***] (0.01)
	奖励机制		−0.33[***] (0.06)	−0.34[***] (0.06)		−0.21[***] (0.05)	−0.24[***] (0.06)		0.26[***] (0.04)	0.21[***] (0.05)

续表

变量	因变量								
	解答者人数			有效方案数量			任务完成率		
	模型 1	模型 2	模型 3	模型 4	模型 5	模型 6	模型 7	模型 8	模型 9
奖励机制 × 竞赛周期			−0.06 (0.05)			0.09+ (0.05)			0.044* (0.017)
奖励机制 × 任务描述			−0.03 (0.04)			−0.01 (0.02)			0.015 (0.014)
奖励机制 × 奖励金额			−0.12** (0.04)			−0.10* (0.04)			0.02 (0.013)
调整后的 R^2	0.259	0.319	0.331	0.221	0.245	0.254	0.194	0.268	0.287
F	28.87***	32.10***	22.95***	23.60***	22.61***	16.11***	20.20***	25.32***	18.86***
ΔR^2		0.06***	0.02*		0.03***	0.01*		0.08***	0.02**

注:*** 表示 $P<0.001$ 水平下显著,** 表示 $P<0.01$ 水平下显著,* 表示 $P<0.05$ 水平下显著,+ 表示 $P<0.1$ 水平下显著;模型7—9作了加权处理,权重为残差序列绝对值的倒数。$N=400$。为回归系数的标准误差,其中,括号内数据

如图 5-5（b）和 5-6（a）所示可见，随着奖金额度的增加，采用多奖项奖励比采用赢者通吃获得的有效解答方案数量更多。但随着竞赛周期的延长，选择赢者通吃比多奖项奖励获得的有效解答方案数量更多（图 5-5（a）中多奖项奖励和赢者通吃的拟合系数分别为 0.35、0.14，图 5-5（b）分别为 0.23、0.03）。

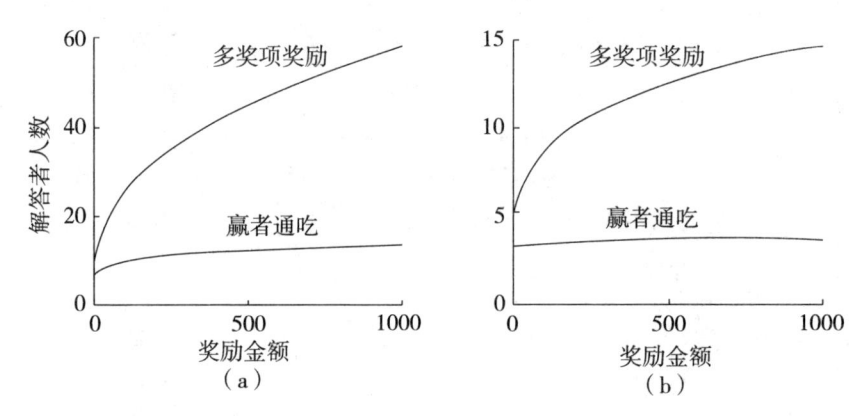

图 5-5　奖励机制对竞赛周期与解答者人数、有效方案数量关系的调节作用模式

表 5-4 模型 7-9 的回归分析结果表明，奖励机制仅对竞赛周期与任务完成率之间的关系存在显著调节作用（0.044*），对任务描述、奖励金额与任务完成率之间的关系无显著调节作用（交互系数为 0.015、0.02）。从奖励机制的调节作用模式如图 5-6（b））可以看出，随着竞赛周期的延长，选择赢者通吃奖励比多奖项奖励可以激励更多的解答者完成竞赛任务（图 5-6（a）中多奖项奖励和赢者通吃的拟合系数分别为 0.005、0.31，图 5-6（b）分别为 -0.09、0.085）。

综合上述分析，本章将假设检验结果的汇总如表 5-5 所示。

表 5-5　　　　奖励机制调节作用检验结果汇总

自变量	假设	因变量	创意类	专业知识类
奖励机制×竞赛周期	假设 1a	解答者人数	支持	不支持
	假设 1b	有效方案数量	支持	部分支持
	假设 1c	任务完成率	支持	部分支持

第五章 不同奖励机制情形下绩效影响因素作用机理研究

续表

自变量	假设	因变量	创意类	专业知识类
奖励机制×任务描述	假设2a	解答者人数	支持	不支持
	假设2b	有效方案数量	支持	不支持
	假设2c	任务完成率	支持	不支持
奖励机制×奖励金额	假设3a	解答者人数	支持	支持
	假设3b	有效方案数量	不支持	支持
	假设3c	任务完成率	不支持	不支持

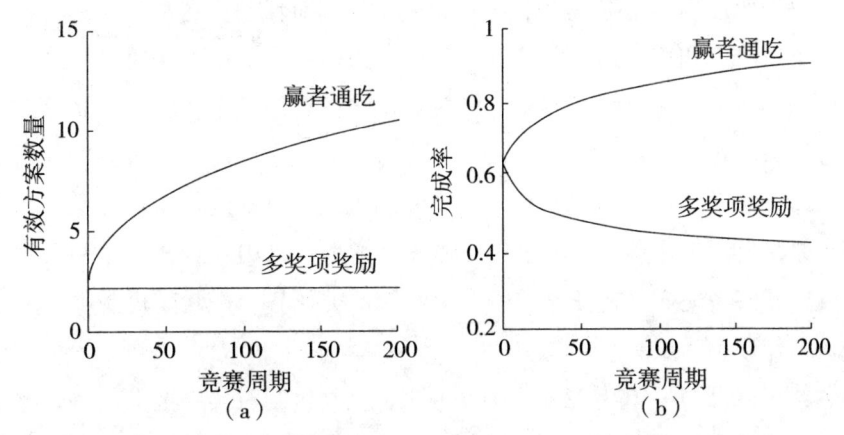

图5-6 奖励机制对竞赛周期与有效方案数量、任务完成率关系的调节作用模式

（三）模型假设修正

本研究在验证了大部分假设的同时，但也有一些假设需要作出修正，修正的假设如下：

修正假设1a：在创意类任务中，奖励机制对竞赛周期与解答者人数之间关系具有调节作用，即当采用多奖项奖励机制时，延长竞赛周期对解答者参与人数的正向作用更显著。但在专业知识类任务中，奖励机制不存在显著调节作用。

修正假设1b：奖励机制对竞赛周期与有效方案数量之间关系具有调节作用。在创意类竞赛任务中，当采用多奖项奖励机制时，延长竞赛周期对有效方案数量的正向作用更显著。而在专业知识类任务中，当采用赢者通吃机制时，延长竞赛周期对有效方案数量的正向作用更显著。

修正假设1c：奖励机制对竞赛周期与任务完成率之间关系具有调节作用。在创意类任务中，当采用多奖项奖励机制时，延长竞赛周期对任务完成率的正向作用更显著。而在专业知识类任务中，当采用赢者通吃机制时，延长竞赛周期对任务完成率的正向作用更显著。

修正假设2a：在创意类任务中，奖励机制对任务描述与解答者人数之间的关系具有调节作用，即随着任务描述的增加，采用赢者通吃奖励机制能激励更多解答者参与竞赛。但在专业知识类任务中，奖励机制不存在显著调节作用。

修正假设2b：在创意类任务中，奖励机制对任务描述与有效方案数量之间关系具有调节作用，即随着任务描述的增加，采用赢者通吃奖励机制更能激励解答者提交解答方案。但在专业知识类任务中，奖励机制不存在显著调节作用。

修正假设2c：在创意类任务中，奖励机制对竞赛周期与任务完成率之间关系具有调节作用，即随着任务描述的增加，采用赢者通吃奖励机制更能激励解答者完成竞赛任务。但在专业知识类任务中，奖励机制不存在显著调节作用。

修正假设3b：在专业知识类任务中，奖励机制对奖励金额与有效方案数量之间关系具有调节作用，即当采用多奖项奖励机制时，增加奖励金额对有效方案数量的正向作用更显著。而在创意类任务中，奖励机制不存在显著调节作用。

修正假设3c：在创意类和专业知识类任务中，奖励机制对奖励金额与任务完成率之间关系都无显著调节作用。

五、结果讨论

本章从竞赛设计要素的角度，实证分析研究了不同奖励机制对网上众包竞赛设计要素与竞赛绩效之间关系的调节作用，主要得到如下结论：

（1）对创意类竞赛任务而言，当采用多奖项奖励机制时，延长竞赛周期对提升网上众包竞赛绩效的正向影响作用更显著。对专业知识类竞赛任务而言，当采用赢者通吃奖励机制时，延长竞赛周期对提升网上众包竞赛

第五章 不同奖励机制情形下绩效影响因素作用机理研究

绩效的正向影响作用更显著。回归分析结果表明，在创意类竞赛任务中，随着竞赛周期的延长，采用多奖项奖励机制可以吸引更多解答者参与，并且能够使有效方案数量和任务完成率显著增加。但在专业知识类竞赛任务中却正好相反，当采用赢者通吃奖励机制时，更能激励解答者完成竞赛任务，提交有效方案。

（2）对于任务描述内容较多的创意类竞赛任务，采用赢者通吃奖励机制比多奖项奖励机制获得的竞赛绩效高。从回归分析结果可知，在创意类竞赛任务中，随着任务描述的增加，采用赢者通吃奖励机制一定程度上能够激励那些能力较强的解答者参与和完成竞赛任务，从而能降低因参赛成本增加而导致解答者参与人数、有效方案数量及任务完成率下降带来的竞赛效率损失。

（3）在创意类和专业知识类竞赛任务中，当采用多奖项奖励机制时，提高奖励金额对竞赛绩效的积极影响更显著。该结论与 Terwiesch 和 Xu 的[25]研究结果不同。他们认为在创意类竞赛任务中，组织者采用赢者通吃奖励机制是最优的；而在专业知识类竞赛项目中，采用多奖项奖励机制可提高知识积累低的竞赛者的参赛积极性。本章研究发现，无论是在专业知识类竞赛中，还是在创意类竞赛中，随着奖励金额的增加，采用多奖项奖励机制都比赢者通吃奖励机制更能够激励解答者参与。此外，在专业知识类竞赛中，当采用多奖项奖励机制时，提高奖金数量可以获得更多解答方案。

从上述结论中我们能够得到一定的管理启示，网上众包竞赛绩效的提高可从如下方面进行考虑：对创意类竞赛任务而言，当组织者对解答方案的详细程度和准确程度要求较低时（例如仅需提交粗略创意框架），即在任务描述较少的情况下，采用多奖项奖励机制，并适当延长竞赛周期和增加奖励金额能够获得较高的竞赛绩效。而当组织者对解答方案的详细程度和准确程度要求较高时（例如需要能够实施的完整创意方案），即任务描述较多的情况下，采用赢者通吃奖励机制是最佳的。对专业知识类竞赛任务而言，当组织者设定的奖励金额较小时，采用赢者通吃奖励机制，并适当延长竞赛周期，可以吸引高水平的解答者参与，从而提高整个众包竞赛的绩效。而当组织者设定的奖励金额较大时，采用多奖项奖励机制，可以吸引更多解答者参与，从而获得更多的解答方案。

六、本章小结

既往的研究（如文献［19-21，95］）从竞赛者成本函数的角度，分析不同成本函数情况下采取何种奖励机制最优。而本章内容主要是从竞赛设计要素的角度，探讨了奖励机制对竞赛设计要素与竞赛绩效之间的关系具有调节作用，通过研究进一步发现不同竞赛任务类型下奖励机制对竞赛绩效的影响作用机理，一定程度上丰富了众包竞赛奖励机制设计的相关理论研究。在此基础上，针对不同的网上众包竞赛任务类型，给出了奖励机制的选择建议，为进一步有效地提高开放式网上众包竞赛绩效提供了参考。

第六章 不同竞赛序列情形下绩效影响因素作用机理研究

一、引 言

传统的竞赛理论认为不同竞赛序列（contest sequence）对竞赛绩效有重要影响,[20,71,97]在众包竞赛研究中,竞赛序列也被视为是一种新兴的设计要素,有待深入研究。[5,32]目前,在实际网上众包竞赛中涉及的竞赛序列主要为单阶段竞赛和两阶段竞赛。与传统多阶段竞赛筛选制不同,在两阶段网上众包竞赛中,解答者参与第二阶段竞赛不受第一阶段竞赛结果影响,如果最终能提交最佳解答方案同样能赢得奖金（如Topcoder.com）。因为组织者主要想通过第一阶段的竞赛获取创意或解答方案的草稿,通过给感兴趣方案的解答者提供奖励和反馈,以提高最终方案质量,降低竞赛风险;在第二阶段,解答者可进一步完善方案。与单阶段竞赛相比,两阶段竞赛对组织者而言,有助于提高解答方案的质量和获得最佳方案的概率,竞赛风险更小,但对解答者而言,可能要付出更多的努力和面临更高的机会成本。因此,如何根据竞赛序列的不同,设置竞赛设计要素,以获得更高的竞赛绩效就成为组织者们最为关心的问题之一。但现有研究着重探讨的是单阶段竞赛中各设计要素对众包竞赛绩效的影响（如文献［25,27,37,72］）,涉及两阶段众包竞赛研究的文献甚少。[32]而传统竞赛理论研究主要讨论的是多阶段淘汰赛,对于重复竞赛的探讨较少。本章试图从网上众包竞赛设计要素对众包竞赛绩效的影响展开实证研究,分析不同竞赛序列对众包竞赛绩效影响因素的调节作用,探索网络创新环境下的有效竞赛序列,进一步丰富竞赛理论,并为网上众包竞赛的应用和有效竞赛机制的设计提供参考。

在第五章研究中,我们已发现不同的奖励机制对竞赛绩效有重要的影响。在网上众包竞赛中,根据不同的竞赛序列和奖励机制,可分为四种竞赛结构,即单阶段赢者通吃竞赛、两阶段赢者通吃竞赛、单阶段多奖项竞赛与多阶段多奖项竞赛。其中,两阶段赢者通吃竞赛与单阶段赢者通吃竞赛相比,由于竞赛持续时间更长,解答者争夺单个奖项所付出的成本很高但获胜的概率却较低,所以解答者对多阶段赢者通吃竞赛的参与热情较低。在实践中,对多阶段赢者通吃竞赛结构的应用也很少。从对Topcoder创意工作室已结束的公开有效的1572项众包竞赛(截至2013年6月初)分析来看,采用单阶段赢者通吃竞赛任务有81项,占5.2%;采用单阶段多奖项奖励竞赛任务有511项,占32.5%;采用多阶段多奖项奖励竞赛任务有970项,占61.7%;而采用两阶段赢者通吃的竞赛任务仅有10项,仅占0.6%。基于此,接下来的研究将主要针对于单阶段赢者通吃、单阶段多奖项竞赛以及两阶段多奖项竞赛进行比较研究。但由于在第五章研究中,已对单阶段竞赛序列情形下的赢者通吃和多奖项奖励机制的影响作用做了研究。本章内容重点比较研究单阶段与两阶段竞赛序列情形下多奖项众包竞赛固定设计要素对竞赛绩效的作用机理。

二、模型构建与研究假设

众包竞赛中,与两阶段竞赛相比,单阶段竞赛时间相对较紧,因而往往需要解答者投入空闲时间以外的时间(这部分时间的机会成本较高)来完成竞赛任务。若适当延长单阶段竞赛周期,可以让那些能提供好的创意但又受限于空闲时间的解答者能参与到竞赛中,从而最终有效方案数量和解答者的完成率也会有所增加。任务描述过长可能也会降低单阶段竞赛绩效,因为知识积累和空闲时间不足的解答者会因参赛成本过高和完成任务的可能性过小,放弃参与或中途退出。但在两阶段竞赛中,竞赛周期较长,解答者完成任务的时间相对充足,任务描述过长对解答者完成竞赛任务的负效应较小。因此,本章提出如下假设:

假设1a:竞赛序列对竞赛周期与解答者人数之间关系具有调节作用,即当采用单阶段竞赛序列时,延长竞赛周期对解答者人数有显著正向影响;而当采用多阶段竞赛序列时,延长竞赛周期对解答者人数无显著正向影响。

第六章 不同竞赛序列情形下绩效影响因素作用机理研究

假设1b：竞赛序列对竞赛周期与有效方案数量之间关系具有调节作用，即当采用单阶段竞赛序列时，延长竞赛周期对有效方案数量有显著正向影响；而当采用多阶段竞赛序列时，延长竞赛周期对有效方案数量无显著正向影响。

假设1c：竞赛序列对竞赛周期与任务完成率之间关系具有调节作用，即当采用单阶段竞赛序列时，延长竞赛周期对任务完成率有显著正向影响；而当采用多阶段竞赛序列时，延长竞赛周期对任务完成率无显著正向影响。

假设2a：竞赛序列对任务描述与解答者人数之间关系具有调节作用，即随着任务描述的增加，解答者人数的递减趋势在单阶段竞赛中比在多阶段竞赛中显著。

假设2b：竞赛序列对任务描述与有效方案数量之间关系具有调节作用，即随着任务描述的增加，有效方案数量的递减趋势在单阶段竞赛中比在多阶段竞赛中显著。

假设2c：竞赛序列对任务描述与任务完成率之间关系具有调节作用，即随着任务描述的增加，任务完成率的递减趋势在单阶段竞赛中比在多阶段竞赛中显著。

赢得奖金是解答者参与网上众包竞赛的主要动机之一。[48]学者们已研究发现奖励金额越高，参与众包竞赛的解答者人数越多，[27,72]尤其在创意类竞赛任务中，解答者参与人数随奖励金额的增加呈对数增长。[36]已有关于多奖项奖励机制竞赛的研究，主要是分析了两个奖项的情形。一般而言，一等奖的奖金数量都高于二等奖，当然，组织者对一等奖方案质量要求也必然高于二等奖。葛如一和张朋柱指出，竞赛奖金越高意味着创新产出要求越高，知识积累或空闲时间不足的解答者很有可能无法完成任务。[37]由此可见，这部分解答者们可能更愿意去争夺二等奖。Szymanski等对竞赛二等奖激励效应的研究也进一步表明，在拥有三个及以上参赛者的竞赛中，二等奖能够提高解答者的努力水平和竞赛的平衡性。[98]对于两阶段网上众包竞赛而言，虽然解答者参与第二阶段竞赛不受限于第一阶段竞赛结果，但组织者会在第一轮结束时选出若干感兴趣的创意或方案，被选中的解答者在第二轮中赢取一等奖的概率很大，而没被选中的多数解答者为降低风险在第二轮竞赛中会更倾向于二等奖。但在单阶段竞赛中，每个解答者的信息自始至终为私人信息，解答者更愿意竭尽全力争取一等奖。因此，本章提出如下假设：

假设 3a：竞赛序列对一等奖、二等奖与解答者人数之间关系具有调节作用，即一等奖对解答者参与竞赛的激励作用在单阶段竞赛中比在多阶段竞赛中强；而二等奖对解答者参与竞赛的激励作用在单阶段竞赛中比在多阶段竞赛中弱。

假设 3b：竞赛序列对一等奖、二等奖与有效方案数量之间关系具有调节作用，即一等奖对有效方案数量的负向影响在单阶段竞赛中比在多阶段竞赛弱；而二等奖对有效方案数量的正向影响在单阶段竞赛中比在多阶段竞赛中强。

假设 3c：竞赛序列对一等奖、二等奖与任务完成率之间关系具有调节作用，即一等奖对任务完成率的负向影响在单阶段竞赛中比在多阶段竞赛弱；而二等奖对任务完成率的正向影响在单阶段竞赛中比在多阶段竞赛中强。

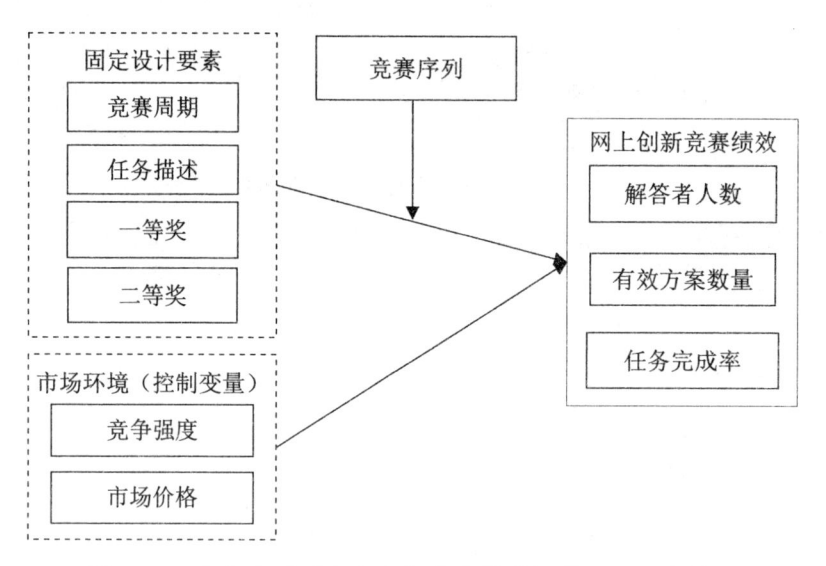

图 6-1 竞赛序列对网上众包竞赛绩效调节作用概念模型

三、研究样本与变量测量

(一) 样本来源与数据收集

由于国内网上众包竞赛多数采用的是单阶段竞赛序列，同时考虑到研究所需及数据的可得性，本章选取了国际上最具代表性的网络创新社区——Topcoder.com 的创意工作室（studio.topcoder.com）来收集数据验证假设。Topcoder 创意工作室所涉及的创意设计类竞赛任务，包括 logo 设计、印刷品设计、网络应用程序设计、图标设计、线框设计等。截至 2013 年 6 月初，已结束任务总数达 1770 个，其中公开有效的任务数为 1572 个。本研究从 1572 任务数据中收集了在 2008 年 8 月至 2013 年 5 月间已结束的 823 项创意类竞赛任务（全部为两个奖项）用于假设检验，其中单阶段竞赛任务为 397 个、两阶段竞赛任务为 426 个。本所涉及创意类竞赛项目类型如表 6-1 所示。实证数据样本如附录 5 所示。

表 6-1　样本涉及创意类竞赛项目类型

项目类型	频数	百分比（%）	累计百分比%
Logo Design	77	9.4	9.4
Print/Presentation	101	12.3	21.6
Web Design	292	35.5	57.1
Application Front-End Design	60	7.3	64.4
Banners/Icons	88	10.7	75.1
Wireframes	167	20.3	95.4
Idea Generation	11	1.3	96.7
Widget or Mobile Screen Design	27	3.3	100.0
总计	823	100.0	

(二) 相关变量测量

关于研究变量的测量，我们参考了国内外相关研究的类似处理方法，并根据本章的研究内容进行了必要的修正。本章涉及的因变量主要三方面包括：一是解答者人数：通过 Topcoder 创意社区中提供的每场竞赛任务实际参与人数来测量；二是有效方案数量：通过 Topcoder 创意社区中经组织者筛选后认为合格的提交方案数量来测量；三是通过有效方案数量和参与人数的比值来测量自变量。其包括：①竞赛周期：用任务结束时间减去开始时间（按天计）；②任务描述：收集 Topcoder 创意社区中每场竞赛有关任务要求的描述信息，利用 Excel 函数对有效字符信息描述进行提取后计算得出；③一等奖、二等奖及总奖金：通过 Topcoder.com 社区中提供的悬赏金额数量来测量；④奖金分配比：通过二等奖与一等奖的比值来测量，比值越接近1，说明二等奖金额越接近一等奖金额。本章将竞赛序列作为调节变量。在 Topcoder 众包竞赛社区中，解答者为赢得奖金，在单阶段竞赛中，只需提交一次创意或方案；但在两阶段竞赛中，解答者首先要在第一阶段竞赛中提交创意或方案的草稿；在第二阶段竞赛中，解答者提交最终的具体方案或创意。本章采用虚拟变量 D 进行编码，$D=0$ 表示"单阶段竞赛"，$D=1$ 表示"两阶段竞赛"。

控制变量：除上述因素外，每场竞赛的绩效还会受到市场因素的影响。[32] 因此，本章参照 Yang 等[32] 的设计，将"竞争强度"（同竞赛周期内同类型竞赛的数量）和"市场价格"（竞赛开始前和进行中社区中已结束和正进行的全部同类型竞赛奖金的平均数）作为控制变量。市场价格和竞争者数量是按照任务类型划分后，计算得出。

（三）数据分析方法

为了检验竞赛序列对众包竞赛设计要素与竞赛绩效之间关系的调节作用，本章采用的是多元调节回归分析方法，即在回归分析时，首先引入控制变量，再引入自变量，最后引入交互项。此外，为反映解释变量对因变量的弹性影响，并消除回归方程中异方差的影响，按照前两章对变量处理方法，首先对连续型的因变量和自变量分别取自然对数，然后采用最小二乘法进行回归分析。考虑到变量之间的多重共线性问题，在接下来的回归分析中，本章将一等奖和二等奖放入一组进行回归，总奖金和奖金分配比放入另一组进行回归。主要回归模型，如式（6-1）至（6-6）。

第六章　不同竞赛序列情形下绩效影响因素作用机理研究

$$\begin{aligned}
\text{Ln}(\text{解答者人数}) = & \beta_{10} + \beta_{11}\text{Ln}(\text{市场价格}) + \beta_{12}\text{Ln}(\text{竞争强度}) \\
& + \beta_{13}\text{Ln}(\text{竞赛周期}) + \beta_{14}\text{Ln}(\text{任务描述}) \\
& + \beta_{15}\text{Ln}(\text{一等奖}) + \beta_{16}D \times \text{Ln}(\text{二等奖}) \\
& + \beta_{17}D \times \text{Ln}(\text{竞赛周期}) + \beta_{18}D \times \text{Ln}(\text{任务描述}) \\
& + \beta_{19}D \times \text{Ln}(\text{一等奖}) + \beta_{110}D \times \text{Ln}(\text{二等奖}) \\
& + \varepsilon_1
\end{aligned} \quad (6-1)$$

$$\begin{aligned}
\text{Ln}(\text{解答者人数}) = & \beta_{20} + \beta_{21}\text{Ln}(\text{市场价格}) + \beta_{22}\text{Ln}(\text{竞争强度}) \\
& + \beta_{23}\text{Ln}(\text{竞赛周期}) + \beta_{24}\text{Ln}(\text{任务描述}) \\
& + \beta_{25}\text{Ln}(\text{总奖金}) + \beta_{26}D \times \text{Ln}(\text{奖金分配比}) \\
& + \beta_{27}D \times \text{Ln}(\text{竞赛周期}) + \beta_{28}D \times \text{Ln}(\text{任务描述}) \\
& + \beta_{29}D \times \text{Ln}(\text{总资金}) + \beta_{210}D \times \text{Ln}(\text{奖金分配比}) \\
& + \varepsilon_2
\end{aligned} \quad (6-2)$$

$$\begin{aligned}
\text{Ln}(\text{有效方案数量}) = & \beta_{30} + \beta_{31}\text{Ln}(\text{市场价格}) + \beta_{32}\text{Ln}(\text{竞争强度}) \\
& + \beta_{33}\text{Ln}(\text{竞赛周期}) + \beta_{34}\text{Ln}(\text{任务描述}) \\
& + \beta_{35}\text{Ln}(\text{一等奖}) + \beta_{36}D \times \text{Ln}(\text{二等奖}) \\
& + \beta_{37}D \times \text{Ln}(\text{竞赛周期}) + \beta_{38}D \times \text{Ln}(\text{任务描述}) \\
& + \beta_{39}D \times \text{Ln}(\text{一等奖}) + \beta_{310}D \times \text{Ln}(\text{二等奖}) \\
& + \varepsilon_3
\end{aligned} \quad (6-3)$$

$$\begin{aligned}
\text{Ln}(\text{有效方案数量}) = & \beta_{40} + \beta_{41}\text{Ln}(\text{市场价格}) + \beta_{42}\text{Ln}(\text{竞争强度}) \\
& + \beta_{43}\text{Ln}(\text{竞赛周期}) + \beta_{44}\text{Ln}(\text{任务描述}) \\
& + \beta_{45}\text{Ln}(\text{总奖金}) + \beta_{46} \times \text{Ln}(\text{奖金分配比}) \\
& + \beta_{47}D \times \text{Ln}(\text{竞赛周期}) + \beta_{48}D \times \text{Ln}(\text{任务描述}) \\
& + \beta_{49}D \times \text{Ln}(\text{总奖金}) + \beta_{410}D \times \text{Ln}(\text{奖金分配比}) \\
& + \varepsilon_4
\end{aligned} \quad (6-4)$$

$$\begin{aligned}
\text{Ln}(\text{完成率}) = & \beta_{50} + \beta_{51}\text{Ln}(\text{市场价格}) + \beta_{52}\text{Ln}(\text{竞争强度}) \\
& + \beta_{53}\text{Ln}(\text{竞赛周期}) + \beta_{54}\text{Ln}(\text{任务描述})
\end{aligned}$$

$$+ \beta_{55}\text{Ln}(一等奖) + \beta_{56} \times \text{Ln}(二等奖)$$
$$+ \beta_{57}D \times \text{Ln}(竞赛周期) + \beta_{58}D \times \text{Ln}(任务描述)$$
$$+ \beta_{59}D \times \text{Ln}(一等奖) + \beta_{510}D \times \text{Ln}(二等奖)$$
$$+ \varepsilon_5 \qquad (6-5)$$

$$\text{Ln}(完成率) = \beta_{60} + \beta_{61}\text{Ln}(市场价格) + \beta_{62}\text{Ln}(竞争强度)$$
$$+ \beta_{63}\text{Ln}(竞赛周期) + \beta_{64}\text{Ln}(任务描述)$$
$$+ \beta_{65}\text{Ln}(总奖金) + \beta_{66} \times \text{Ln}(奖金分配比)$$
$$+ \beta_{67}D \times \text{Ln}(竞赛周期) + \beta_{68}D \times \text{Ln}(任务描述)$$
$$+ \beta_{69}D \times \text{Ln}(总奖金) + \beta_{610}D \times \text{Ln}(奖金分配比)$$
$$+ \varepsilon_6 \qquad (6-6)$$

四、假设检验与结果分析

(一) 描述性统计分析与多元回归模型检验

描述性统计分析结果（见表6-2），列出了变量的均值、标准差以及相关系数。回归方程显著性检验结果如表6-3和6-4所示，每个回归模型的F值都高度显著（$P < 0.001$），说明每个自变量整体上对因变量有高度显著线性影响。残差分析：由附录6中散点图可见，绝大部分观测变量都随机地分布在垂直围绕±2的范围内，预测值与残差值之间无明显关系，各回归方程都满足方差齐性条件。另外，由附录6中残差直方图和P-P图可见，各回归模型样本的残差近似服从于正态分布。因此，各回归方程模型满足基本假定条件。多重共线性分析：通过多重共线性检验发现表6-3和6-4中自变量一等奖与二等奖的方差扩大化因子（VIF）小于6，其他自变量的方差扩大化因子均小于2，说明不存在严重的多重共线性问题。

(二) 竞赛序列对网上众包竞赛绩效的调节作用检验

表6-3和6-4中回归模型分析结果表明，控制变量市场价格对解答者人数、有效方案数量及完成率都有显著负向影响。而竞争强度对解答者人数和有效方案数量也有负向影响。这与前两章的研究结果不同，这是因

第六章 不同竞赛序列情形下绩效影响因素作用机理研究

为第五章的数据主要来源于国外竞赛网站,竞争强度对竞赛绩效的影响作用可能会随着具体市场情况的变化而变化。由表6-2中回归分析结果可知,竞赛序列对竞赛周期与解答者人数之间关系有显著调节作用（-0.04*）,对竞赛周期与有效方案数量之间关系也有显著调节作用（-0.06+/0.07*）,但对竞赛周期与解答者的完成率之间的关系无显著调节作用（-0.02/-0.03）。从图6-2可看出,随着竞赛周期的延长,在单阶段竞赛序列中解答者人数和有效方案数量的递增趋势比在两阶段竞赛中显著。因此,假设1a和1b得到验证,1c不成立（图6-2（a）中单阶段和多阶段竞赛序列的拟合系数分别为0.37、0.20,图6-2（b）分别为0.19、-0.13）。

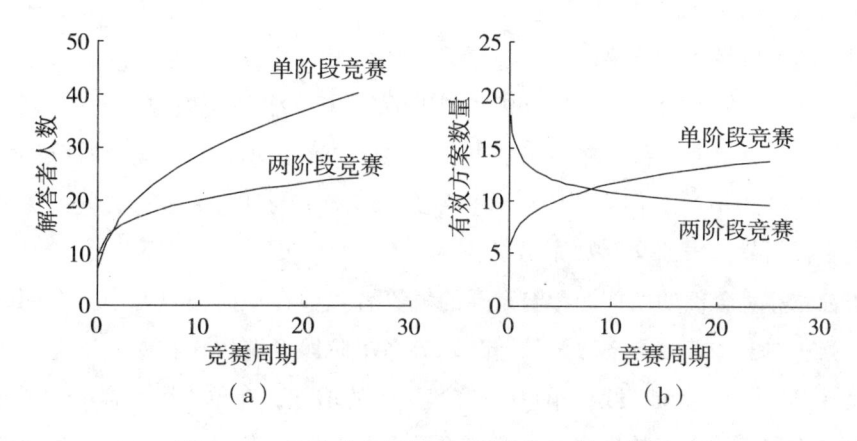

图6-2 竞赛序列对竞赛周期与解答者人数、
有效方案数量关系的调节作用模式

竞赛序列对任务描述与解答者人数以及有效方案数量之间的关系有显著调节作用,交互项系数分别为0.06*、0.08*。但竞赛序列对任务描述与竞赛绩效之间的关系无显著调节作用（0.02）。从图6-3可看出,随着任务描述长度的增加,解答者人数在单阶段竞赛中呈递增趋势,在两阶段竞赛中呈递减趋势;而在单阶段竞赛中有效方案数量的递减趋势则比在两阶段竞赛中显著。因此,假设2a和2b得到验证,2c不成立。（图6-3（a）中单阶段和多阶段竞赛序列的拟合系数分别为-0.32、0.23,图6-3（b）分别为-1.25、-0.21）。

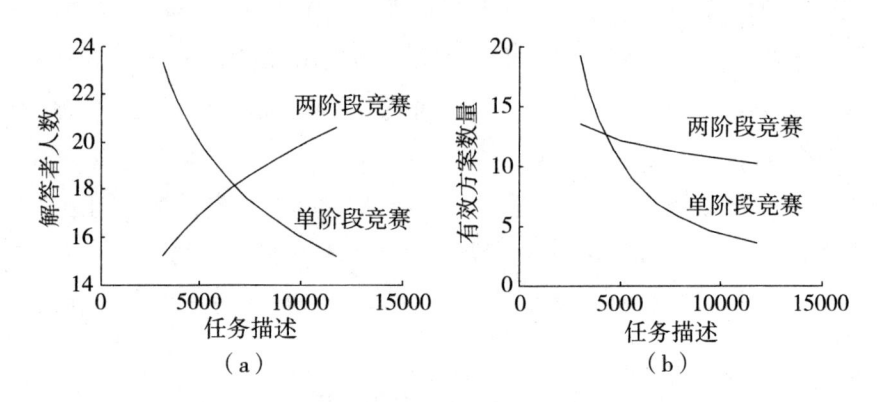

图 6-3 竞赛序列对任务描述与解答者人数、
有效方案数量关系的调节作用模式

结果也显示，竞赛序列对一等奖、二等奖与解答者人数之间的关系有显著调节作用，交互项系数分别为 -0.07*、0.09**。竞赛序列对一等奖、二等奖与有效方案数量之间关系也存在显著调节作用，交互项系数分别为 -0.11+、0.09+。但竞赛序列对一等奖、二等奖与任务完成率之间的关系无显著调节作用，交互项系数分别为 -0.04 和 0.01。从图 6-4 可看出，随着一等奖金额的增加，参与竞赛的解答者人数在单阶段竞赛中比在两阶段竞赛中多，有效方案数量的递减趋势在单阶段竞赛中比在两阶段竞赛中缓慢。从图 6-5 能发现，随着二等奖数量的增加，在单阶段竞赛中，解答者人数和有效方案数量都呈显著递增，但在两阶段竞赛中，解答者人数略呈递减状，有效方案数量呈直线状。假设 3a 和 3b 得到支持，假设 3c 未得到支持。从图 6-6 可进一步发现，在两阶段竞赛中，随着二等奖奖金比重的增加，解答者人数和有效方案数量都会显著增加（图 6-4（a）中单阶段和多阶段竞赛序列的拟合系数分别为 0.003、-0.13，图 6-4（b）分别为 -0.49、-0.77；图 6-5（a）中单阶段和多阶段竞赛序列的拟合系数分别为 -0.10、0.28，图 6-5（b）分别为 -0.02、0.42；图 6-6（a）中单阶段和多阶段竞赛序列的拟合系数分别为 -0.05、0.23，图 6-6（b）分别为 0.22、0.54）。

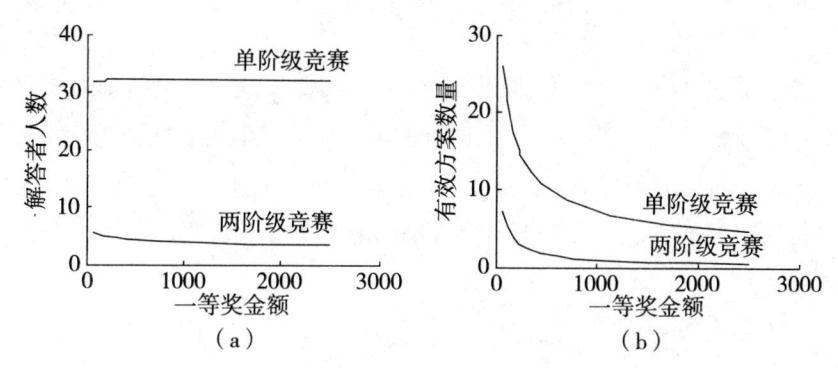

第六章　不同竞赛序列情形下绩效影响因素作用机理研究

图 6-4　竞赛序列对一等奖与解答者人数、
有效方案数量关系的调节作用模式

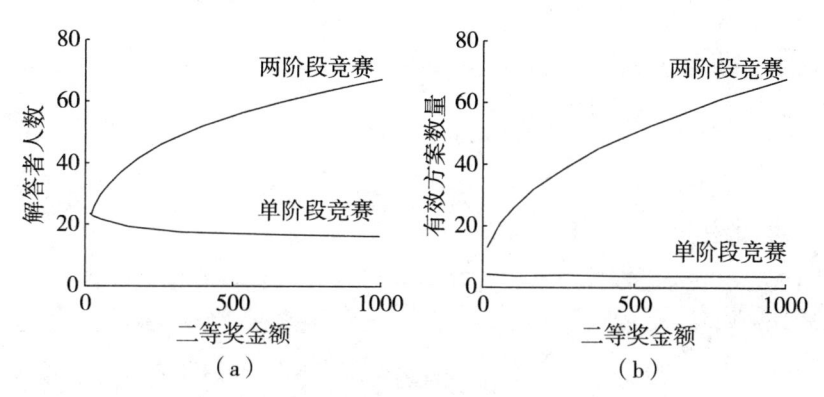

图 6-5　竞赛序列对二等奖与解答者人数、
有效方案数量关系的调节作用模式

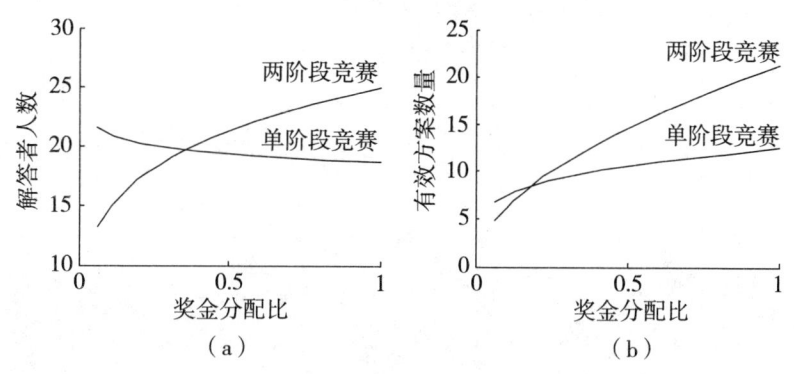

图 6-6　竞赛序列对奖金分配比与解答者人数、
有效方案数量关系的调节作用模式

(三) 模型假设修正

综合上述分析，大部分研究假设得到了支持，假设检验结果的汇总如表 6-5 所示。本研究在验证了大部分假设的同时，但也有部分假设需要作出修正，修正的假设如下：

修正假设 1c：竞赛序列对竞赛周期与有效方案数量之间关系无显著调节作用。

修正假设 2c：竞赛序列对任务描述与任务完成率之间关系无显著调节作用。

修正假设 3c：竞赛序列对一等奖、二等奖与任务完成率之间关系无显著调节作用。

五、结果讨论

本章从竞赛设计要素的角度，实证分析研究了网上众包竞赛绩效的相关影响要素，深入探讨了网络创新环境下，不同竞赛序列下各设计要素对竞赛绩效的作用机理，得到如下结论：

（1）在单阶段竞赛中延长竞赛周期对提高众包竞赛绩效作用更显著。与已有文献的结论不同（如文献 [27, 32]），本章分析结果表明，随着竞赛周期的延长，单阶段竞赛序列下的解答者人数和有效提交方案数量都会显著增加，但两阶段竞赛序列下的解答者人数递增趋势较弱，而有效方案数量却略呈下降趋势。这是因为单阶段竞赛的周期相对较短（平均 4.5 天），延长竞赛周期会有助于那些空闲时间不足的解答者参与并完成创新任务，而两阶段竞赛周期相对较长（平均 8.9 天），延长竞赛周期对竞赛绩效的提升作用不显著，相反，一些解答者可能会因为竞赛时间过长，需投入的成本过高而中途放弃竞赛。上述结论在一定程度上丰富了关于众包竞赛周期的相关理论研究。

第六章 不同竞赛序列情形下绩效影响因素作用机理研究

表6-2 变量的均值、标准差和相关系数

变量	均值	标准差	1	2	3	4	5	6	7	8	9	10	11
1. 竞争强度	3.78	3.55											
2. 市场价格	1108.5	467.6	0.54										
3. 竞赛周期	6.77	3.91	0.43	0.36									
4. 任务描述	6527.8	1775.7	0.24	0.34	0.26								
5. 总奖金	1258.9	701.06	0.42	0.63	0.55	0.48							
6. 一等奖	833.8	445.28	0.36	0.58	0.48	0.41	0.96						
7. 二等奖	249.4	139.94	0.31	0.51	0.43	0.38	0.87	0.83					
8. 奖金分配比	0.31	0.10	−0.10	−0.09	−0.08	−0.08	−0.14	−0.25	0.25				
9. 竞赛序列	0.52	0.50	0.50	0.60	0.56	0.48	0.62	0.46	0.41	−0.11			
10. 解答者人数	21.7	11.41	−0.17	−0.33	0.25	−0.06	−0.07	−0.08	−0.03	0.07	−0.11		
11. 有效方案数量	14.09	13.45	−0.21	−0.36	0.06	−0.16	−0.24	−0.28	−0.20	0.13	−0.06	0.65	
12. 任务完成率	0.64	0.42	−0.08	−0.18	−0.10	−0.16	−0.23	−0.29	−0.22	0.10	0.06	0.05	0.74

注：绝对值大于或等于0.08的相关系数在0.05水平上显著；大于或等于0.10的，在0.01水平上显著。

— 105 —

表 6-3　回归分析结果 1

变量		因变量							
		解答者人数				有效方案数量			
		模型 1	模型 2	模型 3	模型 4	模型 5	模型 6	模型 7	模型 8
控制变量	常数项	4.16*** (0.53)	4.22*** (0.54)	4.13*** (0.52)	4.07*** (0.54)	10.70*** (0.92)	11.04*** (0.95)	10.89*** (0.92)	11.14*** (0.95)
	市场价格	-0.34*** (0.04)	-0.31*** (0.04)	-0.35*** (0.04)	-0.31*** (0.04)	-0.51*** (0.07)	-0.47*** (0.07)	-0.53*** (0.07)	-0.48*** (0.07)
	竞争强度	-0.07** (0.02)	-0.08* (0.02)	-0.07** (0.02)	-0.08** (0.02)	-0.09* (0.04)	-0.10* (0.04)	-0.09* (0.04)	-0.09* (0.04)
自变量	竞赛周期	0.30*** (0.03)	0.29** (0.03)	0.30*** (0.03)	0.28*** (0.03)	0.16** (0.05)	0.14** (0.05)	0.15** (0.05)	0.12* (0.05)
	任务描述	0.05 (0.06)	0.01 (0.06)	0.05 (0.06)	0.01+ (0.06)	-0.39*** (0.11)	-0.45*** (0.11)	-0.40*** (0.10)	-0.46*** (0.11)
	一等奖	-0.04 (0.05)	-0.05 (0.05)			-0.44*** (0.09)	-0.47*** (0.09)		
	二等奖	0.09+ (0.05)	0.13** (0.05)			0.24** (0.09)	0.28** (0.08)		
	总奖金			0.07* (0.03)	0.10** (0.04)			-0.18** (0.06)	-0.17** (0.07)
	奖金分配比			0.08+ (0.05)	0.11* (0.05)			0.29*** (0.08)	0.33*** (0.09)

续表

变量	因变量							
	解答者人数				有效方案数量			
	模型1	模型2	模型3	模型4	模型5	模型6	模型7	模型8
竞赛序列	−0.02 (0.02)	−0.03 (0.02)	−0.03 (0.02)	−0.04* (0.02)	0.33*** (0.04)	0.33*** (0.04)	0.35*** (0.04)	0.36*** (0.04)
交互作用								
竞赛序列 × 竞赛周期		−0.04* (0.02)		−0.04* (0.02)		−0.06+ (0.03)		−0.07* (0.03)
竞赛序列 × 任务描述		0.06* (0.02)		0.06** (0.02)		0.08** (0.03)		0.08** (0.03)
竞赛序列 × 一等奖		−0.07* (0.03)				−0.11+ (0.06)		
竞赛序列 × 二等奖		0.09** (0.03)				0.09+ (0.06)		
竞赛序列 × 总奖金				0.03 (0.02)				0.00 (0.04)
竞赛序列 × 奖金分配比				0.04** (0.01)				0.05+ (0.027)
R^2	0.27	0.29	0.27	0.29	0.24	0.25	0.23	0.24
F	44.47***	31.28***	44.84***	31.70***	36.97***	25.19***	36.46***	24.91***
$\triangle R^2$		0.02**		0.02***		0.01**		0.01*

注：*** $p<0.001$；** $p<0.01$；* $p<0.05$；+ $p<0.1$。括号内数据为回归系数的标准误差。$N=823$。

表6-4　　　　　　　　回归分析结果2

变量	因变量 任务完成率			
	模型1	模型2	模型3	模型4
控制变量				
常数项	6.55*** (0.76)	6.83*** (0.78)	6.76*** (0.75)	7.08*** (0.79)
市场价格	-0.17** (0.06)	-0.16** (0.06)	-0.18*** (0.06)	-0.17** (0.06)
竞争强度	-0.02 (0.03)	-0.02 (0.03)	-0.02 (0.03)	-0.02 (0.03)
自变量				
竞赛周期	-0.15*** (0.04)	-0.15*** (0.04)	-0.15*** (0.04)	-0.16*** (0.04)
任务描述	-0.45*** (0.09)	-0.47*** (0.09)	-0.45*** (0.09)	-0.47*** (0.09)
一等奖	-0.40*** (0.07)	-0.42*** (0.08)		
二等奖	0.15* (0.07)	0.15* (0.07)		
总奖金			-0.25*** (0.05)	-0.27*** (0.05)
奖金分配比			0.21** (0.07)	0.22** (0.07)
竞赛序列	0.35*** (0.03)	0.36*** (0.03)	0.39*** (0.03)	-0.40*** (0.03)
交互作用				
竞赛序列×竞赛周期		-0.02 (0.03)		-0.03 (0.03)
竞赛序列×任务描述		0.02 (0.02)		0.02 (0.02)
竞赛序列×一等奖		-0.04 (0.05)		

续表

变量	因变量 任务完成率			
	模型1	模型2	模型3	模型4
竞赛序列×二等奖		0.01 (0.05)		
竞赛序列×总奖金				-0.04 (0.03)
竞赛序列×奖金分配比				0.01 (0.02)
R^2	0.22	0.22	0.21	0.21
F	32.48***	20.94***	32.15***	20.79***
$\triangle R^2$		0.003		0.004

注：*** $p<0.001$；** $p<0.01$；* $p<0.05$；+ $p<0.1$ 括号内数据为回归系数的标准误差。$N=823$。

表6-5　　　　　　竞赛序列调节作用检验结果

自变量	假设	因变量	检验结果
竞赛序列×竞赛周期	假设1a	解答者人数	支持
	假设1b	有效方案数量	支持
	假设1c	任务完成率	不支持
竞赛序列×任务描述	假设2a	解答者人数	支持
	假设2b	有效方案数量	支持
	假设2c	任务完成率	不支持
竞赛序列×一等奖、二等奖	假设3a	解答者人数	支持
	假设3b	有效方案数量	支持
	假设3c	任务完成率	不支持

（2）在单阶段竞赛中，任务描述过长会降低整个众包竞赛绩效；但在两阶段竞赛中，详细的任务描述却能吸引更多的解答者参与。先前研究只是指出了任务描述过长会降低众包竞赛绩效，并未考虑不同竞赛序列的影响。[72]本章发现不同竞赛序列下，任务描述对众包竞赛绩效的影响不同。

究其原因，在单阶段竞赛中，竞赛周期相对较短，解答者受到自身空闲时间的限制较明显，任务描述越多表明组织者对提交方案的详细及精准程度要求越高，这会导致部分空闲时间不足的解答者，因参赛的机会成本过高而放弃参与或中途退出，从而降低整个众包竞赛绩效水平。而在两阶段竞赛中，竞赛周期相对较长，解答者有相对充足的时间来完成竞赛任务，任务描述越详尽，解答者越可以准确把握组织者对最终方案的要求，从而获胜的信心越足，因而，解答者的参与积极性越高。

（3）一等奖对解答者的激励作用在单阶段竞赛中比在两阶段竞赛中强；二等奖对解答者的激励作用在两阶段竞赛中比在单阶段竞赛中强，且二等奖金额越接近一等奖金额，解答者人数和有效方案数量越多。该结论与文献［19，21，25，98］的研究发现不同。文献［19，21，25］通过博弈模型分析认为，在竞赛中二等奖对竞赛者的激励作用和对竞赛绩效的贡献始终小于一等奖。但本文通过实证分析表明，一等奖对解答者的激励作用仅在单阶段竞赛中比较显著，在两阶段竞赛中却无显著激励作用。二等奖虽然在单阶段竞赛中所产生的激励作用小于一等奖，但在两阶段竞赛序列中所产生的激励作用大于一等奖，而且二等奖越接近一等奖，对解答者参与并完成创新任务的激励作用越强。由此可见，在单阶段众包竞赛中，采用赢者通吃的奖励机制是最优的，而在多阶段众包竞赛中，采取多奖项奖励机制可提高整个竞赛绩效。

上述结论启示我们，在实际应用中，网上众包竞赛绩效的提高可从以下方面进行考虑：对于不确定性程度高的创新问题，组织者对任务的描述较抽象，给解答者的创意空间较大，组织者可考虑选择单阶段竞赛序列，采用赢者通吃的奖励机制吸引高水平解答者参与，通过设置相对较长的竞赛周期来使更多人提交方案。对于确定性程度较高的创新问题，组织者对任务描述具体，可考虑采用多阶段竞赛序列和多奖项奖励机制，以吸引更多的解答者参与竞赛并提交方案。

六、本章小结

在前两章研究的基础上，本章进一步讨论了不同竞赛序列情形下，竞赛固定设计要素对网上众包竞赛绩效的作用机理，重点比较了单阶段多奖

第六章　不同竞赛序列情形下绩效影响因素作用机理研究

项奖励与两阶段多奖项奖励竞赛结构下，竞赛周期、任务描述以及奖金设置对竞赛绩效的影响。通过研究进一步揭示了不同竞赛序列对设计要素与竞赛绩效的调节作用，一定程度上丰富了众包竞赛机制设计的相关理论研究。在此基础上，针对网上众包竞赛任务的具体情况，给出了竞赛序列的选择建议，为进一步提高网上众包竞赛绩效提供了指导。

第七章 考虑信任情形下的众包竞赛中绩效影响因素研究

一、引 言

基于网络社区的众包竞赛使创新活动成为一种社会化行为,吸引了社会大众的广泛参与。然而,由于众包竞赛发展态势迅猛,而相应的配套体系尚未健全,迅猛的发展态势和不健全的配套体系之间的矛盾给众包竞赛的健康发展带来了很多负面结果,如解答者参与积极性不高,努力投入不足,导致竞赛任务得不到很好解决;[99]竞赛中诚信缺失现象屡见不鲜,发起者作弊行为时常发生,如解答者提交竞赛方案之后,发起者审核不通过,却在竞赛结束之后不经解答者同意擅自使用解答者创新方案等,导致解答者对任务发起者信任缺失。[4,12,100]

随着众包竞赛模式逐步得到广泛运用,在竞赛过程中参赛双方的诚信问题引起研究者们越来越多的关注,猪八戒网、任务中国网等众包竞赛平台也纷纷建立起了诚信管理机制。卢新元等指出众包网站中用户信任的缺乏已成为众包行业发展的障碍,初始信任会显著影响用户采纳众包的动机,当务之急是要采取行之有效的措施来构建用户对网站的初始信任。[101] 郑海超和 Hirth 等研究发现众包模式虚拟社区内,困扰众包竞赛发展的一个重要因素是任务发起者的作弊问题,它降低了解答者对发起者的信任。[11,102]发起者通过双重身份欺诈、盗用非获胜方案、拒付奖金等不正当手段获得解答者提交的创新方案,严重打击了解答者参与众包竞赛创新的积极性与创造性。[87]吕英杰等发现网络的虚拟性导致了竞赛参与双方缺乏信任,信用体系不健全、过度竞争等问题成为制约其快速发展的瓶颈。[36] 庞建刚指出在信息不对称情况下,存在发包方欺骗行为,从而影响竞赛绩效。[55]合作双方彼此间的信任是合作创新的必要前提。在众包竞赛中,解答者对任务发起者是否信任关系到解答者能否积极投身竞赛任务,从而影

第七章　考虑信任情形下的众包竞赛中绩效影响因素研究

响解答方案的完成质量。严惠等在对众包的研究中发现，在感知风险高的时候，参照群体诚实可信任性对解答者参与意愿表现出显著的正向影响作用。[103]董坤祥等在研究解答者创新绩效影响因素时也发现解答者通过服务保证获得发布者信任，有利于提高其创新绩效。[104]孙茜等在其研究模型中引入解答者动机作为中介变量来研究平台环境和动机的内在关联以及其对解答者中标率的影响关系。结果显示，平台的信任环境是影响解答者认可动机和归属动机的重要因素，对解答者认可动机和归属动机有正向影响，能够提高解答者中标率。[105]这些问题都直接影响了众包竞赛模式的健康发展，导致了解答者创新竞赛绩效的下降。因此，为了提升众包竞赛的应用效果，深入分析上述问题产生的原因并加以解决显得尤为重要。

本章基于上述背景情况，将基于信任视角探讨解答者参与动机对其创新绩效作用机理，并在此基础上，提出相关管理建议，以期丰富众包竞赛相关理论，为众包竞赛的应用提供实践指导。

二、研究模型及假设

1. 内部动机与创新绩效的关系

自我决定理论认为内部动机是个体受对活动本身的兴趣爱好驱动的，能够给个体带来的内在的快乐、满足感的一种内在的驱动力量，与竞赛发起者给予的奖金激励等外部因素无关。[106]于海云等对企业员工创新绩效影响因素的研究表明，创新动机是企业和员工进行创新行为的重要驱动因素，创新动机和创新行为是企业获得创新绩效的前提和基础。[107]郭桂梅等在关于中国企业员工创造性与内部动机关系的研究中表明，内部动机是员工创造性产生的重要因素，与员工的创造力和创新绩效呈正相关关系。[108]Lakhani等关于众包竞赛中解答者参与动机的研究表明，获得乐趣是解答者参与众包竞赛的主要动机之一，并且该动机会激励解答者努力完成任务。[73,109]王彦杰和宋喜凤等通过实证分析指出享受乐趣、自我肯定、提高能力、沉浸需要是影响解答者参与众包竞赛的重要动机。[110,111]吴金红等通过对大众参与大数据众包活动的研究发现，自我效能对解答者参与众包竞赛的行为有正向影响。[112]夏恩君等在社会大众参与开放式创新众包模式的参与动机的研究中指出，沉浸是大众参与动机的主要内因。[113]因此，本章从享受娱乐、自我效能、能力提升和沉浸需要等四个方面探讨内部动机，并以内部动机为一个整体探讨其对解答者创新绩效的影响，并提出假设1。

假设1：解答者内部动机对创新绩效有正向影响。

2. 外部动机与创新绩效的关系

Davis 的技术接受模型指出，用户的行为意向决定了用户是否会使用某一技术，使用态度和对技术的感知有用性对用户的行为意向影响显著。[114]用户的感知有用性和感知易用性共同作用于用户对某项新技术或系统应用的使用态度，而感知易用性又由外在变量所决定。同时众多学者的研究表明，获取奖金激励是解答者参与众包竞赛重要的外部动机之一。基于上述分析，本章从奖金激励、感知有用性、感知易用性等三个方面探讨外部动机对解答者创新绩效的影响，并提出假设2。

假设2：解答者外部动机对创新绩效有正向影响。

假设2：解答者外部动机对创新绩效有正向影响。

3. 努力程度的中介作用

Terwiesch 等在其研究中对解答者创新绩效的考核进行了研究，发现专业技能、努力程度和创造力对任务完成绩效有非常重要的影响。解答者的创新绩效由解答者自身的创新能力和努力水平所决定。[64]Henry 和 Wesley 认为解答者参与众包内外部动机对解答者努力程度和创新绩效都有正向影响，相对于外部动机，内部动机的正向作用更加显著，并且解答者的内外部动机通过努力程度影响解答者创新绩效。[115]基于以上分析，本章引入努力程度作为中介变量，并提出假设3a和3b。

假设3a：解答者努力程度在解答者内部动机对创新绩效的影响过程中起中介作用。

假设3b：解答者努力程度在解答者外部动机对创新绩效的影响过程中起中介作用。

4. 信任的调节作用

李永锋、司春林在探索企业间建立战略联盟进行合作创新，却达不到预期效果的原因时发现，合作各方之间缺乏信任是合作失败的一个重要原

第七章 考虑信任情形下的众包竞赛中绩效影响因素研究

因。[116]Lee等以IT外包中的信任与知识共享关系为研究对象,研究结果显示信任不仅能够促进合作双方之间的知识共享,而且有利于外包项目的顺利完成。[117]Hutter等基于公共交通领域的大规模众包竞赛的多源个体层面数据研究发现,在网上众包竞赛环境下马基雅维利主义的三个维度(对他人的不信任、不道德和对地位的渴望)对竞赛绩效具有负的显著行为效应。[53]在众包竞赛的研究中,郑海超在探讨众包竞赛中解答者对发起者的信任问题时,提出信任是影响网上用户行为的一个关键因素,发起者的作弊行为降低了解答者的信任,降低了解答者的参与竞赛积极性和努力。[11]孙茜等在研究创新众包平台对接包方中标率的影响机制时提出平台的信任环境对接包方的认可动机和归属动机有正面影响,能够提高接包方中标率。[105]综合以上结论,本章假设在众包竞赛中,解答者对众包竞赛任务发布者和众包竞赛平台的信任影响其完成任务的努力程度,进而影响其创新绩效。具体假设为4a~4e。

假设4a:解答者信任对内部动机与努力程度之间的关系具有调节作用,即信任程度越高,内部动机对解答者努力程度的正向作用更显著;信任程度降低时,内部动机对解答者努力程度的正向作用减弱。

假设4b:解答者信任对外部动机与努力程度之间的关系具有调节作用,即信任程度越高,外部动机对解答者努力程度的正向作用更显著;信任程度降低时,外部动机对解答者努力程度的正向作用减弱。

假设4c:解答者信任对内部动机与创新绩效之间的关系具有调节作用,即信任程度越高,内部动机对解答者创新绩效的正向作用更显著;信任程度降低时,内部动机对解答者创新绩效的正向作用减弱。

假设4d:解答者信任对外部动机与创新绩效之间的关系具有调节作用,即信任程度越高,外部动机对解答者创新绩效的正向作用更显著;信任程度降低时,外部动机对解答者创新绩效的正向作用减弱。

假设4e:解答者信任对努力程度与创新绩效之间的关系具有调节作用,即信任程度越高,努力程度对解答者创新绩效的正向作用更显著;信任程度降低时,努力程度对解答者创新绩效的正向作用减弱。

综上,构建本章的概念模型如图7-1所示。

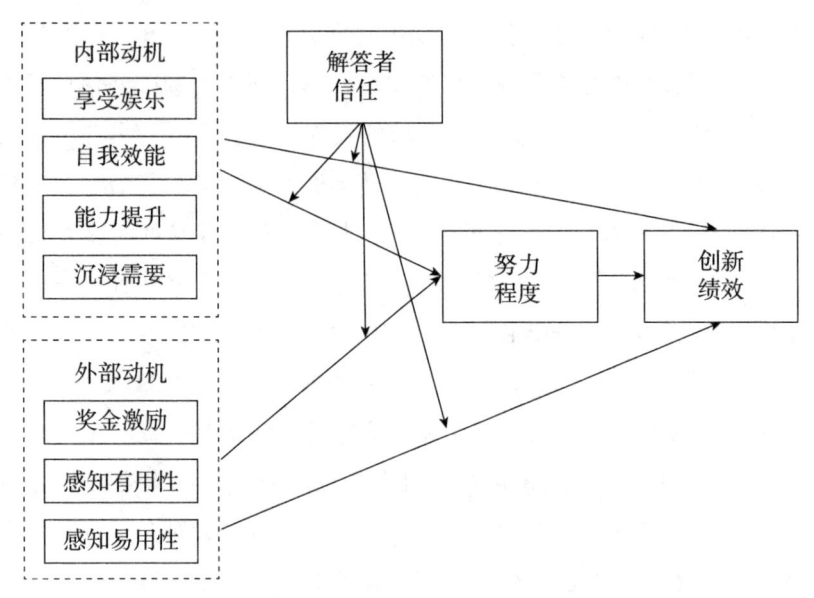

图 7-1　众包竞赛中解答者创新绩效影响因素概念模型

三、问卷设计及数据收集

（一）变量测度

本文需要通过问卷测度的变量主要包括以下九个潜变量：

（1）享受乐趣（Playfulness，PF）：解答者在参与众包竞赛时，从竞赛活动本身所感受到的乐趣程度，是与外部激励不同的维度；[118]

（2）自我效能（Self-Efficacy，SE）：解答者对于自己能否顺利完成竞赛任务，提交有用的创意或解答方案的信念；[119]

（3）沉浸需要（Focused Attention，FA）：解答者对于集中注意力投入众包竞赛任务的体验需要，反映了解答者愿意持续参与众包竞赛活动的程度；[120]

（4）能力提升（Skill-improvement，SI）：解答者在参与众包竞赛任务的过程中可以学习或提高与任务相关的专业技能；[118]

（5）奖金激励（Encouragement award，EA）：发起者依据竞赛任务难易程度、复杂程度所设置的提供给提交最佳解答方案的解答者的现金报酬；[118]

（6）感知易用性（Perceived ease of use，PE）：解答者预期通过众包竞赛方式完成竞赛任务的容易；[121]

（7）感知有用性（Perceived usefulness，PU）：解答者预期通过众包竞赛平台参与竞赛任务对其工作绩效可能带来提高的程度；[122]

（8）努力程度（Effort，EF）：解答者愿意为完成竞赛任务而付出更多时间、精力的程度；[123]

（9）信任（Trust，TU）：解答者相信发起者会公平地评价解答方案并依照竞赛规则发布奖金激励的程度。

按照概念模型实证研究的基本路径，本研究首先应当基于前人的相关研究设计本章中需要测度的各变量的测量量表，从而为后续调查问卷的设计打好坚实的基础。为了验证本研究中提出的假设和提高调查问卷的可信度和有效性，笔者翻阅了大量的国内外顶级经济管理类期刊中的相关文献，尤其重点查阅一些核心顶级期刊中的相关文献。在对以往学者研究中的成熟量表进行归类整理后，在此基础之上，对相关变量的测度项进行必要的修改和调整，从而设计了本研究的调查问卷中的测量量表。各变量的测度项及对应参考文献如表7-1所示。

表7-1 变量的测度项及对应参考文献

	测度项	参考文献
享受乐趣		
PF1	我觉得参与众包竞赛任务是非常有趣的	Brabham（2008）；[118] Saokosal（2011）[121]
PF2	我喜欢参与猪八戒网站中的竞赛任务	
PF3	参与竞赛任务给了我机会去做感兴趣的事情	
PF4	参与竞赛任务给我带来了乐趣	
自我效能		
SE1	我对于自己参与竞赛任务的能力很有自信	Bandura（1989）[119]
SE2	我具备完成竞赛任务所需要的相关专业知识和技能	
SE3	我觉得我可以胜任很多悬赏类任务	
能力提升		
SI1	通过参与竞赛任务，我可以学到相关的技能	Brabham（2008）[118]
SI2	通过参与竞赛任务，我可以提高自己的相关技能	
SI3	赢得竞赛任务有助于自我能力提升	

续表

测度项		参考文献
沉浸需要		
FA1	当参与竞赛任务时我会忘记我周围的环境	Novak（2000）[120]
FA2	我时常会觉得参与竞赛任务是我生活的一部分	
FA3	我时常觉得我离不开我所在的竞赛活动	
奖金激励		
EA1	我倾向于选择参与同类任务中悬赏金额较高的任务	Brabham（2008）[118]
EA2	参与竞赛任务能帮助我获得一定报酬	
EA3	我参与竞赛任务主要目的是为了能获得一些奖金	
感知有用性		
PU1	参与竞赛任务可以让我结识兴趣相投的朋友	Saokosal（2011）;[121] Tseng（2011）[124]
PU2	参与竞赛任务有助于我了解自己感兴趣的信息	
PU3	众包竞赛社区为我提供了一个开发自己潜力的平台	
感知易用性		
PE1	掌握竞赛任务的整个流程对我来说是容易的	Saokosal（2011）;[121] Tseng（2011）[124]
PE2	参与竞赛任务要花费的精力是我能接受的	
PE3	很容易学会如何使用竞赛任务的各个操作环节	
努力程度		
EF1	我尽了最大努力设计并提交了创意或解决方案	Zhao（2014）[123]
EF2	我花了很多时间来完成竞赛任务	
EF3	我充分运用了各种技巧和才能来解决竞赛任务中遇到的问题	
信任		
TU1	我认为任务发布者是值得信任的	王丽伟（2014）[125]
TU2	我相信任务发布者会信守承诺并且不会欺诈	
TU3	我相信任务发布者能够公平地评价每个参与者的提交作品	

第七章　考虑信任情形下的众包竞赛中绩效影响因素研究

（二）问卷设计

调查问卷（见附录8）由三个部分组成：

第一部分首先是问候语，然后交代本调查中被调查对象的范围即参与过众包竞赛任务的威客，并向被调查者说明本调查的宗旨、目的以及对问题回答的基本要求，在引起被调查者兴趣的同时解除他们的顾虑；

第二部分和第三部分是本问卷的主体，第二部分为解答者创新绩效影响因素模型的测度项，享受乐趣（PF）、自我效能（SE）、沉浸需要（FA）、能力提升（SI）、奖金激励（EA）、感知易用性（PE）、感知有用性（PU）、努力程度（EF）、信任（TU）等9个测度项，共计28个题项；

第三部分为个人基本信息，包括年龄、性别、威客历史等7个题项。通过这些信息的搜集可以了解不同年龄阶段、性别、文化程度的被调查者对待被调查事物的态度差异，在调查分析时能提供重要的参考。

问卷的最后向被调查者表示感谢。除个人信息外，其余使用Likert-type Scale五级量表打分的方法，被调查者根据自己的实际情况在对应的复选框中打钩，其中"1代表完全不同意、2代表不太同意、3代表一般、4代表基本同意、5代表完全同意"。解答者根据自己的真实感知来选择，从而测量各个变量。

（三）样本选择和数据收集

国内的众包网站主要有猪八戒网、K68威客网、任务中国网、一品威客网、全民悬赏网、时间财富网等，其中猪八戒网的解答者注册人数截至2016年2月已超过1391万人，平台发布任务的总数量超过502万个，发放奖金总金额超过19亿元。随着众包竞赛创新模式的不断发展，在该网站注册的威客数量也不断增加，猪八戒网已经成为国内最大的众包竞赛交易平台，因此，本章选取"猪八戒网站"作为研究对象，典型性较强。

本章采用问卷调查和抓取网络数据两种方式收集数据。

首先，通过问卷收集解答者的性别、年龄、受教育程度、参与竞赛历史等基本信息以及变量测度项的分布情况。其次，考虑到数据的可获取性。问卷的发放有以下三种方式：一是在问卷星网站发布问卷；二是在猪八戒网上发布问卷调查任务；三是通过网站留言功能发送问卷链接或发送电子问卷，通过以上三种方式最终共收回问卷 627 份，扣除重复填写、非威客填写、无参赛经验威客填写等有问题的 187 份问卷，有效问卷为 440 份。

问卷回收后，利用 Gooseeker 网络数据抓取软件，根据威客名称采用层级信息抓取的方式抓取猪八戒网上威客主页的威客的参赛任务、获奖金额、参赛次数等信息，从而获得相关竞赛绩效数据。

四、实证分析

（一）描述性统计分析

1. 问卷收集情况

本研究问卷采用网页版问卷的形式，考虑到数据的可获取性，选择在问卷星网站发布问卷，并依托国内最大的众包竞赛平台猪八戒网，通过发布任务的形式发布问卷任务 400 个，共 353 位威客参与问卷任务，同时通过猪八戒网站中的留言功能向不同等级的威客发送本文调查问卷的链接 400 余次，其中 274 位威客通过连接参与了问卷调查，最终共收回问卷 627 份，扣除存在重复填写、非威客填写的问卷 11 份，另外由于本研究需要根据解答者获得的奖金和参赛次数来计算解答者创新绩效，因此，首次参与任务和参加过竞赛任务但从未获得过任务奖金的威客亦不在本文的调查范围之内，删除这部分威客填写的问卷 176 份，最终获得有效问卷 440 份，问卷的有效率为 70.17%。

2. 受试者特征统计

在 440 份有效问卷中，男性为多数，占总样本的 62.05%，女性占 37.95%。年龄分布主要集中在 18~35 岁，其中年龄在 18~25 岁的受试者占总样本的一半以上。受教育程度主要是大专和本科。月收入普遍较低，3000 元及以下收入的解答者占据了 63.64%，低于 1000 元的人数占 24.55%。从参与任务并获得奖励的次数来看，大部分解答者获得奖励的次数在 30 次以下，受试者中超过 30 次的人数仅占 7.5%。此外，57.05% 的解答者参与众包竞赛的历史不超过 3 个月。具体分布情况如表 7-2 所示。

表7－2　　　　　　　　　　受试者特征统计

项目	类别	样本数	百分比（%）	累计百分比（%）
性别	男	273	62.05	62.05
	女	167	37.95	100.00
年龄	18岁以下	5	1.14	1.14
	18～25岁	223	50.68	51.82
	26～35岁	202	45.91	97.73
	36～45岁	9	2.05	99.77
	46～55岁	1	0.23	100.00
受教育程度	高中/中专及其以下	59	13.41	13.41
	大专	147	33.41	46.82
	本科	212	48.18	95.00
	硕士	21	4.77	99.77
	博士及其以上	1	0.23	100.00
威客历史	3个月以下	251	57.05	57.05
	3～6个月	51	11.59	68.64
	7～12个月	43	9.77	78.41
	1～2年	51	11.59	90.00
	2年以上	44	10.00	100.00
固定收入	1000元以下	108	24.55	24.55
	1000～2000元	55	12.50	37.05
	2000～3000元	117	26.59	63.64
	3000～5000元	104	23.64	87.27
	5000元以上	56	12.73	100.00
获得奖励次数	1～10次	152	34.55	34.55
	10～20次	185	42.05	76.59
	20～30次	70	15.91	92.50
	30～50次	22	5.00	97.50
	50次以上	11	2.50	100.00

3. 变量的描述性统计

在收回的 440 份有效问卷中，PF、SE、SI、FA、EA、PU、PE、EF、TU 等九个测量变量。对各变量进行描述性统计分析，结果显示如表 7-3 所示。表中九个变量的均值均在 3.2 以上，标准差均大于 0.9，说明调查问卷呈现出了一定的差异性。

表 7-3　　　　　　　　　变量的描述性统计

	N	极小值	极大值	均值	标准差
PF	440	1.00	5.00	3.7682	1.01257
SE	440	1.00	5.00	3.5538	0.98823
SI	440	1.00	5.00	3.7788	1.03522
FA	440	1.00	5.00	3.2212	0.98819
EA	440	1.00	5.00	3.7000	0.98888
PU	440	1.00	5.00	3.5280	0.94239
PE	440	1.00	5.00	3.5598	0.98737
EF	440	1.00	5.00	3.7606	1.00228
TU	440	1.00	5.00	3.7591	0.92877
有效的 N（列表状态）	440				

（二）因子分析

因子分析是利用降维的方法，在原始变量中寻找出具有代表性的因子，并将具有相同本质的变量归入同一因子，从而把有错综复杂关系的变量归结为少数几个综合因子的一种多元统计分析方法。因子分析又分为探索性因子分析和验证性因子分析，这两种方法的最大区别在于量表结构在分析过程中所扮演的角色。对于探索性因子分析来说，量表结构是因子分析后的输出结果，利用因子分析从一组测度项中判断、决定变量的测度项。而验证性因子分析是以理论观点及量表结构为基础，利用因子分析来确认、评估理论观点得到的量表结构是否合理、恰当。可以说，探索性因子分析是要建立潜变量的测度结构，而验证性因子分析是检验各潜变量测度结构的合理性与真实性。

1. 探索性因子分析

本研究采用探索性因子分析挖掘潜在因子。探索性因子分析主要分成两个步骤：

第一步，利用 SPSS17.0 对内部动机、外部动机、努力程度和信任分别进行 KMO 和 Bartlett 球形检验，判断测度项是否适合做因子分析。KMO 统计量的值越接近于 1 时，变量间的偏相关性越强，因子分析的效果越好。当测度项的 KMO 值大于 0.9，表明数据非常适合做因子分析；当 KMO 值在 0.7 到 0.9 之间时，表明数据适合做因子分析；当 KMO 值在 0.5 到 0.7 之间时，说明数据勉强适合做因子分析；若 KMO 值小于 0.5，则表示数据不适合做因子分析。[126] 对于 Bartlett 球形检验，如果其检验结果显示 P 值小于显著性水平，一般为 0.05，则认为变量之间存在相关性，适合做因子分析；若 P 值大于 0.05，则说明变量之间不相关，不适合做因子分析。

第二步，运用主成分分析法对变量进行因子分析，提取公因子，并观察各测度项的因子载荷是否大于 0.5，若因子载荷小于 0.5，则删除该测度项从而确定因子个数。

（1）内部动机的探索性因子分析

内部动机包括四个变量：享受娱乐、自我效能、能力提升、沉浸需要。其中享受娱乐由 4 个测度项组成，自我效能、能力提升、沉浸需要分别由 3 个测度项组成。内部动机的 KMO 和 Bartlett 球形检验如表 7-4 所示。

表 7-4　内部动机的 KMO 和 Bartlett 球形检验

KMO	Bartlett 球形检验		
	近似卡方	自由度 df	显著性 Sig.
0.893	4229.352	78	0.000

结果显示，内部动机的 KMO 统计量的值为 0.893，满足大于 0.7 的衡量标准，Bartlett 球形检验达到 0.001 的显著性水平。表明内部动机的数据是适合做探索性因子分析的。

表 7-4 显示，第一个因子的特征值为 6.672，解释变量的总方差为 51.32%，累计贡献率为 51.32%，第二个因子的特征值为 1.577，解释变量的总方差为 12.131%，累计贡献率为 63.451%，第三个因子的特征值为 1.274，解释变量的总方差为 9.801%，累计贡献率为 73.252%，第四个因子的特征值为 1.054，解释变量的总方差为 8.109%，累计贡献率为 81.361%。根据特征根大于 1 的原则自动提取 4 个公因子，与我们的假设分类相同，从科学的角度支持了我们的问卷设计，4 个公因子的累积方差贡献率达到 81.361%，大于 80%，这说明了信息提取是比较好的。

表 7-5　　　　　　　内部动机总方差贡献率表

成分	初始特征值 合计	方差的(%)	累积(%)	提取平方和载入 合计	方差的(%)	累积(%)	旋转平方和载入 合计	方差的(%)	累积(%)
1	6.672	51.320	51.320	6.672	51.320	51.320	3.354	25.797	25.797
2	1.577	12.131	63.451	1.577	12.131	63.451	2.604	20.031	45.828
3	1.274	9.801	73.252	1.274	9.801	73.252	2.333	17.947	63.775
4	1.054	8.109	81.361	1.054	8.109	81.361	2.286	17.586	81.361
5	0.467	3.594	84.955						
6	0.374	2.874	87.829						
7	0.295	2.272	90.101						
8	0.286	2.203	92.305						
9	0.264	2.031	94.336						
10	0.238	1.832	96.168						
11	0.195	1.501	97.669						
12	0.164	1.265	98.934						
13	0.139	1.066	100.000						

对内部动机做因子分析（见表 7-5），结果显示享受乐趣、自我效能、能力提升和沉浸需要对应的每一个测度项的因子载荷最小值为 0.730，满足因子载荷大于 0.5 的要求。

表7-6　　　　　　　内部动机旋转后的因子载荷矩阵

潜变量	测度项	因子载荷
享受乐趣	PF1	0.858
	PF2	0.824
	PF3	0.848
	PF4	0.858
自我效能	SE1	0.740
	SE2	0.845
	SE3	0.825
能力提升	SI1	0.845
	SI2	0.859
	SI3	0.838
沉浸需要	FA1	0.730
	FA2	0.832
	FA3	0.846

（2）外部动机的探索性因子分析

外部动机包括三个变量：奖金激励、感知有用性、感知易用性，分别由三个测度项组成。外部动机的 KMO 和 Bartlett 球形检验如表7-7所示。

表7-7　　　　　　外部动机的 KMO 和 Bartlett 球形检验

KMO	Bartlett 球形检验			
	近似卡方	自由度 df	显著性 Sig.
0.869	2338.354	36	0.000

外部动机的 KMO 统计量的值为 0.869，满足大于 0.7 的标准，Bartlett 球形检验达到 0.001 的显著性水平，表明外部动机的数据是适合做探索性因子分析的。

表7-8　　　　　　　外部动机的总方差贡献率

成分	初始特征值 合计	初始特征值 方差的(%)	初始特征值 累积(%)	提取平方和载入 合计	提取平方和载入 方差的(%)	提取平方和载入 累积(%)	旋转平方和载入 合计	旋转平方和载入 方差的(%)	旋转平方和载入 累积(%)
1	4.902	54.471	54.471	4.902	54.471	54.471	2.535	28.164	28.164
2	1.193	13.257	67.728	1.193	13.257	67.728	2.293	25.479	53.644
3	1.002	11.131	78.859	1.002	11.131	78.859	2.269	25.215	78.859
4	0.449	4.993	83.852						
5	0.404	4.491	88.343						
6	0.337	3.750	92.093						
7	0.287	3.184	95.276						
8	0.223	2.482	97.758						
9	0.202	2.242	100.000						

如表7-8所示，第一个因子的特征值为4.902，解释变量的总方差为54.471%，累计贡献率为54.471%，第二个因子的特征值为1.193，解释变量的总方差为13.257%，累计贡献率为67.728%，第三个因子的特征值为1.002，解释变量的总方差为11.131%，累计贡献率为78.859%。根据特征根大于1的原则自动提取3个公因子，累积方差贡献率达到78.859%。大于60%说明信息提取较好。

表7-9　　　　　　外部动机旋转后的因子载荷矩阵

潜变量	测度项	因子载荷
奖金激励	EA1	0.797
奖金激励	EA2	0.763
奖金激励	EA3	0.879
感知有用性	PU1	0.830
感知有用性	PU2	0.845
感知有用性	PU3	0.781
感知易用性	PE1	0.824
感知易用性	PE2	0.841
感知易用性	PE3	0.876

对外部动机做因子分析,如表 7-9 所示,结果表明每一测度项的因子载荷均大于 0.7 且不大于 0.9,满足因子载荷大于 0.5 的要求。

(3) 努力程度的探索性因子分析

表 7-10　　努力程度的 KMO 和 Bartlett 球形检验

KMO	Bartlett 球形检验		
	近似卡方	自由度 df	显著性 Sig.
0.738	751.642	3	0.000

如表 7-10 所示,努力程度由三个测度项组成,对这三个测度项进行分析。努力程度的 KMO 和 Bartlett 球形检验表 4.9 所示,KMO 统计量的值为 0.738,满足大于 0.7 的衡量标准,Bartlett 球形检验达到 0.001 的显著性水平。

表 7-11　　努力程度的总方差贡献率表

成分	初始特征值			提取平方和载入		
	合计	方差的(%)	累积(%)	合计	方差的(%)	累积(%)
1	2.449	81.630	81.630	2.449	81.630	81.630
2	0.328	10.936	92.566			
3	0.223	7.434	100.000			

如表 7-11 所示,系统根据特征根大于 1 的原则自动提取 1 个公因子,累积方差贡献率达到 81.63%。大于 80% 说明信息提取较好。

(4) 信任的探索性因子分析

信任由三个测度项组成,对这三个测度项进行分析。

表 7-12　　信任的 KMO 和 Bartlett 球形检验

KMO	Bartlett 球形检验		
	近似卡方	自由度 df	显著性 Sig.
0.750	770.727	3	0.000

如表 7-12 所示,信任的 KMO 值为 0.75,大于 0.7,Bartlett 球形检验达到 0.001 的显著性水平。

表7-13　　　　　　　　信任的总方差贡献率表

成分	初始特征值			提取平方和载入		
	合计	方差的（%）	累积（%）	合计	方差的（%）	累积（%）
1	2.473	82.425	82.425	2.473	82.425	82.425
2	0.275	9.168	91.593			
3	0.252	8.407	100.000			

如表7-13所示，系统根据特征根大于1的原则自动提取1个公因子，累积方差贡献率达到82.425%。大于80%说明信息提取较好。

2. 验证性因子分析

本研究运用AMOS17.0对解答者的内部动机、外部动机两个构念进行验证性因子分析。结构方程模型通过拟合度指数指标来衡量数据与模型的拟合程度。通过文献阅读，本章选取卡方自由度比（CMIN/DF）、近似误差均方根（RMESA）、拟合优度指数（GFI）、标准拟合指数（NFI）、比较拟合指数（CFI）、增值拟合指数（IFI）、简约基准拟合指数（PNFI）、简约拟合指数（PGFI）这八种指标作为评估模型与数据拟合程度的拟合指数，具体评价标准进行了归纳整理，如表7-14所示。

表7-14　　　　　　　测量模型拟合指数评价标准

指标		评价标准		参考文献
		可以接受	理想	
绝对拟合指数	卡方值与自由度比(CMIN/DF)	[3.0,5.0)	(2.0,3.0)	Hayduk[5]
	近似误差均方根(RMESA)	<0.09	<0.08	Bentler[127]
	拟合优度指数(GFI)	[0.70,0.9)	>0.9	Scott[128]
相对拟合指数	常规拟合指数(NFI)	[0.70,0.9)	>0.9	Scott[128]
	比较拟合指数(CFI)	[0.70,0.9)	>0.9	Bentler[129]
	增值拟合指数(IFI)	[0.70,0.9)	>0.9	Bentler[129]
简约拟合指数	简约基准拟合指数(PNFI)	>0.5		Bentler[129]
	简约拟合指数(PGFI)	>0.5		Bentler[129]

以上分析表明，内部动机由享受娱乐、自我效能、能力提升、沉浸需要等四个子变量构成，外部动机由奖金激励、感知有用性、感知易用性等

三个子变量构成。为进一步检验内部动机和外部动机的内部结构，本章拟：先对其进行验证性因子分析，其验证性因子分析拟合指数如表 7-15 所示；然后再根据它们的验证性因子分析结果（见图 7-2 和图 7-3）判断是否适合做二阶因子分析。

表 7-15　内外部动机验证性因子分析拟合指数

拟合指数	CMIN/DF	RMSEA	GFI	NFI	CFI	IFI	PNFI	PGFI
内部动机	3.115	0.069	0.938	0.956	0.969	0.970	0.723	0.609
外部动机	3.466	0.075	0.96	0.965	0.975	0.975	0.643	0.512

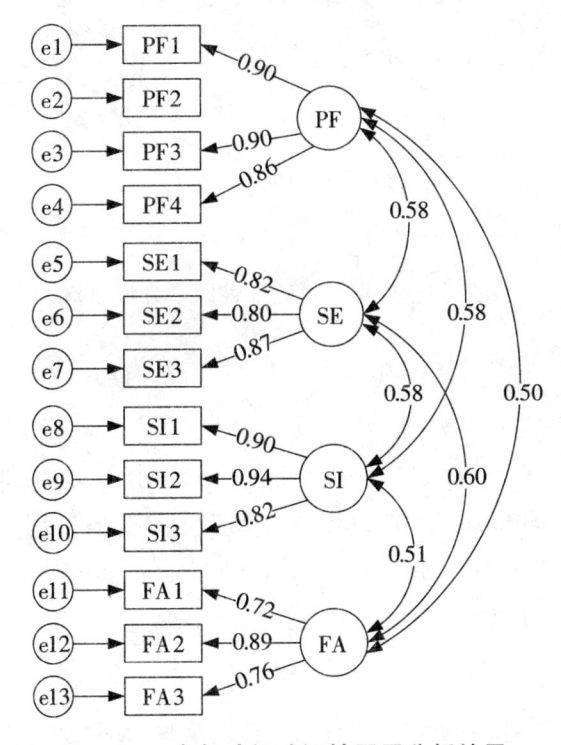

图 7-2　内部动机验证性因子分析结果

模型拟合指标显示，内外部动机的卡方自由度比分别为 3.115、3.466，达到小于 5 的拟合要求；RMSEA 小于 0.09 的模型拟合指数要求；GFI、NFI、CFI、IFI 等其他指标均达到大于 0.9 的拟合要求，PNFI 分别为 0.723、0.643，达到大于 0.5 的拟合要求，PGFI 分别是 0.609、0.512，也都达到了小于0.5的拟合要求。多个指标都达到拟合要求,说明本研究的内部动机、外部动机构念都具有较好的内部结构。路径分析的结果如图7-2和图7-3所示。

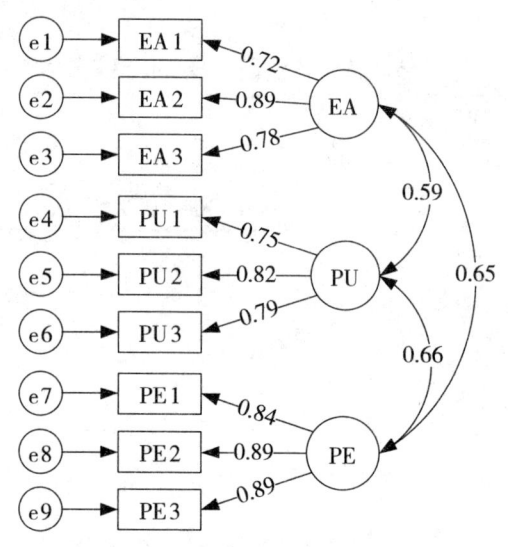

图7-3 外部动机验证性因子分析结果

从图7-2及图7-3可以看出,外部动机及内部动机的各项子测量变量的测量题项的路径系数均大于0.5,并且内部动机的四个子变量之间的相关系数最小为0.5,可以接受;外部动机的三个子变量之间的相关系数最小为0.59,接近0.6,也可以接受,说明内外部动机适合做进一步的二阶因子分析。从而可以得出:内部动机、外部动机的内部结构都很好,即观察数据与结构方程模型的测量模型间可以适配。

(三) 信度分析

信度指的是概念测量的可靠程度,即所选择的测量工具能否稳定地测量所测的概念。信度的高低,反映了测量结果的一致性或稳定性特征。一致性考察的是各题项是否具有相同的内容;稳定性指研究者对相同或相似的对象在不同时间点进行多次测量,其所得的结果保持一致的程度。如果量表设计合理,重复测量的结果间应高度相关。信度是效度的必要条件,而非充分条件。一个测验如无信度,则无效度,但有信度,未必有效度。

本研究采用 Cronbach's α 值作为判断问卷信度的测量标准。当 Cronbach's α > 0.7 时,则认为所得数据可靠,所收集数的数据具有良好的信度。采用 SPSS17.0 软件对收集到的样本数据进行分析的结果如表 7 – 16 所示。

表 7 – 16　　　　　　　　变量信度总结表

因　子	测量变量	指标题数	Cronbach α	
内部动机	感受娱乐	4	0.930	0.920
	自我效能	3	0.868	
	能力提升	3	0.916	
	沉浸需要	3	0.828	
外部动机	奖金激励	3	0.840	0.894
	感知有用性	3	0.830	
	感知易用性	3	0.905	
努力程度		3	0.887	
信　任		3	0.893	

从表 7 – 16 中可以看出,各因子的 Cronbach's α 值的变化区间是 [0.828, 0.930],均大于衡量标准 0.7。可见,本研究编制的量表信度很好,问卷的各个变量之间具有较好的内部一致性。量表整体的 Cronbach's α 值是 0.946,满足量表信度的要求,故本研究量表的各个题目的内部一致性较好,收集到的数据适合做进一步分析。

(四) 效度分析

效度分析主要用来检验问卷测量结果是否能真实反映测量目标的真实含义。效度分为内容效度和构念效度。内容效度一般采用逻辑分析进行评价,即通常由研究者或熟悉该领域的专家评价变量测度项是否与测量目的相符。因为本研究的问卷所沿用了以往研究中的经典量表,所以本研究的问卷具备较好的内容效度,因此,本节不对内容效度进行具体分析,重点分析问卷的包括聚敛效度和区分效度两个部分的构念效度。

聚敛效度的评价标准如下:①根据所有测度项的标准化的因子载荷判断,若因子载荷大于 0.5 且达到显著性水平 ($p < 0.05$),则说明问卷具有较好的聚敛效度;②根据潜变量的组合信度 (CR, composite reliability) 判

断,CR 反映了某一潜变量的所有测度项的一致性程度,若 CR 大于 0.7,则问卷具有较好的聚敛效度;③根据潜变量的平均方差抽取量(AVE,average variance extracted)判断,AVE 表示相较于测量误差变异量的大小,潜变量所能解释变量变异量的程度,若 AVE 的值大于 0.5,则说明问卷具有较好的聚敛效度,或者平均萃取量 AVE 的平方根大于 0.7。[130]

区分效度判断标准是每个潜变量的平均方差抽取量的平方根与该潜变量与其他所有变量的相关系数之间的关系,若平均方差抽取量的平方根大于相关系数,则说明问卷结果的区分效度较好。

首先,根据本章探索性因子分析的结果可知,各测度项的得到的各测度项的标准化因子载荷大于 0.5。然后,根据因子载荷可计算得到本章中各潜变量的平均方差抽取量(AVE)和组合信度(CR)的值,其中平均方差萃取量(AVE)的计算公式如 7-1 所示。

$$AVE = \frac{\sum \lambda_i^2}{\sum \lambda_i^2 + \sum (1 - \lambda_i^2)} \quad (7-1)$$

组合信度(CR)的计算公式如 7-2 所示:

$$CR = \frac{(\sum \lambda_i)^2}{(\sum \lambda_i)^2 + \sum (1 - \lambda_i^2)} \quad (7-2)$$

其中为因子载荷,计算结果如表 7-17 所示。

表 7-17 AVE、CR 与相关系数矩阵

	PF	SE	SI	FA	EA	PU	PE	EF	TU	CR	AVE
PF	0.8471									0.9104	0.7176
SE	0.523**	0.8474								0.8843	0.7181
SI	0.548**	0.526**	0.8046							0.8459	0.6474
FA	0.446**	0.536**	0.461**	0.8043						0.8456	0.6469
EA	0.457**	0.428**	0.423**	0.329**	0.8473					0.8841	0.7179
PU	0.527**	0.489**	0.479**	0.410**	0.489**	0.8076				0.8490	0.6522
PE	0.489**	0.446**	0.358**	0.426**	0.548**	0.579**	0.8144			0.8549	0.6633

续表

	PF	SE	SI	FA	EA	PU	PE	EF	TU	CR	AVE
EF	0.534**	0.385**	0.396**	0.376**	0.504**	0.406**	0.460**	0.9035		0.9302	0.8163
TU	0.503**	0.355**	0.408**	0.383**	0.354**	0.371**	0.331**	0.330**	0.9296	0.6796	0.8642

注：** 在0.01水平（双侧）上显著相关；对角线上的值为各潜变量的平均方差抽取量的平方根；对角线以下的值为各潜变量之间的相关系数。

数据显示各潜变量平均方差抽取量 AVE 的值最小为0.6633，满足大于0.5的标准，组合信度 CR 的值最小为0.8456，满足大于0.7的标准。因此，根据聚敛效度的判别标准，这三个指标均满足，说明问卷结果具有良好的聚敛效度。此外，表7-17中所示的相关系数矩阵对角线上的值均大于对角线以下的值，即每个潜变量的平均方差抽取量的平方根要大于该潜变量与其他所有变量的相关系数，说明问卷结果的区分效度较好。综上所述，本研究的问卷具有良好的效度，问卷的调查结果是有效的。

（五）结构方程模型检验

为了探索本研究模型中各变量之间的关系及检验本研究提出的假设，本研究采用结构方程分析方法，通过运用 AMOS 21 软件对模型中的各关系进行路径分析。第一部分：对本研究的结构方程模型进行初步估计并评价，即检验本研究提出的基准模型是否与问卷收集的数据拟合以及拟合的程度；第二部分：通过结构方程模型分析方法，利用软件 AMOS 21 来检验基准模型中自变量与因变量之间的假设关系；第三部分：中介变量的效应分析，根据温忠麟等提出的方法检验努力程度在内外部动机对创新绩效作用过程中是否存在中介效应；第四部分：调节变量的效应分析，使用 AMOS 21 提供的多群组分析方法（Multiple – Group Analyze），将信任分为高分组和低分组来分析信任是否对模型中的关系有显著影响，即检验信任对模型中的关系是否有调节作用。

1. 结构方程模型评价

运用 AMOS 21 软件构建本研究的模型，分析问卷所得数据得出模型的各项拟合度指数，通过模型拟合指数可以评价本研究所提出的模型是否与数据拟合以及拟合的程度。将分析所得基准模型测量模型的拟合指数及评价标准整理成表（见表7-18）。

表7-18　基准模型测量模型拟合指数评价标准

指标		评价标准		本模型值	拟合情况
		可以接受	理想		
绝对拟合指数	CMIN/DF	[3.0, 5.0)	(2.0, 3.0)	2.766	理想
	RMESA	<0.09	<0.08	0.063	理想
	GFI	[0.70, 0.9)	>0.9	0.892	可以接受
相对拟合指数	NFI	[0.70, 0.9)	>0.9	0.918	理想
	CFI	[0.70, 0.9)	>0.9	0.892	可以接受
	IFI	[0.70, 0.9)	>0.9	0.946	理想
简约拟合指数	PNFI	>0.5		0.802	理想
	PGFI	>0.5		0.714	理想

从表7-18中可看出，本研究模型的绝对拟合指数、相对拟合指数、简约拟合指数均达到了可接受的程度，且大部分达到了理想的标准，表明模型本研究所设计的测度项能真实地测量出其所对应的潜变量。

2. 模型的路径系数分析

在不考虑中介变量和调节变量的情况下，本研究模型中共有30个变量，其中观测变量23个（PF1-4，SE1-3，SI1-3，FA1-3，EA1-3，创新绩效），潜变量7个（PF、SE、SI、FA、EA、PU、PE）。运用AMOS 21软件绘制模型，并利用数据分析得出模型路径图如图7-4所示。

将路径分析结果整理得知（见表7-19），内部动机、外部动机对解答者创新绩效正向作用显著，假设1和假设2成立。

表7-19　基准模型路径分析结果整理

模型路径	标准化路径系数	标准误差	T值	P
创新绩效←内部动机	0.295	20.335	2.543	0.011
创新绩效←外部动机	0.404	20.882	3.404	***

注：T值<1.96，表示未通过显著性检验，该路径系数不显著；T值在[1.96, 2.56)之间，表示路径系数在$p<0.05$情况下显著；T值>=2.56，表示路径系数在$p<0.01$情况下显著。

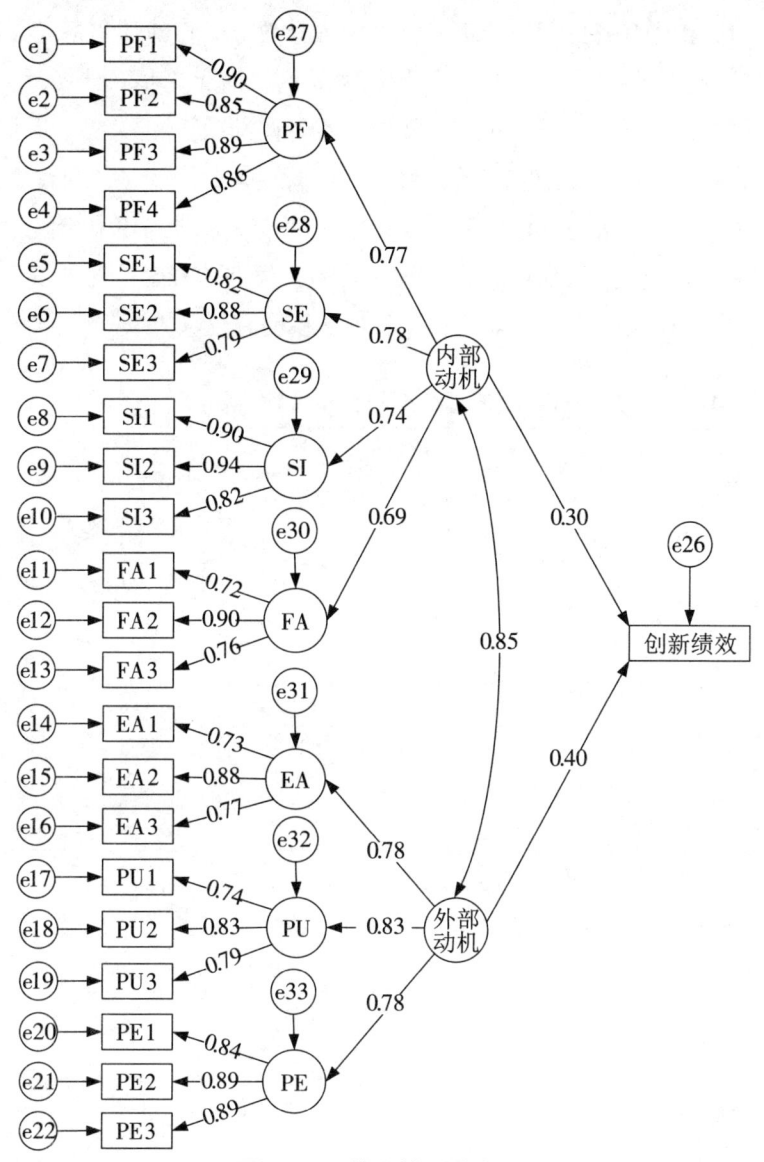

第七章 考虑信任情形下的众包竞赛中绩效影响因素研究

图 7-4 基准模型路径图

3. 中介变量的效应分析

中介变量可以分为两类：一类是完全中介；另一类是部分中介。完全中介就是自变量 X 对因变量 Y 的影响完全通过变量 M，没有变量 M 的作用，X 就不会对 Y 发挥作用；部分中介就是 X 对 Y 的影响部分是直接的，部分是通过变量 M 发挥作用的。[131] 在中介变量的检验中，如果研究的变量

— 135 —

是显变量，则做通常的回归分析就可以对中介效应进行估计和检验，但如果研究的变量是潜变量，则回归分析无法做到。而无论是否涉及潜变量，都可用结构方程模型进行分析。本文以解答者内部动机和外部动机作为自变量，以努力程度作为中介变量，解答者创新绩效为因变量，构建中介模型。努力程度为潜变量，因此，本章运用AMOS 21软件构建中介模型，计算模型的拟合指数，并对中介作用进行检验。模型的拟合情况如表7-20所示，模型的拟合指数都达到可接受程度，模型有较好的拟合度。

表7-20 中介模型测量模型拟合指数评价标准

指标		评价标准		本模型值	拟合情况
		可以接受	理想		
绝对拟合指数	CMIN/DF	[3.0, 5.0)	(2.0, 3.0)	2.790	理想
	RMESA	<0.09	<0.08	0.064	理想
	GFI	[0.70, 0.9)	>0.9	0.876	可以接受
相对拟合指数	NFI	[0.70, 0.9)	>0.9	0.907	理想
	CFI	[0.70, 0.9)	>0.9	0.938	理想
	IFI	[0.70, 0.9)	>0.9	0.938	理想
简约拟合指数	PNFI	>0.5		0.801	理想
	PGFI	>0.5		0.716	理想

中介模型的路径系数如图7-5所示，路径分析结果整理如表7-21所示。

表7-21 中介模型路径分析结果整理

模型路径	标准化路径系数	标准误差	T值	P
努力程度←外部动机	0.372	0.144	2.979	0.003
努力程度←内部动机	0.340	0.145	2.749	0.006
创新绩效←内部动机	0.234	19.866	2.091	0.037
创新绩效←外部动机	0.334	20.115	2.912	0.004
创新绩效←努力程度	0.184	8.812	3.175	0.001

注：T值<1.96，表示未通过显著性检验，该路径系数不显著；T值在[1.96, 2.56)之间，表示路径系数在$p<0.05$情况下显著；T值>=2.56，表示路径系数在$p<0.01$情况下显著。

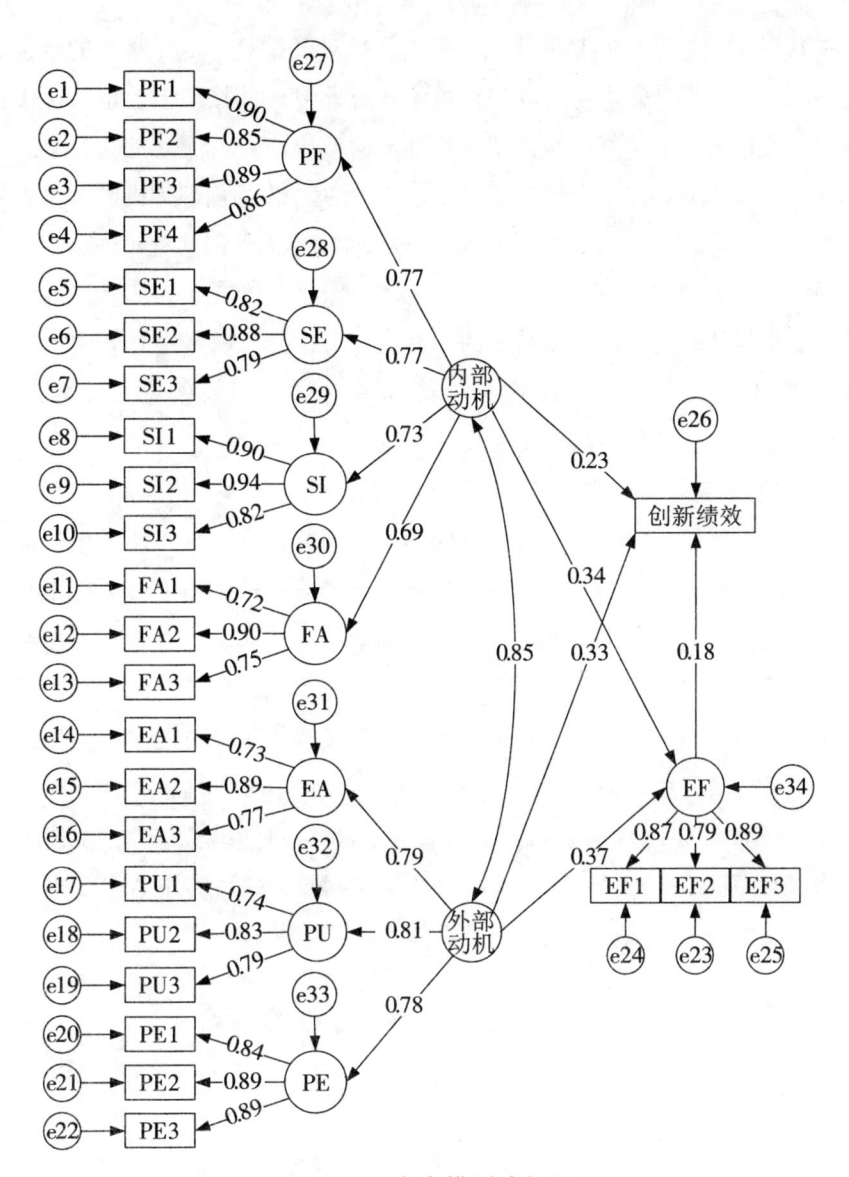

图 7-5　中介模型路径图

由图 7-5 可知，中介模型中各条路径均显著成立。根据温忠麟的《中介效应检验程序及其应用》可知，X 为自变量，Y 为因变量，如果 X 通过影响变量 M 来影响 Y，则称 M 为中介变量。[131]中介效应的计算公式为：

$$c = c' + ab$$

其中，a 代表 X 对 M 的作用，b 表示 M 对 Y 作用，是 X 对 Y 的直接效应，c 是 X 对 Y 的总效应，ab 是经过中介变量 M 的间接效应，也就是中介效应。根据公式可计算出本模型中各部分的效应值：内部动机的直接效应为 0.23，外部动机的直接效应为 0.33，努力程度作为内部动机影响创新绩效的中介变量起到 0.0612 的中介量，努力程度作为外部动机对创新绩效影响的中介变量起到 0.0666 的中介量，从模型中可以判定，努力程度对内部动机以及外部动机影响创新绩效的中介为部分中介，前者中介效应占总效应量的 21.01%，努力程度作为外部动机对创新绩效的中介变量起到 16.79% 的中介作用。假设 3a 及假设 3b 成立。

4. 调节变量的效应分析

运用多群组分析方法分析变量的调节作用前，需计算信任变量的取值的平均分，依据取值的大小对样本进行分组，分别对模型中直接作用和中介作用的路径进行限定，即对解答者内部动机、外部动机对解答者创新绩效作用的路径以及中介路径前段即解答者内部动机、外部动机对努力程度作用的路径在不同群组进行限定，通过限定被调节路径对无限制模型和限制模型进行模型系数对比结果显著，路径存在差异，即被认为调节存在。首先，将取值大于平均值群组 1（214 个样本），对应模型 M1，取值小于平均值的为群组 2（226 个样本），对应模型 M2。然后利用 AMOS 得出分组检验模型的模型拟合指数，并整理如表 7-22 所示。

表 7-22　　　　　　分组检验模型拟合指数

模型	CMIN/DF	RMESA	GFI	NFI	CFI	IFI	PNFI	PGFI
M1	2.699	0.089	0.791	0.808	0.868	0.870	0.713	0.646
M2	2.479	0.081	0.802	0.857	0.909	0.910	0.757	0.656

从表 7-22 中可看出，模型 M1 和 M2 的绝对拟合指数、相对拟合指数、简约拟合指数都达到了可接受的程度，说明模型 M1 和 M2 这两个模型都具有良好的适配度和拟合度。

M1 和 M2 的模型图如图 7-6 和图 7-7 所示，为清晰地展示每条路径的路径系数及其是否通过显著性检验，分别将两个模型的路径分析结果整

第七章 考虑信任情形下的众包竞赛中绩效影响因素研究

理成表。将模型 M1 的路径分析结果整理如表 7-23 所示。

表 7-23　群组 1 每条路径的路径系数及显著性关系

模型路径	标准化路径系数	标准误差	T 值	P
努力程度←内部动机	0.241	0.122	2.282	0.022
努力程度←外部动机	0.525	0.129	4.848	***
创新绩效←内部动机	0.197	14.462	3.650	***
创新绩效←外部动机	0.028	16.317	0.235	0.815
创新绩效←努力程度	0.168	9.989	4.513	***

注：T 值 <1.96，表示未通过显著性检验，该路径系数不显著；T 值在 [1.96, 2.56) 之间，表示路径系数在 $p<0.05$ 情况下显著；T 值 >=2.56，表示路径系数在 $p<0.01$ 情况下显著。

将模型 M2 的路径分析结果整理如表 7-24 所示。

表 7-24　群组 2 每条路径的路径系数及显著性关系

模型路径	标准化路径系数	标准误差	T 值	P
努力程度←内部动机	0.197	0.122	2.282	0.022
努力程度←外部动机	0.450	0.129	4.848	***
创新绩效←内部动机	0.248	34.342	2.103	0.018
创新绩效←外部动机	0.544	37.608	3.039	0.002
创新绩效←努力程度	0.228	11.798	2.148	0.032

注：T 值 <1.96，表示未通过显著性检验，该路径系数不显著；T 值在 [1.96, 2.56) 之间，表示路径系数在 $p<0.05$ 情况下显著；T 值 >=2.56，表示路径系数在 $p<0.01$ 情况下显著。

正如表 7-23 和 7-24 所呈现的，内部动机对努力程度的作用过程中，群组 2 的路径系数比群组 1 的路径系数减少了 0.044，且两组样本的路径系数均在 $p<0.05$ 情况下显著；外部动机对努力程度的作用过程中，群组 2 样本的路径系数比群组 1 路径系数减少了 0.075，且两组样本的路径系数均显著；内部动机对创新绩效的作用过程中，群组 2 样本的路径系数比群组 1 的路径系数增加了 0.051；外部动机对创新绩效的作用过程中，群组 2

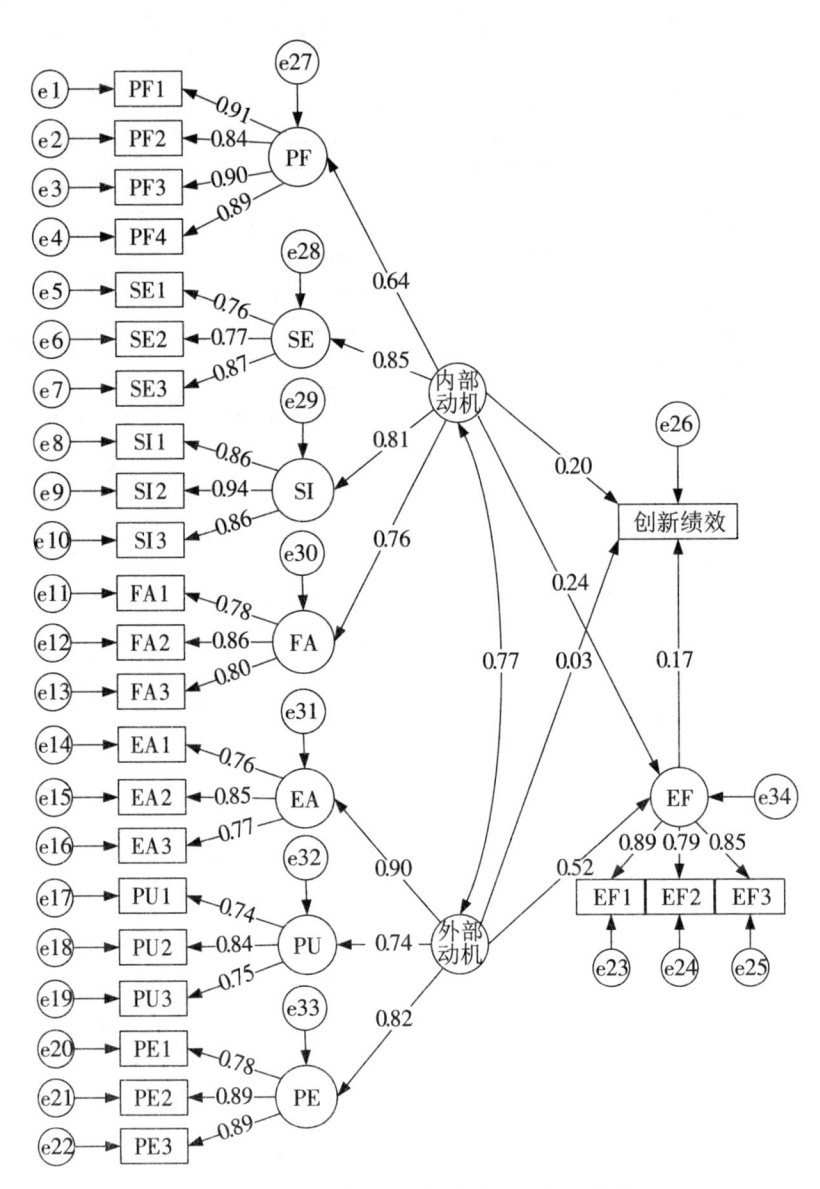

图 7-6　群组 1 的结构方程模型图 M1

样本路径系数比群组 1 路径系数增加了 0.516，但群组 1 路径系数不显著，群组 2 路径系数在 $p < 0.05$ 情况下显著；在努力程度对创新绩效作用的过程中，群组 2 样本路径系数比群组 1 增加了了 0.06，且两组样本的路径系数均显著。

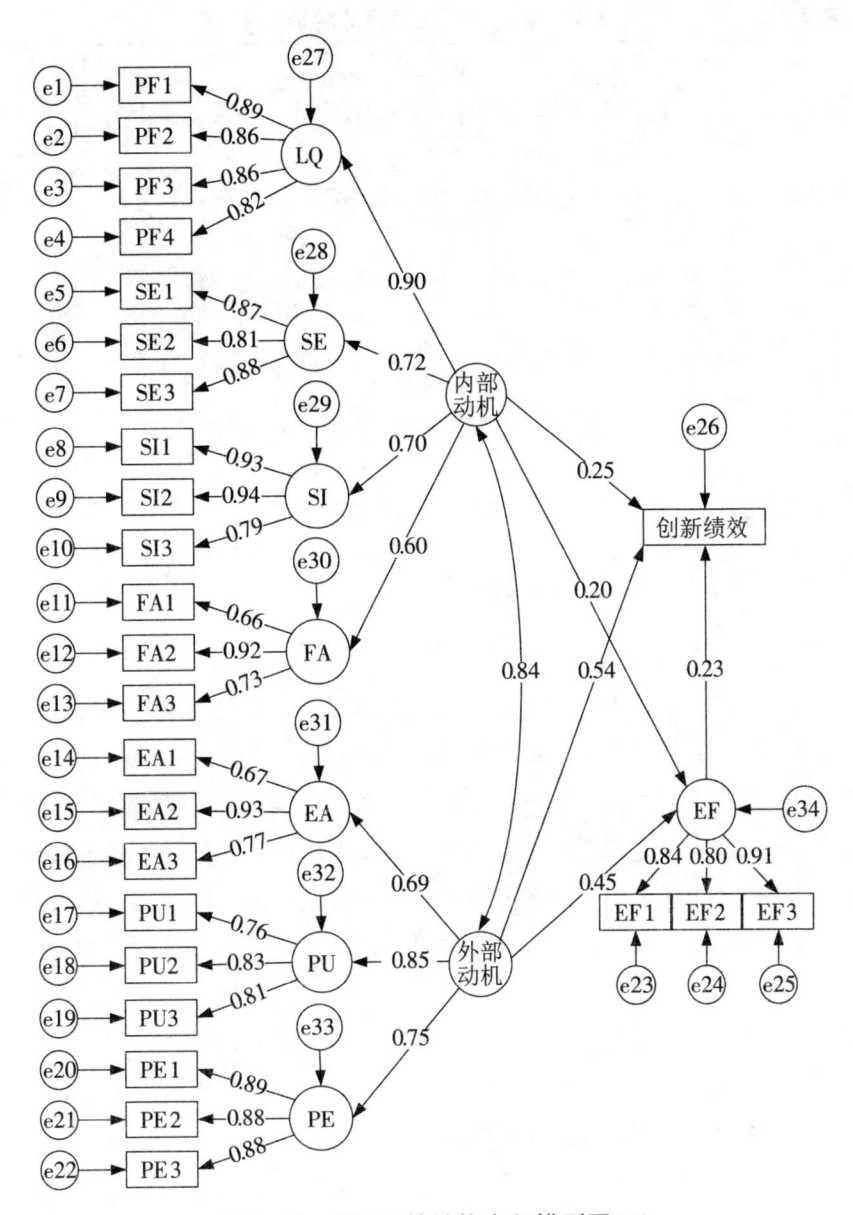

第七章 考虑信任情形下的众包竞赛中绩效影响因素研究

图 7-7 群组 2 的结构方程模型图 M2

结合群组 1 和群组 2 模型的路径系数比较图及对两组样本路径系数变化显著性的分析，可验证调节变量的相关假设是否成立，如表 7-25 所示。

表 7-25　　　　　　调节变量相关研究假设的验证结果

调节变量的相关研究假设	验证结果
假设 4a：解答者信任对内部动机与努力程度之间的关系具有调节作用	成立
假设 4b：解答者信任对外部动机与努力程度之间的关系具有调节作用	成立
假设 4c：解答者信任对内部动机与创新绩效之间的关系具有调节作用	成立
假设 4d：解答者信任对外部动机与创新绩效之间的关系具有调节作用	成立
假设 4e：解答者信任对努力程度与创新绩效之间的关系具有调节作用	成立

五、研究结果讨论及建议

（一）研究结果分析与讨论

本章的研究立足于文献梳理，回顾总结了关于众包竞赛中解答者创新绩效影响因素的相关研究，从内外部动机角度筛选了 7 个可能影响解答者创新绩效的因素，内部动机方面包括享受娱乐、能力提升、自我效能、沉浸需要，外部动机方面包括奖金激励、感知有用性和感知易用性，并结合技术接受模型构建了本章的基准模型。解答者创新绩效取决于解答者自身的创新能力和努力水平，解答者努力程度也是影响解答者的创新绩效一个重要因素，此外，随着众包竞赛模式逐步得到广泛运用，在竞赛过程中参赛双方的诚信问题引起越来越多的关注，发起者欺诈行为导致解答者对发起者信任缺失。在众包竞赛中，解答者对任务发起者是否信任关系到解答者能否积极投身竞赛任务，从而影响解答方案的完成质量，影响解答者创新绩效。因此，引入努力程度为中介变量，信任作为调节变量，构建本章的研究模型，后通过问卷调研和二手数据相结合的方式获取数据，针对收集到的 440 份有效问卷，采用多元统计分析方法和结构方程模型分析方法相结合的方式对数据进行处理分析，从而得出本章的研究结论。

1. 描述性统计分析得到的结果

通过对调查问卷数据进行描述性统计分析，本研究得出了一些初步的

研究结论:

年轻人是众包竞赛的主要参与者。在 440 份有效问卷中,参与者年龄分布主要集中在 18~35 岁,年龄在 18~25 岁的占了一半以上。此外,受试者的受教育程度集中在大专和本科,其中本科学历的受试者占 48.18%,受教育程度普遍较高。因此,可以认为众包竞赛创新模式在年轻一代,尤其是受教育程度较高的年轻一代中更容易被接受和使用。

参赛的解答者收入水平普遍较低。3000 元及以下收入的解答者占据了 63.64%,低于 1000 元的人数占 24.55%。此外,从参与任务并获得奖励的次数来看,大部分解答者获得奖励的次数在 30 次以下,受试者中超过 30 次的人数仅占 7.5%,很多解答者参与了竞赛任务,但可能会因为任务复杂程度过高,超出解答者能力范围或者完成任务所获的报酬与解答者需要投入的成本差距太大等因素,解答者放弃竞赛任务而选择退赛,或者提交的解答方案或创意质量不达标,不符合发起者的要求,因此,无法获得奖金激励。由此可以看出,提高解答者完成任务的能力是提高其竞赛绩效的一个重要任务。

在我国众包竞赛创新模式有待进一步推广。数据显示,有 57.05% 的解答者参与众包竞赛的历史不超过 3 个月,从此处可以看出,解答者在众包竞赛社区中的任务参与程度与还处于起步阶段,这主要是因为众包竞赛在我国刚刚兴起,参与者加入时间较短,或者经验不足,这是需要在以后的时间里各界人士不断努力完善的部分。

2. 解答者内外部动机对创新绩效的影响

解答者的内外部动机是影响其创新绩效的重要因素。本研究基于自我决定力量,研究发现在众包竞赛中,基准模型各路径均显著,内外部动机分别作为一个整体对解答者创新绩效有正向影响。内因方面,解答者完成竞赛任务的内部动机越强烈,从竞赛中获得更多的乐趣,通过竞赛提升自己技能,感知自身能够胜任竞赛任务,并且对众包竞赛社区有沉浸感能够激发解答者参与众包竞赛的热情,最终有利于创新绩效的提高。外因方面,发起者提供的奖金激励和解答者对于任务、平台的感知有用性和感知易用性会促使其努力完成竞赛任务。但本章的研究发现,相对于内部动机,解答者的外部动机对创新绩效的正向作用更加显著,从这与前人的研究结果有所区别。可能是因为参与本问卷调查的解答者大部分属于等级比较低、参赛历史较短的威客，其参与行为更多的是受到奖金激励等外部激励因素的影响。

努力程度在内外部动机对创新绩效的作用过程中起部分中介作用。由实证分析结果可知，努力程度作为内外部动机对解答者创新绩效的中介起到部分中介的作用，努力程度作为内部动机对创新绩效的中介，其中介效应占总效应量的21.01%，努力程度作为外部动机对创新绩效的中介变量起到16.79%的中介作用。解答者内部动机强烈程度影响解答者的努力程度，同时，发起者提供的奖金激励越高，参与竞赛任务让解答者感受到能获得更多的好处，以及竞赛平台功能设计的易用性越高，解答者越愿意为此付出更多的努力，不断提高其创新绩效。

3. 信任的调节作用

信任在内外部动机对解答者创新绩效影响的作用过程有调节作用。本研究将信任样本按高低分分组，探讨不同分组情况下解答者内外部动机、努力程度、创新绩效之间的关系及作用机理。从分组研究结果可以看出，解答者对发起者的信任在其内外部动机对创新绩效的作用过程中存在调节作用，并最终影响解答者创新绩效。通过限定被调节路径对无限制模型和限制模型进行模型系数对比结果显著，路径存在差异，即信任的调节作用存在。

信任在内外部动机作用于努力程度的过程中的调节作用存在，但不显著；在努力程度作用于创新绩效的过程中的调节作用存在，但也不显著。这是因为努力程度在模型中起部分中介作用，内外部动机不完全通过努力程度对创新绩效产生作用。

信任在内外部动机对创新绩效的作用过程中存在调节作用，但对内部动机与创新绩效之间关系的调节作用不显著，在外部动机对创新绩效的作用过程中发挥显著的调节作用。在不限定路径时，外部动机对解答者创新绩效的路径系数为0.33，通过限定路径，在低分组中，外部动机对创新绩效的系数变为0.03，显著性关系由显著变成了不显著，在高分组中，外部动机对解答者创新绩效的路径系数变为0.544，显著性关系由低分组中的不显著变为在 $p<0.05$ 情况下显著。说明，信任在解答者外部动机对创新

第七章 考虑信任情形下的众包竞赛中绩效影响因素研究

绩效的作用过程中发挥显著的调节作用,当解答者对发起者信任低时,外部因素对解答者充分发挥自身的创新能力投身竞赛任务的激励作用并不显著,因为此时解答者认为发起者是不可靠的;当解答者对发起者信任程度高时,解答者认为发起者能够公平地评价其提交的创意或解答方案,评选最佳解答方案,并提供相应的奖金激励,奖金激励、增强感知有用性、感知易用性等外部动机对解答者创新绩效的正向作用更加显著。

(二) 管理建议

众包竞赛这种新型的创新模式为企业面临的人才困境、成本困境、创新困境等问题提供了一种新途径,为企业整合内外部一切可利用的资源提供了一种新方式。如何充分利用这种新模式,不断提高解答者创新绩效是现阶段专家学者研究的一个重点,本研究从内外部动机角度探讨了解答者创新绩效的影响因素及其作用机理,以期使发起者能充分了解影响解答者创新绩效的因素,采取相对应的措施激励大众积极参与众包竞赛,不断提高自身的创新绩效。根据前文的论述和实证研究结果,本章提出以下建议:

(1) 发起者应积极引导解答者内外部动机的生成,以激励解答者不断提高创新绩效。内外部动机是激励解答者付出努力,进而提高创新绩效的重要因素。

从内部动机角度出发,发起者可以针对性地通过以下几种方式增强内部动机对解答者创新绩效的激励作用:①提高众包竞赛的趣味性,增强竞赛任务的吸引力,例如将一些新的有趣的创意展示给解答者或者让解答者在与其他成员的交流中得到乐趣;②通过组织各种类型的活动提高解答者对竞赛社区的参与感、归属感,增强解答者的沉浸感;③注重解答者创新能力的培养,可以鼓励解答者之间进行知识共享,相互帮助,共同进步,也可以组织各种专业技能培训或提供教程链接的方式,给予解答者专业技能提升的机会,促使其不断提升自身完成任务的能力,解答者自我效能也将得到提升。

从外部动机角度出发,发起者可以针对性地通过以下几种方式增强外部动机对解答者创新绩效的激励作用:①建立合理的定价机制,奖金奖励与解答者创新绩效呈现积极的正向作用,发起者在设置奖金额度时,应多方面调查和评估,最终得出一个合理的价位,既能保障解答者的金钱收益,又能提升企业自身的经济效益;②提高众包竞赛活动的有用性,发起者可以在众包竞赛平台专门开通一个知识共享区域,解答者可以在这块区域上对有关技术问题进行相互讨论,学习,提升解答者的忠诚;③注重平台建设,不断完善平台的各项功能设计,并提供完善和直观的大众参与教程和精简的任务操作流程,使平台的各项功能更加便于解答者操作。

(2) 建立起完善的信任增进机制。解答者信任对模型中的关系有调节作用,因此,众包竞赛平台加强社区环境氛围建设,增加解答者对发起者的信任至关重要。只有当解答者认为发起者是值得信任的,相信发起者能够公平的评价每个解答者的提交作品时,通过提高奖金激励、增强感知有用性和感知易用性等措施对提高解答者创新绩效的作用才能更加有效。[132] 因此,为了提高解答者创新绩效,竞赛平台应建立完善的信任增进机制。如建立完善的信息反馈机制,在任务发起者、解答者和竞赛平台等三方之间建立一个顺畅的沟通渠道,使得竞赛各方能够实时了解彼此的反馈;[133] 同时,众包竞赛平台应当不断完善信用评价制度,以多方互评的信用评价制度代替单一的信用评价制度,增加解答者对发起者的信任。在竞赛任务完成之后,网络平台、发起者和解答者均对另外两方进行评价,包括发起者与解答者互评、发起者与网络平台互评以及解答者与网络平台互评。通过多方互评的评价制度,解答者可以通过观察发起者方案选择的公平性、有无欺诈或者类似欺诈行为等的记录来了解到发起者的信用情况,从而确定任务发起者是否是值得信任的。[87]

(3) 相关部门应当不断建立健全众包竞赛相关法律体系。众包竞赛迅猛的发展态势和不健全的配套法律体系之间的矛盾带来了许多负面结果是解答者对发起者缺乏信任的一个重要原因。因此,相关部门应建立健全相关法律体系,防治众包竞赛中的不诚信行为,以法律形式保障解答者的切身利益,增强解答者对发起者、众包竞赛平台以及众包竞赛这种新型的创新模式的接受能力和信任程度。具体可以通过以下几种方式寻求众包竞赛的法律规制:①参考传统的电子商务交易模式中的相关法律规制。②众包竞赛模式中涉及的侵犯知识产权行为,交易活动的纳税管理、电子证据、

第七章 考虑信任情形下的众包竞赛中绩效影响因素研究

交易诈骗等问题，可以置于现有的知识产权法、税法和刑法等相关法律体系内，通过司法实践活动加以保护和规制。③对于众包竞赛模式中的交易行为规则、网络欺诈和法律纠纷解决等问题，必要时可以纳入电子商务专门法规中，加以确定和规制。

六、本章小结

本章在全面梳理众包竞赛及解答者参与动机、解答者创新绩效和信任等国内外相关研究的基础上，引入努力程度作为中介变量，信任作为调节变量，构建了众包竞赛绩效影响因素模型，进而以国内最大的众包平台——猪八戒网为研究对象，通过对解答者展开问卷调查以及采用网络数据抓取技术搜集相关数据，对解答者创新绩效影响因素进行了实证研究，通过研究得出以下结论：

（1）解答者的内外部动机是影响其创新绩效的重要因素。研究发现，解答者内部动机（享受娱乐、能力提升、自我效能、沉浸需要）和外部动机（奖金激励、感知有用性、感知易用性）对解答者创新绩效有正向影响；与内部动机相比，外部动机对解答者创新绩效的正向作用更加显著。

（2）努力程度对内外部动机影响创新绩效存在中介效应。解答者内外部动机通过努力程度影响解答者创新绩效，但并非完全通过努力程度作用于创新绩效，努力程度起部分中介效应。

（3）解答者对发起者的信任在其内外部动机对创新绩效的作用过程中具有调节效应，相对于内部动机，信任在外部动机对创新绩效的作用过程中的调节作用更加显著。当解答者对发起者信任程度低时，外部动机对解答者创新绩效的正向作用减弱；当解答者对发起者信任程度高时，外部动机对解答者创新绩效的正向作用显著增强。

第八章 结论与研究展望

作为一种新型的开放式创新模式,基于众包平台的创新竞赛以其参与式文化和集体智慧特征,加速了创意的产生和创新的深化,降低了企业设计研发成本,逐渐成为企业解决内部创新问题的一种重要手段。众包竞赛绩效问题作为创新竞赛领域的一个重要课题,受到了国内外学者的广泛关注。现有研究主要从组织者收益最大化角度,采用博弈模型或实验法,探讨了竞赛人数设置、奖励机制选择等问题对线下创新竞赛绩效的影响。只有少数文献从创新竞赛设计要素角度,采用实证研究方法揭示了设计要素对网上创新竞赛绩效的作用机理,形成了有价值的结论,为后续研究提供了一定的理论支撑。但这些文献在一些影响因素(如奖励金额、任务描述)的作用机理上还存在分歧,并且也未讨论不同奖励机制和不同竞赛序列对网上创新竞赛绩效影响作用。

针对这些问题,本书基于已有创新竞赛理论和相关研究成果,着重围绕四个方面展开研究:一是构建了众包竞赛绩效的影响因素模型,重点分析了市场因素和固定设计要素对网上创新竞赛绩效的影响作用。二是从解答者的视角出发对运用委托代理理论分析了两类典型的众包竞赛奖励机制(单奖项和多奖项)的激励相容问题并考虑了不同奖励机制对固定设计要素与网上创新竞赛绩效的调节作用。三是讨论了不同竞赛序列情形下,竞赛固定设计要素对网上创新竞赛绩效的作用机理。四是引入努力程度作为中介变量,信任作为调节变量,构建了众包竞赛绩效影响因素模型,通过对解答者展开问卷调查以及采用网络数据抓取技术搜集相关数据,对解答者创新绩效影响因素进行了实证研究。

通过上述研究,本书得到了以下主要结论:

(1)市场价格和竞争强度是影响网上创新竞赛绩效的重要市场环境因素。竞赛周期、任务描述和奖励金额是影响网上创新竞赛绩效的重要固定设计要素。第三章的研究结果表明过高的市场价格会削弱网上创新竞赛绩

第八章 结论与研究展望

效水平。较高的市场竞争强度对吸引解答者参赛有积极影响,但任务完成率都会随着竞争强度的增加而下降。但竞争强度对竞赛绩效的影响作用会随着具体市场情况的变化而变化。从第三章的研究结果可知,在创意类和专业知识类竞赛任务中,适当的延长竞赛周期有利于提高创新竞赛绩效。而过多的任务描述会降低创意类竞赛任务绩效,但能提高专业知识类任务绩效。组织者通过设置高额奖金有利于吸引更多解答者参与和获得更多有效解答方案,但会降低解答者的任务完成率。当竞赛奖励金额高于市场价格时,奖励金额对解答者人数与有效方案数量的正向影响作用更强。

(2) 在赢者通吃和多奖项情形下,固定奖励机制均不能实现组织者与解答者之间的激励相容;竞价奖励机制中组织者与解答者之间的激励相容问题存在最优解。对于组织者实现期望收益最大化的目标,当组织者给出的固定奖金在一定范围内时,即使不能实现组织者与解答者的激励相容,固定奖励机制依然优于竞价奖励机制。解答者的参赛经验从正向和负向两个方面对组织者的期望收益产生影响。解答者参赛经验的积累对提高解答者在众包竞赛中投入的努力水平有积极作用;但对解答者产生的创新产出具有一定的弱化作用。总体来说,解答者参赛经验的积累对组织者期望收益的促进作用大于弱化作用。在多奖项情形下解答者之间存在交互作用,这种交互作用将促进解答者提高其努力程度,进而提高组织者的期望收益;且随着交互作用的增强,多奖项众包竞赛突显出绝对优势。由于信息不对称,解答者的代理成本不可避免,解答者提交方案质量的差异、解答者的绝对风险规避程度、解答者努力的成本系数、解答者的参赛经验以及解答者之间的交互作用都是产生代理成本的重要根源。降低代理成本将大大提高众包竞赛的利润潜力。

(3) 奖励机制是固定设计要素与网上创新竞赛绩效之间关系的重要调节变量。第五章的研究表明,在创意类任务中,当采用多奖项奖励机制时,延长竞赛周期对提升网上创新竞赛绩效的效果更显著。而专业知识类任务中,当采用赢者通吃奖励机制时,延长竞赛周期对提升网上创新竞赛绩效的效果更显著。对于任务描述内容较多的创意类任务,采用赢者通吃奖励机制比多奖项奖励机制获得的竞赛绩效高。无论是专业知识类任务,还是创意类任务,当采用多奖项奖励机制时,提高奖励金额对竞赛绩效的积极影响更明显。

（4）不同竞赛序列情形下，固定设计要素对网上创新竞赛绩效有着不同的影响作用。第六章的研究结论表明，在单阶段竞赛中延长竞赛周期对提高创新竞赛绩效作用更显著。在单阶段竞赛中，任务描述过长会降低整个创新竞赛绩效；但在两阶段竞赛中，详细的任务描述却能吸引更多的解答者参与。一等奖对解答者的激励作用在单阶段竞赛中比在两阶段竞赛中强；二等奖对解答者的激励作用在两阶段竞赛中比在单阶段竞赛中强，且二等奖金额越接近一等奖金额，解答者人数和有效方案数量越多。因而，在单阶段创新竞赛中，采用赢者通吃的奖励机制是最优的，而在多阶段创新竞赛中，采取多奖项奖励机制可提高整个竞赛绩效。

（5）解答者的内外部动机是影响其创新绩效的重要因素。研究发现，解答者内部动机（享受娱乐、能力提升、自我效能、沉浸需要）和外部动机（奖金激励、感知有用性、感知易用性）对解答者创新绩效有正向影响；与内部动机相比，外部动机对解答者创新绩效的正向作用更加显著。努力程度对内外部动机影响创新绩效存在中介效应。解答者内外部动机通过努力程度影响解答者创新绩效，但并非完全通过努力程度作用于创新绩效，努力程度起部分中介效应。解答者对发起者的信任在其内外部动机对创新绩效的作用过程中具有调节效应，相对于内部动机，信任在外部动机对创新绩效的作用过程中的调节作用更加显著。当解答者对发起者信任程度低时，外部动机对解答者创新绩效的正向作用减弱；当解答者对发起者信任程度高时，外部动机对解答者创新绩效的正向作用显著增强。

本书主要对网上创新竞赛绩效影响因素及其作用机理进行了实证研究，研究结论一定程度上丰富了创新竞赛理论，为开放式创新竞赛的应用和有效竞赛机制的构建提供了参考。但本研究仍存在不足之处：

（1）由于受到样本数据可获性的限制，本书第三章和第五章研究中涉及的竞赛任务主要包括创意类和专业知识类，未涉及试验类竞赛项目。第四章研究中假设组织者是风险中性的，解答者是绝对风险规避的，未考虑组织者风险偏好、风险规避以及解答者风险偏好、风险中性的情况，后续研究可进一步考虑组织者与解答者的其他风险类型。另外，竞价奖励机制中只考虑了线性奖励函数，未考虑奖励函数是凸函数和凹函数的情况。第

第八章 结论与研究展望

六章的研究涉及的主要是创意类任务，未涉及专业知识类和试验类任务。后续研究可进一步针对其他类型创新竞赛项目的绩效影响因素做深入研究，当然，研究的难度可能比较大。另外，第六章有关多奖项奖励机制竞赛的讨论，仅分析了设置两个奖项的情形，后续研究可以对两个以上奖项的情形的竞赛进行深入研究。

（2）本研究简单将解答者动机划分为内部动机和外部动机两个方面，探讨其对解答者创新绩效的影响，没有探讨内外部动机各变量之间是否存在相互影响以及外部动机内化的情况，未来的研究可对其进行深入的分析研究。此外，解答者创新绩效的提高是否会增进其对发起者的信任，各变量之间是否会存在循环效应也是未来研究的一个方向。

参考文献

[1] 陈钰芬, 陈劲. 开放式创新促进创新绩效的机理研究 [J]. 科研管理, 2009, 30 (4): 1-9.

[2] Chesbrough H W. Open innovation: The new imperative for creating and profiting from technology [M]. Boston: Harvard Business School Press, 2003.

[3] 韦铁, 鲁若愚. 多主体参与的开放式创新模式研究 [J]. 管理工程学报, 2011, 25 (3): 133-138.

[4] 郑海超, 侯文华. 网上创新竞争研究综述 [J]. 科学学与科学技术管理, 2011, 32 (1): 82-88.

[5] Adamczyk S, Bullinger A C, Möslein K M. Innovation contests: A review, classification and outlook [J]. Creativity and Innovation Management, 2012, 21 (4): 335-359.

[6] Franzonia C, Sauermann H. Crowd science: The organization of scientific research in open collaborative projects [J]. Research Policy, 2014, 43 (1): 1-20.

[7] Piller F T, Walcher D. Toolkits for idea competitions: A novel method to integrate users in new product development [J]. R&D Management, 2006, 36 (3): 307-318.

[8] Howe J. The rise of crowdsourcing [J]. Wired magazine, 2006, 14 (6): 1-4.

[9] Boudreau K J, Lakhani K R. Using the crowd as an innovation partner [J]. Harvard Business Review, 2013, 91 (4): 60-69.

[10] Bullinger A, Neyer A, Rass M, Moeslein K. Community-based innovation contests: Where competition meets cooperation [J]. Creativity and Innovation Management, 2010, 19 (3): 290-303.

[11] 郑海超，侯文华. 网上创新竞争中解答者对发布者的信任问题研究 [J]. 管理学报，2011, 8 (2)：233-240.

[12] Satzger B et al. Auction-based crowdsourcing supporting skill management [J]. Information Systems, 2012, 38 (4)：547-560.

[13] Taylor C R. Digging for golden carrots: An analysis of research tournaments [J]. American Economic Review, 1995, 85 (4)：872-890.

[14] Che Y K, Gale I. Optimal design of research contests [J]. American Economic Review, 2003, 93 (3)：646-671.

[15] Boudreau K J, Lacetera N, Lakhani K R. Incentives and problem uncertainty in innovation contests: An empirical analysis [J]. Management Science, 2011, 57 (5)：843-863.

[16] Bayus B L. Crowdsourcing new product ideas over time: An analysis of the Dell IdeaStorm Community [J]. Management Science, 2013, 59 (1)：226-244.

[17] Füller J, Hutter K, Hautz J, Matzler K. The role of professionalism in innovation contest communities [J]. Long Range Planning (2015), doi: 10.1016/j.lrp.2015.12.017

[18] Glazer A, Hassin R. Optimal contests [J]. Economic Inquiry, 1988, 26 (31)：133-143.

[19] Moldovanu B, Sela A. The optimal allocation of prizes in contests [J]. American Economic Review, 2001, 91 (3)：542-558.

[20] Moldovanu B, Sela A. Contests architecture [J]. Journal of Economy Theory, 2006, 126 (1)：70-96.

[21] 韩建军，程玉，郭耀煌. 基于非对称成本的设计竞赛博弈模型及奖金设置 [J]. 运筹与管理，2005, 14 (2)：84-90.

[22] Sheremeta R M. Contest design: an experimental investigation [J]. Economic Inquiry, 2011, 49 (2)：573-590.

[23] Shupp R, Sheremeta R M, Schmidt D, et al. Resource allocation contests: Experimental evidence [J]. Journal of Economic Psychology, 2013, 39 (4)：257-267.

[24] Archak N, Sundararajan A. Optimal design of crowdsourcing contests [C]. Proceedings of the 30th International Conference on Information Systems, Atlanta, GA, 2009.

[25] Terwiesch C, Xu Y. Innovation contests, open innovation, and multiagent problem solving [J]. Management Science, 2008, 54 (9): 1529 – 1543.

[26] Cason T N, Masters W A, Sheremeta R M. Entry into winner – take – all and proportional – prize contests: An experimental study [J]. Journal of Public Economics, 2010, 94 (9): 604 – 611.

[27] Shao B et al. Factors affecting participation of solvers in crowdsourcing: An empirical study from China [J]. Electronic Markets, 2012, 22 (2): 73 – 82.

[28] 王丽伟, 田剑, 刘德文. 基于网络社区的众包竞赛绩效影响因素实证研究 [J]. 科研管理, 2014, 35 (2): 17 – 24.

[29] Sun Y et al. Understanding the relationships between motivators and effort in crowdsourcing marketplaces: A nonlinear analysis [J]. International Journal of Information Management, 2015, 35 (3): 267 – 276.

[30] 郝琳娜, 郑海超, 侯文华. 基于损失规避的众包竞赛参与者的行为决策研究 [J]. 系统工程理论与实践, 2015, 35 (11): 2773 – 2784.

[31] Walter T, Back A. Towards measuring crowdsourcing success: an empirical study on effects of external factors in online idea contest [C]. Proceedings from the 6th Mediterranean Conference on Information Systems (MCIS), Limassol, Cyprus, 2011: 1 – 12.

[32] Yang Y. Open innovation contests in online markets: Idea generation and idea evaluation with collective intelligence [D]. Philadelphia, PA: Temple University, 2012.

[33] Bockstedt J, Druehl C, Mishra A. Problem – solving effort and success in innovation contests: The role of national wealth and national culture [J]. Journal of Operations Management, 2014, 36: 187 – 200.

[34] 葛如一, 张朋柱. 众包竞赛中众包方的反馈策略 [J]. 系统管

理学报, 2015, 24 (6): 821 – 827.

[35] 董坤祥, 侯文华, 周常宝, 李康宏. 众包竞赛中解答者创新绩效影响因素研究: 感知风险的调节效应 [J]. 科学学与科学技术管理, 2016, 37 (2): 21 – 29.

[36] Dipalantino D, Vojnovic M. Crowdsourcing and all – pay auctions [C]. Proceedings of the 10th ACM conference on Electronic commerce, Stanford, CA: 2009: 119 – 128.

[37] 葛如一, 张朋柱. 网络创新外包交易机制比较研究 [J]. 管理科学学报, 2010, 13 (11): 20 – 26.

[38] Chen Y, Ho T H, Kim Y M. Knowledge market design: A field experiment at Google Answers [J]. Journal of Public Economic Theory, 2010, 12 (4): 641 – 664.

[39] Yang J, Adamic L A, Ackerman M S. Crowdsourcing and knowledge sharing: Strategic user behavior on Taskcn [C]. Proceedings of the 9th ACM Conference on Electronic Commerce, Chicago, 2008.

[40] Liu T X, Yang J, Adamic L A, Chen Y. Crowdsourcing with all – pay auctions: A field experiment on Taskcn [J]. Management Science, 2014, 60 (8): 2020 – 2037.

[41] Leimeister J et al. Leveraging crowdsourcing: Activation – supporting components for IT – based ideas competition [J]. Journal of Management Information Systems, 2009, 26 (1): 197 – 224.

[42] Brabham D C. Moving the crowd at Threadless: Motivations for participation in a crowdsourcing application [J]. Information, Communication & Society, 2010, 13 (8): 1122 – 1145.

[43] Ebner W, Leimeister J M, Krcmar H. Community engineering for innovations: The ideas competition as a method to nurture a virtual community for innovations [J]. R & D Management, 2009, 39 (4): 342 – 356.

[44] 叶伟巍, 朱凌. 面向创新的网络众包模式特征及实现路径研究 [J]. 科学学研究, 2012, 30 (1): 145 – 151.

[45] 孟韬, 张媛, 董大海. 基于威客模式的众包参与行为影响因素

研究［J］．中国软科学，2014（12）：112-123.

［46］Boudreau K J, Lakhani K R. How to manage outside innovation［J］. MIT Sloan Management Review, 2009, 50（4）：69-76.

［47］Zheng H, Li D, Hou W. Task design, motivation, and participation in crowdsourcing contests［J］. International Journal of Electronic Commerce, 2011, 15（4）：57-88.

［48］Sun Y, Fang Y, Lim K H. Understanding sustained participation in transactional virtual communities［J］. Decision Support Systems, 2012, 53（1）：12-22.

［49］冯小亮，黄敏学．众包模式中问题解决者参与动机机制研究［J］．商业经济与管理，2013（4）：25-35.

［50］Franke N, Keinz P, Klausberger K. "Does this sound like a fair deal?": Antecedents and consequences of fairness expectations in the individual's decision to participate in firm innovation［J］. Organization Science, 2014, 24（5）：1495-1516.

［51］Füller J, Hunter K, Hautz J, Matzler K. User roles and contributions in innovation-contest communities［J］. Journal of Management Information Systems, 2014, 31（1）：273-307.

［52］Martinez M G. Solver engagement in knowledge sharing in crowdsourcing communities: Exploring the link to creativity［J］. Research Policy, 2015, 44（8）：1419-1430.

［53］Hutter K, Füller J, Hautz J, Bilgram V & Matzler K. Machiavellianism or morality: Which behavior pays off in online innovation contests?［J］. Journal of Management Information Systems, 2015, 32（3）：197-228.

［54］吕英杰，张朋柱，刘景方．众包模式中面向创新任务的知识型人才选择［J］．系统管理学报，2013，22（1）：60-66.

［55］庞建刚．众包社区创新的风险管理机制设计［J］．中国软科学，2015，（2）：183-192.

［56］Terwiesch C, Ulrich K T. Innovation tournaments: Creating and selecting exceptional opportunities［M］. Boston: Harvard Business School Press,

2009.

[57] Yang X, Lu Q, Li Z. Review and Prospect of Online Innovation Contest [C]. International Conference on Information Management, Innovation Management and Industrial Engineering (ICIII 2011), Shenzhen, China: 2011: 58 – 61.

[58] Fu Q, Lu J, Lu Y. Incentivizing R&D: Prize or subsidies? [J]. International Journal of Industrial Organization, 2012, 30 (1): 67 – 79.

[59] 刘晓钢. 众包中任务发布者出价行为的影响因素研究 [D]. 重庆大学硕士论文, 2012.

[60] Hallerstede S H, Bullinger A C. Do you know where you go? A taxonomy of online innovation contests [C]. Proceedings of The XXI International Society for Professional Innovation Management Conference, Bilbao, 2010.

[61] Bullinger A C, Haller J, Moeslein K M. Innovation mobs – unlocking the innovation potential of virtual communities [C]. Proceedings of the Fifteenth Americas Conference on Information Systems, San Francisco, CA, 2009.

[62] Boudreau K J, Lacetera N, Lakhani K R. Incentives versus Diversity: Re – examining the link between competition and innovation [C]. Wharton Technology Conference, Philadelphia, PA, 2008.

[63] Hutter K, Hautz J, Füller J, et al. Communitition: The Tension between Competition and Collaboration in Community – Based Design Contests [J]. Creativity and Innovation Management, 2011, 20 (1): 3 – 21.

[64] Girotra K, Terwiesch C, Ulrich K T. Idea generation and the quality of the best idea [J]. Management Science, 2010, 56 (4): 591 – 605.

[65] 杨小雷. 网上创新竞赛机制设计实证研究 [D]. 哈尔滨工业大学硕士论文, 2012.

[66] Laursen K, Salter A. Open for innovation: the role of openness in explaining innovation performance among UK manufacturing firms [J]. Strategic Management Journal, 2006, 27 (2): 131 – 150.

[67] 黄河, 付文杰. 竞赛机制设计研究回顾与展望 [J]. 科学决策,

2009 (1): 75-86.

[68] Fu Q, Lu J. The beauty of "bigness": On optimal design of multi-winner contests [J]. Games and Economic Behavior, 2009, 66 (1): 146-161.

[69] Fu Q, Lu J. Micro foundations of multi-prize lottery contests: a perspective of noisy performance ranking [J]. Social Choice and Welfare, 2012, 38 (3): 497-517.

[70] Gradstein M, Konrad K A. Orchestrating rent seeking contests [J]. The Economic Journal, 1999, 109 (458): 536-545.

[71] Sheremeta R M. Experimental comparison of multi-stage and one-stage contests [J]. Games and Economic Behavior, 2010, 68 (2): 731-747.

[72] Yang Y, Chen P, Pavlou P. Open innovation: an empirical study of online contests [C]. Proceedings of thirteenth international conference on information systems, Phoenix, 2009.

[73] Lakhani K R, Jeppesen L B, Lohse P A, et al. The Value of Openess in Scientific Problem Solving [Z]. Working Paper, Harvard Business School, 2007.

[74] Chang H H, Chuang S S. Social capital and individual motivations on knowledge sharing: Participant involvement as a moderator [J]. Information & Management, 2011, 48 (1): 9-18.

[75] 何晓群, 刘文卿. 应用回归分析 (第二版) [M]. 北京: 中国人民大学出版社, 2007.

[76] 卢纹岱. SPSS for Windows 统计分析 (第三版) [M]. 北京: 电子工业出版社, 2003.

[77] 郝琳娜, 侯文华, 刘猛. 众包竞赛模式下企业R&D创新水平策略博弈分析 [J]. 科研管理, 2014, 35 (4): 111-120.

[78] Yang Y, Chen P Y, Banker R. Impact of past performance and strategic bidding on winner determination of open innovation contest [Z]. Working Paper, Fox School of Business and Management Temple University, 2010.

[79] Liu X Y, Lu J F. The effort-maximizing contest with heterogeneous prizes [J]. Economics Letters, 2014, 25 (3): 422-425.

[80] Tullock G. Efficient rent-seeking revisited [J]. Public Choice, 1989, 61 (1): 97-98.

[81] Smith S M, Ward T B, Schumacher J. S. Constraining effects of examples in a creative generation task [J]. Memory & Cognition, 1993, 21 (6): 837-845.

[82] Cardoso C, Badke S P. Fixation or inspiration: Creative problem solving in design [J]. Creative Behavior, 2011, 45 (2): 77-82.

[83] 张跃平,刘荆梅. 委托一代理激励理论实证研究综述 [J]. 经济学动态, 2003 (6): 74-78.

[84] 张维迎. 博弈论与信息经济学 [M]. 上海:上海人民出版社, 2004.

[85] Dasgupta A, Nti K. Designing an optmial contest [J]. European Journal of Political Economy, 1998, 14 (4): 587-603.

[86] 平新乔,范瑛,郝朝艳. 中国国有企业的代理成本的实证分析 [J]. 经济研究, 2003, 11: 42-53.

[87] 费友丽,田剑,邓娇. 众包竞赛中欺诈行为的成因与应对策略研究 [J]. 2015, 15 (4): 82-86.

[88] Sisak D. Multi-prize contests: The optimal allocation of prizes [J]. Journal of Economic Surveys. 2009, 23 (1): 82-114.

[89] Chawla S, Hartline D, Sivan B. Optimal crowdsourcing contests [J]. Game and Economic Behavior, 2011, 1-5.

[90] Osborn A. Applied imagination: Principles and procedures of creative thinking [J]. 1953, 3: 107.

[91] Perry S J, Shalley C. The social side of creativity: A static and dynamic social network perspective [J]. Academy of Management, 2003, 28 (1): 89-106.

[92] Perry S J. Social yet creative: The role of social relationships in facilitating individual creativity [J]. Academy of Management. 2006, 49 (1):

85 - 101.

[93] Nijstad B, Stroebe W. How the group affects the mind: A cognitive model of idea generation in groups [J]. Personality and Social Psychology Review, 2006, 20 (3): 186 - 213.

[94] Preece J, Nonnecke B, Andrews D. The top five reasons for lurking: Improving community experiences for everyone [J]. Computers in Human Behavior, 2004, 20.

[95] Matros A. Elimination tournaments where players have fixed resources [Z]. Working Paper, University of Pittsburgh, 2005.

[96] 杨靓. 基于遗传算法的创新竞赛机制优化 [D]. 西南交通大学硕士论文, 2013.

[97] Fu Q, Lu J. The optimal multi - stage contest [J]. Economic Theory, 2012, 51 (2): 351 - 382.

[98] Szymanski S, Valletti T M. Szymanski S, Valletti T M. Incentive effects of second prizes [J]. European Journal of Political Economy, 2005, 21 (2): 467 - 481.

[99] Gefen D, Gefen G, Carmel E. How project description length and expected duration affect bidding and project success in crowdsourcing software development [J]. Journal of Systems & Software, 2015, 116 (3): 75 - 84.

[100] 刘汕, 邓琼. 互联网环境下众包创新服务绩效的关键影响因素研究 [C]. 第十五届全国计算机模拟与信息技术学术会议, 中国湖南长沙, 2015.

[101] 卢新元, 龙德志, 梁丽婷等. 众包网站中用户初始信任影响因素分析及实证研究 [C]. 第十五届全国计算机模拟与信息技术学术会议, 中国湖南长沙, 2015.

[102] Hirth M, Ho?feld T, Tran - Gia P. Analyzing costs and accuracy of validation mechanisms for crowdsourcing platforms [J]. Mathematical and Computer Modelling, 2013, 57 (11 - 12): 2918 - 2932.

[103] 严惠, 田倩. 参照群体对众包平台参与意愿的影响研究 [J]. 中南财经政法大学研究生学报, 2015 (1): 92 - 99.

[104] 董坤祥, 侯文华, 周常宝等. 众包竞赛中解答者创新绩效影响因素研究——感知风险的调节效应[J]. 科学学与科学技术管理, 2016, 37 (02): 21-29.

[105] 孙茜, 刘海波, 杨绪勇等. 创新众包平台对接包方中标率的影响机制研究[J]. 科学学研究, 2016, 34 (02): 279-287.

[106] Ryan R M, Deci E L. Intrinsic and extrinsic motivations: classic definitions and new directions[J]. Contemporary Educational Psychology, 2000, 25 (1): 54-67.

[107] 于海云, 赵增耀, 李晓钟等. 创新动机对民营企业创新绩效的作用及机制研究: 自我决定理论的调节中介模型[J]. 预测, 2015, 34 (2): 7-13.

[108] 郭桂梅, 段兴民. 员工—组织关系、内在动机与员工创造性——中国企业的实证研究[J]. 管理评论, 2008, 20 (3): 16-24.

[109] Brabham D C. Moving the crowd at iStockphoto: the composition of the crowd and motivations for participation in a crowdsourcing application.[J]. First Monday. 2008, 13 (6): 236-238.

[110] 仲秋雁, 王彦杰, 裘江南. 众包社区用户持续参与行为实证研究[J]. 大连理工大学学报(社会科学版), 2011 (1): 1-6.

[111] 宋喜凤. 众包模式中参与者行为动机研究[D]. 西安电子科技大学硕士论文, 2013.

[112] 吴金红, 陈强, 鞠秀芳. 用户参与大数据众包活动的意愿和影响因素探究[J]. 情报资料工作. 2014 (3): 74-79.

[113] 夏恩君, 王文涛. 企业开放式创新众包模式下的社会大众参与动机[J]. 技术经济, 2016, 35 (1): 25-29.

[114] Davis F D. Perceived usefulness, perceived ease of use, and user acceptance of information technology[J]. Mis Quarterly. 1989, 13 (3): 319-340.

[115] Sauermann H, Cohen W M. What makes them tick? Employee motives and firm innovation[J]. Management Science, 2010, 56 (12): 2134-2153.

[116] 李永锋,司春林. 合作创新战略联盟中企业间相互信任问题的实证研究[J]. 研究与发展管理,2007,19(6):52-60.

[117] Lee J N, Huynh M Q, Hirschheim R. An integrative model of trust on IT outsourcing: examining a bilateral perspective[J]. Information Systems Frontiers,2008,10(2):145-163.

[118] Brabham, Daren C. Crowdsourcing as a model for problem solving an introduction and cases[J]. Convergence the International Journal of Research Into New Media Technologies,2008,14(1):75-90.

[119] Wood R, Bandura A. Social cognitive theory of organizational management[J]. Academy of Management Review,1989,14(3):361-384.

[120] Novak T P, Hoffman D L, Yung Y. Measuring the customer experience in online environments: A structural modeling approach[J]. Marketing Science,2000,19(1):22-42.

[121] Oum S, Han D W. An empirical study of the determinants of the intention to participate in user-created contents(UCC) services[J]. Expert Systems with Applications An International Journal,2011,38(12):15110-15121.

[122] 李蒙翔,顾睿,尚小文等. 移动即时通信服务持续使用意向影响因素研究[J]. 管理科学,2010,23(05):72-83.

[123] Zhao Y C, Zhu Q. Effects of extrinsic and intrinsic motivation on participation in crowdsourcing contest[J]. Online Information Review,2014,38(7):896-917.

[124] Tseng F M, Lo H Y. Antecedents of consumers' intentions to upgrade their mobile phones[J]. Telecommunications Policy,2011,35(1):74-86.

[125] 田剑,王丽伟. 在线众包竞赛中解答者创新绩效影响因素研究[J]. 科技进步与对策,2014,31(15):5-9.

[126] 张文彤. SPSS 统计分析高级教程[M]. 北京:高等教育出版社,2004.

[127] Bentler P M. Comparative fit indexes in structural models.[J].

Psychological Bulletin, 1990, 107 (2): 238 – 246.

[128] Armstrong J S, Overton T S. Estimating nonresponse bias in mail surveys [J]. Social Science Electronic Publishing, 1977, 14 (3): 396 – 402.

[129] Bentler P M. On the fit of models to covariances and methodology to the Bulletin. [J]. Progress in Energy & Combustion Science, 1980, 6 (2): 201 – 222.

[130] Fornell C, Larcker D F. Evaluating structural equation models with unobservable variables and measurement error [J]. Journal of Marketing Research, 1981, 18 (1): 39 – 50.

[131] 温忠麟，张雷，侯杰泰，等. 中介效应检验程序及其应用 [J]. 心理学报，2004, 36 (5): 614 – 620.

[132] 芮兰兰，张攀，黄豪球等. 一种面向众包的基于信誉值的激励机制 [J]. 电子与信息学报，2016, 38 (2): 1 – 8.

[133] Yukino B, Kei K, Hisashi K. Participation recommendation system for crowdsourcing contests [J]. Expert Systems With Applications, 2016, 58 (3): 174 – 183.

附　录

附录1　第三章实证数据样本

1. 任务中国网站（www.Taskcn.com）创意类竞赛数据任务编号（N=1016）

71474	54178	43257	38775	38467	38258	38056	37921
70371	54163	43146	38772	38452	38252	38045	37920
70079	54010	43106	38771	38451	38249	38044	37913
69472	53982	42562	38763	38442	38247	38041	37910
69031	53557	41250	38761	38441	38239	38040	37906
68031	52999	41096	38755	38435	38232	38034	37901
67581	52434	40046	38738	38433	38231	38031	37900
66626	52079	39089	38713	38424	38230	38030	37886
65733	52018	38974	38708	38416	38229	38025	37885
64656	51432	38964	38706	38412	38226	38023	37880
64060	51349	38961	38700	38397	38225	38020	37878
63293	50800	38959	38665	38394	38214	38017	37872
62424	50034	38958	38663	38390	38201	38016	37845
62063	49998	38935	38654	38383	38197	38015	37832
62061	49800	38929	38643	38381	38194	38010	37820
61739	49742	38927	38642	38351	38188	38009	37811
60770	49196	38925	38626	38350	38173	38000	37805
60560	48967	38923	38612	38340	38166	37989	37799
60496	48735	38912	38598	38337	38160	37985	37789
60050	48386	38902	38594	38326	38156	37982	37788

续表

59513	47500	38899	38582	38323	38153	37977	37776
59387	47320	38889	38558	38321	38147	37963	37774
59169	47197	38885	38557	38317	38146	37961	37771
58444	46742	38876	38553	38307	38144	37960	37774
58256	46542	38856	38552	38305	38138	37957	37771
57298	46271	38843	38533	38302	38132	37956	37769
57022	46040	38828	38529	38298	38121	37949	⋮
56351	45374	38815	38520	38296	38111	37945	
55596	45155	38814	38510	38295	38108	37942	
55381	45132	38813	38509	38284	38107	37941	31228
55282	44922	38806	38508	38276	38089	37937	30944
54981	44564	38791	38491	38270	38076	37936	30863
54562	44403	38790	38476	38268	38067	37929	30791
54444	44157	38782	38474	38265	38061	37928	30515

2. 任务中国网站（www.Taskcn.com）专业知识类竞赛数据任务编号（N = 960）

81451	77630	69546	64001	59402	56597	53219	50256
80773	75981	69363	63804	59383	56550	53153	50090
80380	75393	69334	63561	59381	56523	53082	50057
79252	75238	69276	63353	59347	56464	52986	49968
78858	74876	69219	63264	59210	56427	52973	49949
78671	74826	68788	62947	59173	56370	52970	49948
78455	74343	68535	62617	59072	56305	52867	49877
78310	74184	68495	62563	59009	56110	52709	49766
78309	74130	68491	62505	58936	55991	52692	49758
78085	73983	68304	62288	58925	55957	52245	49642

续表

77989	73908	68290	62278	58902	55950	52237	49609	
77657	73899	68229	62240	58891	55891	51996	49543	
77630	73677	68221	62032	58709	55846	51975	49531	
75981	73242	68071	61966	58663	55819	51951	49525	
75393	73078	67519	61926	58572	55808	51836	49275	
75238	72746	67267	61737	58528	55802	51743	49273	
74876	72380	67186	61623	58433	55787	51713	49208	
74826	72201	67118	61532	58314	55691	51670	49180	
74343	72104	66927	61517	58253	55464	51500	49166	
74184	71570	66637	61415	58098	55460	51459	49116	
74130	71515	66420	61091	58062	55380	51307	49051	
73983	71505	66412	60986	57816	55041	51295	48962	
73908	71503	66282	60960	57809	55025	51127	48928	
73899	71432	66257	60837	57806	54790	51045	48899	
73677	71411	66101	60744	57778	54731	51012	48897	
73242	71264	65640	60672	57723	54539	50957	48795	
81451	71253	65538	60305	57628	54516	50912		
80773	71141	65426	60276	57558	54308	50885	⋮	
80380	70927	65402	60186	57522	54257	50777		
79252	70740	65119	60102	57277	54159	50709	2532	
78858	70423	65033	60015	57159	53935	50660	2107	
78671	70201	64731	59894	57036	53836	50639	1455	
78455	70151	64671	59824	57028	53602	50633	1346	
78310	70109	64604	59791	57026	53534	50597	1212	
78309	70019	64423	59624	56894	53429	50579	1161	
78085	69987	64332	59606	56780	53332	50552	907	
77989	69642	64227	59504	56669	53311	50463	748	
77657	69639	64010	59469	56598	53262	50309	235	

附录2　第三章回归模型残差分析结果

1. 表 3 – 3 中回归模型 1 的残差直方图、散点图与 P – P 图

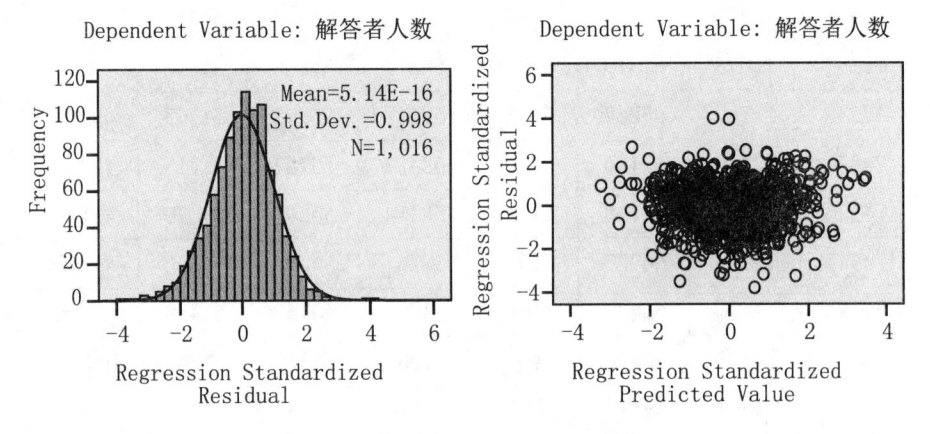

图1　第三章表 3 – 3 回归模型 1 的残差直方图和散点图

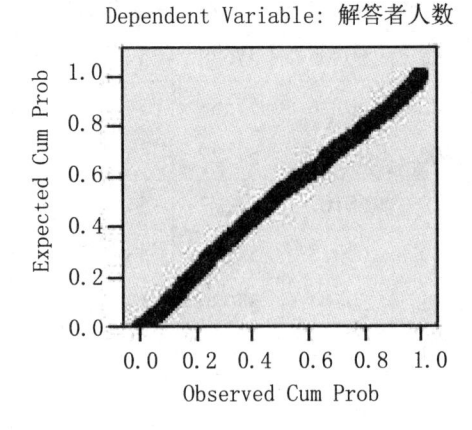

图2　第三章表 3 – 3 回归模型 1 的 P – P 图

2. 表3-3中回归模型2的残差直方图、散点图与P-P图

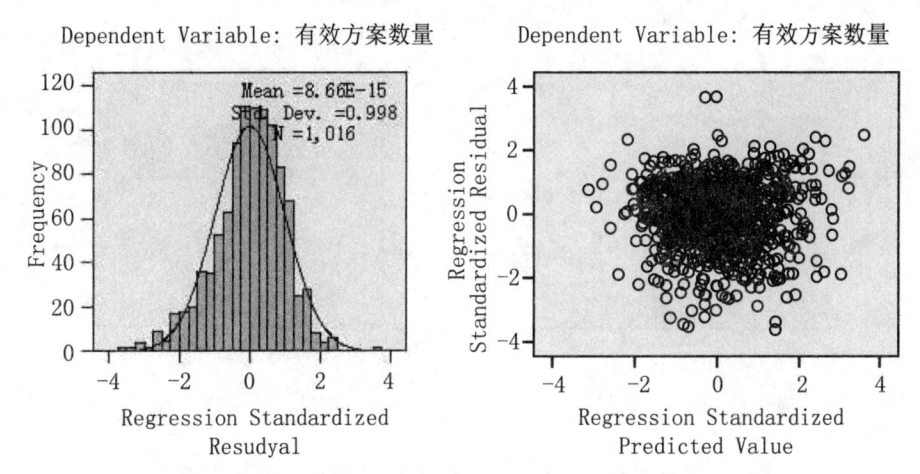

图3 第三章表3-3回归模型2的残差直方图和散点图

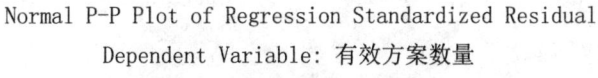

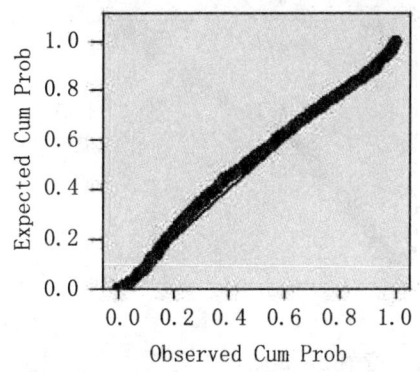

图4 第三章表3-3回归模型2的P-P图

3. 表 3-3 中回归模型 3 的残差直方图、散点图与 P-P 图

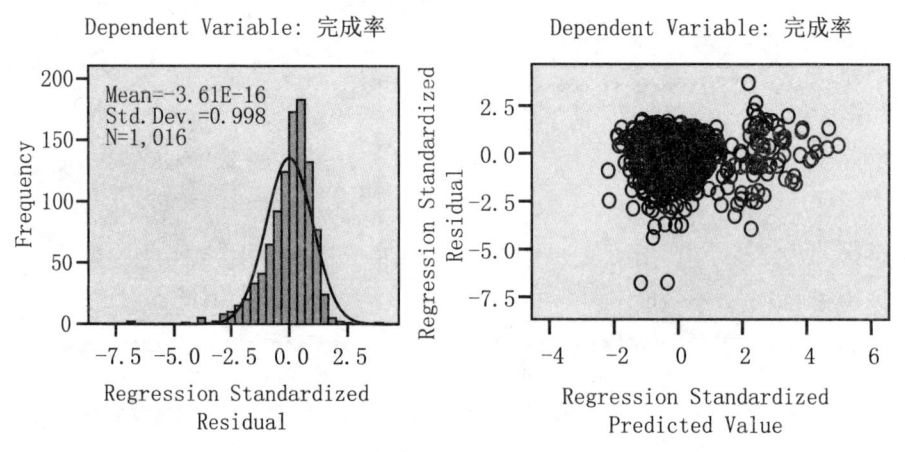

图 5　第三章表 3-3 回归模型 3 的残差直方图和散点图

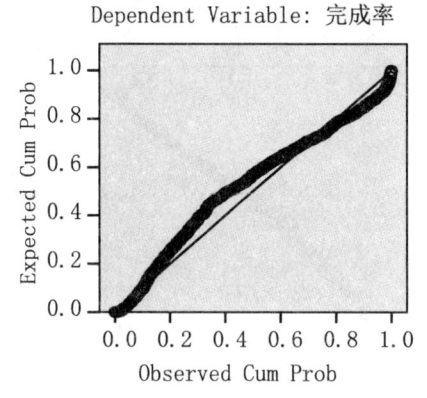

图 6　第三章表 3-3 回归模型 3 的 P-P 图

4. 表 3–4 中回归模型 1 的残差直方图、散点图与 P–P 图

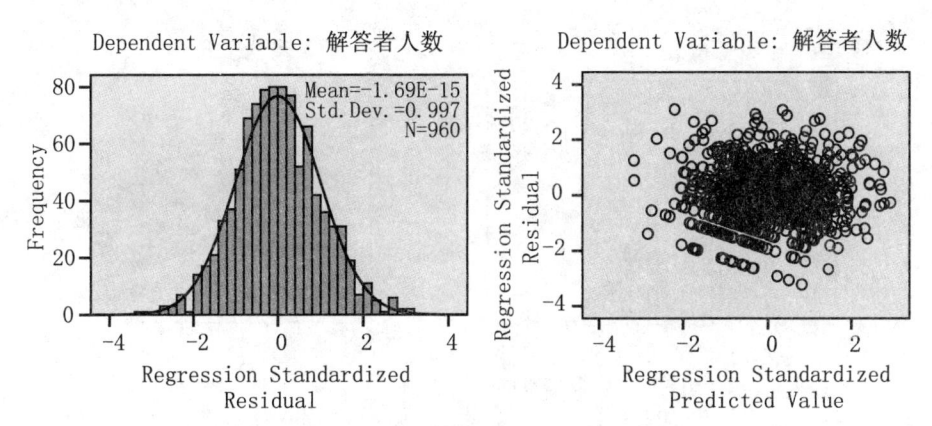

图 7　第三章表 3–4 回归模型 1 的残差直方图和散点图

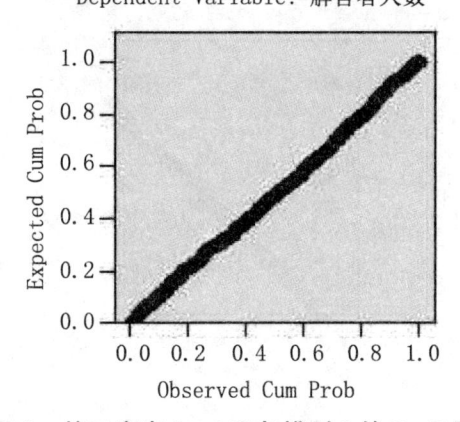

图 8　第三章表 3–4 回归模型 1 的 P–P 图

5. 表3-4中回归模型2的残差直方图、散点图与P-P图

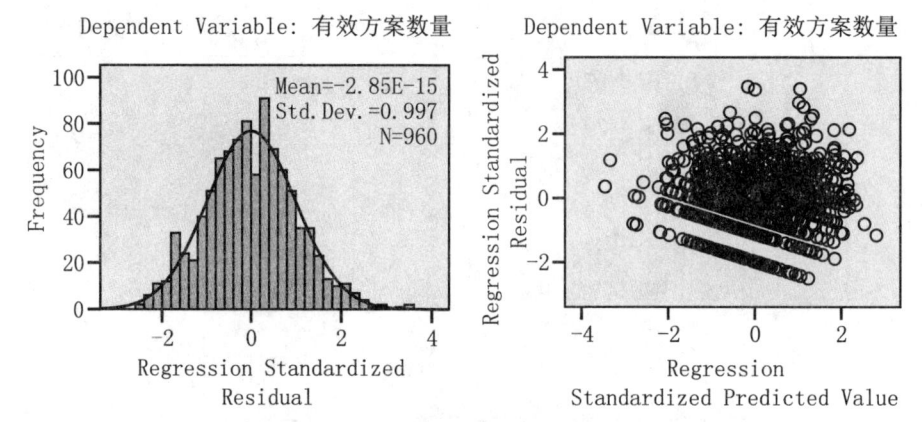

图9　第三章表3-4回归模型2的残差直方图和散点

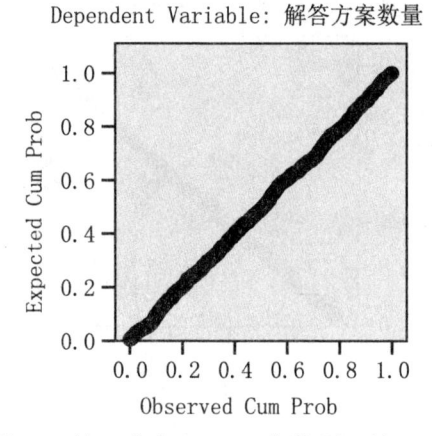

图10　第三章表3-4回归模型2的P-P图

附 录

6. 表 3–4 中回归模型 3 的残差直方图、散点图与 P–P 图

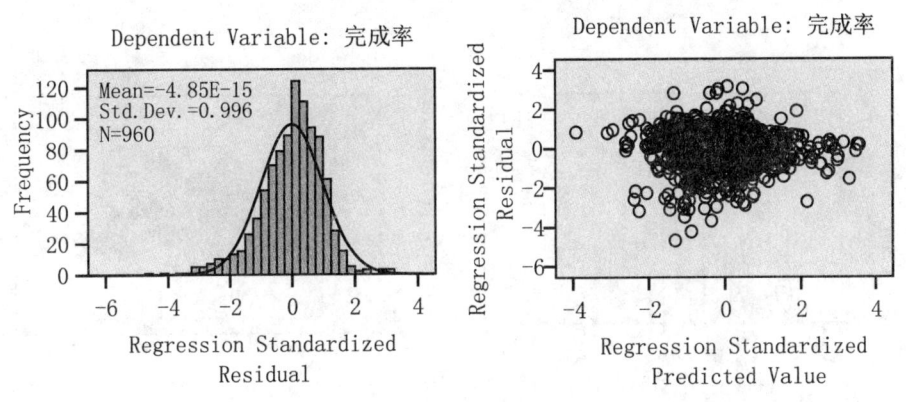

图 11　第三章表 3–4 回归模型 3 的残差直方图和散点图

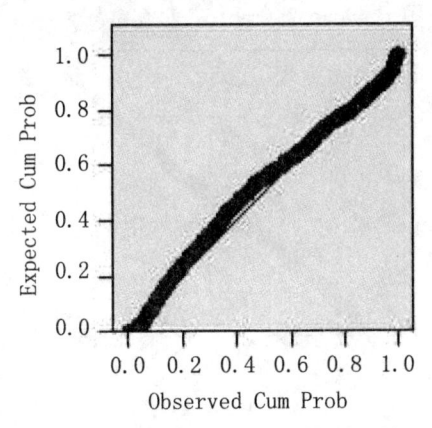

图 12　第三章表 3–4 回归模型 3 的 P–P 图

附录3　第四章回归模型残差分析结果

1. 表 4-3 中回归模型 1-3 的残差直方图、散点图与 P-P 图

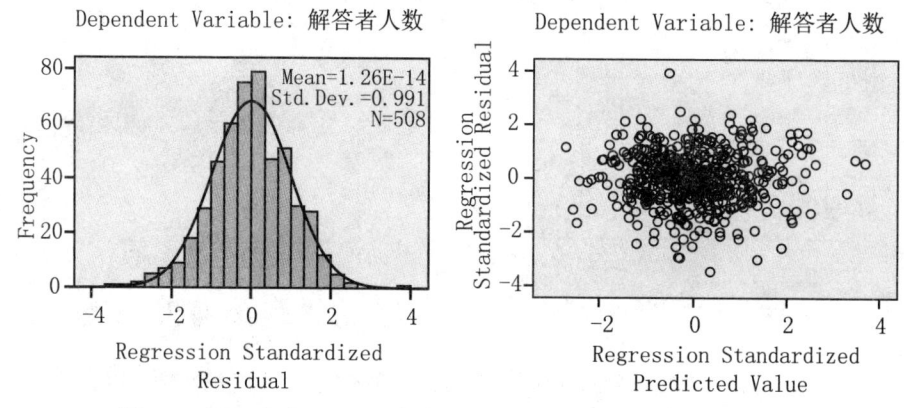

图 13　第四章表 4-3 回归模型 1-3 的残差直方图和散点图

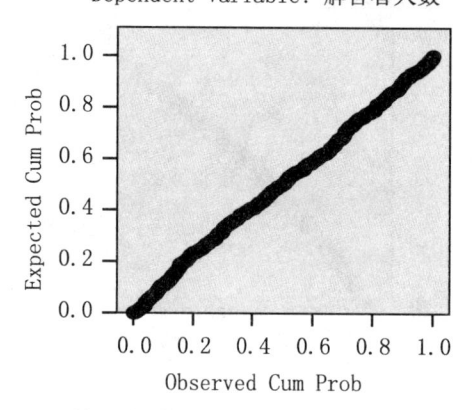

图 14　第四章表 4-3 回归模型 1-3 的 P-P 图

2. 表 4-3 中回归模型 4-6 的残差直方图、散点图与 P-P 图

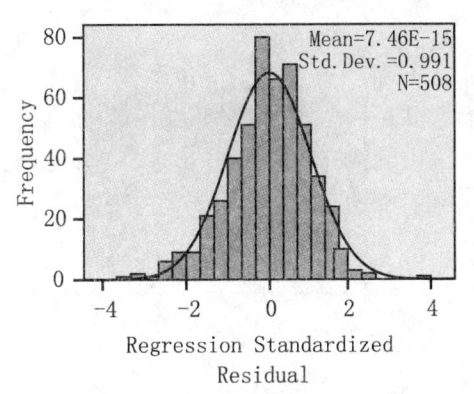

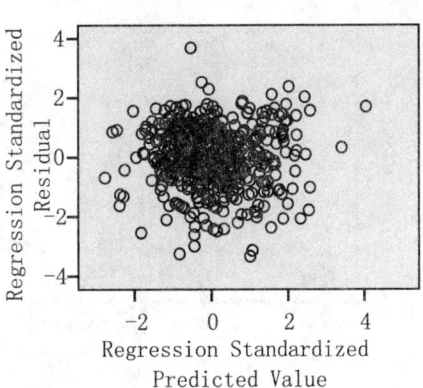

图 15　第四章表 4-3 回归模型 4-6 的残差直方图和散点图

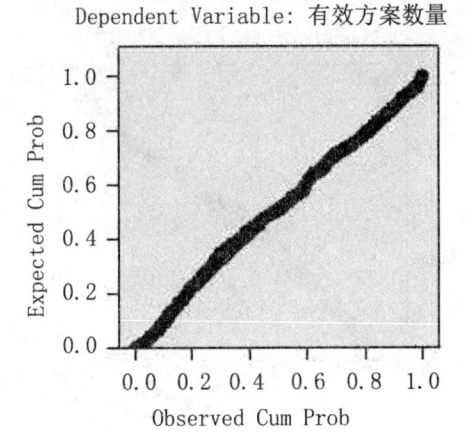

图 16　第四章表 4-3 回归模型 4-6 的 P-P 图

3. 表 4-3 中回归模型 6-9 的残差直方图、散点图与 P-P 图

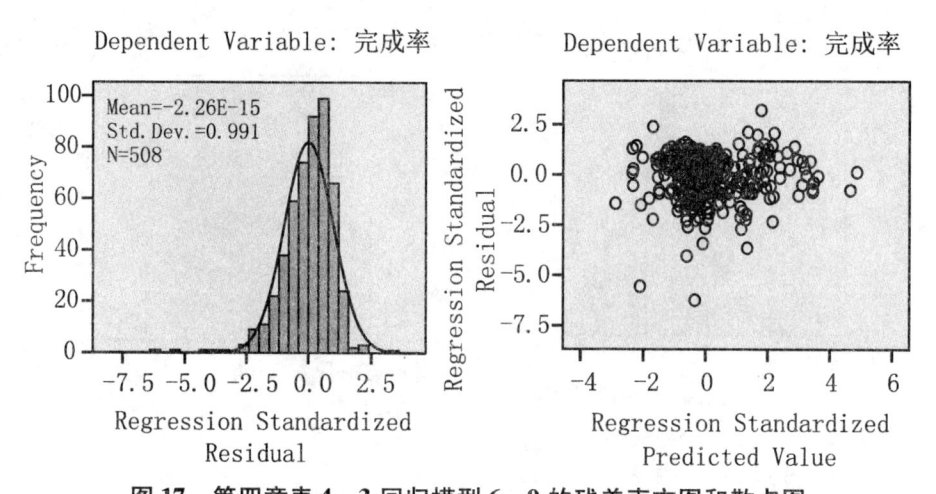

图17　第四章表 4-3 回归模型 6-9 的残差直方图和散点图

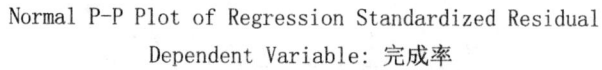

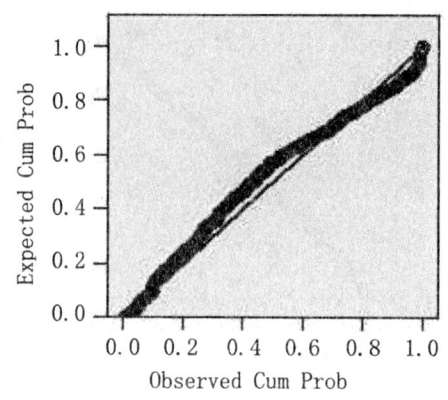

图18　第四章表 4-3 回归模型 6-9 的 P-P 图

4. 表 4-4 中回归模型 1-3 的残差直方图、散点图与 P-P 图

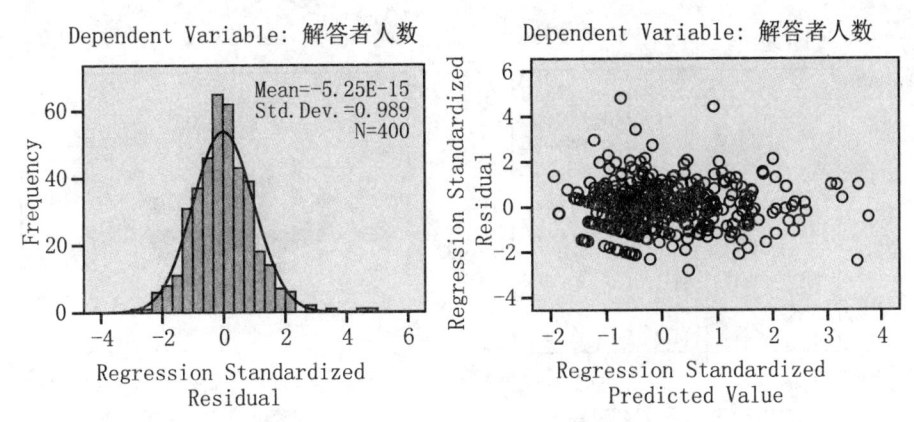

图 19　第四章表 4-4 回归模型 1-3 的残差直方图和散点图

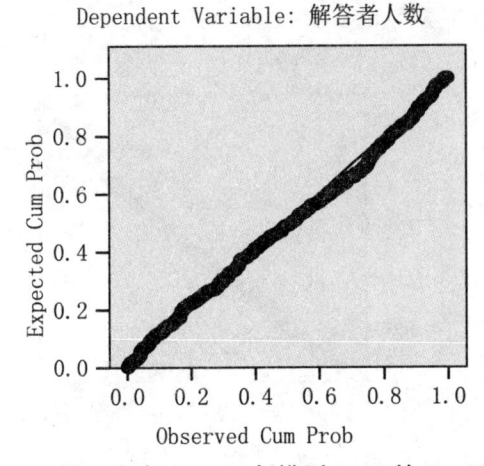

图 20　第四章表 4-4 回归模型 1-3 的 P-P 图

5. 表4-4中回归模型4-6的残差直方图、散点图与P-P图

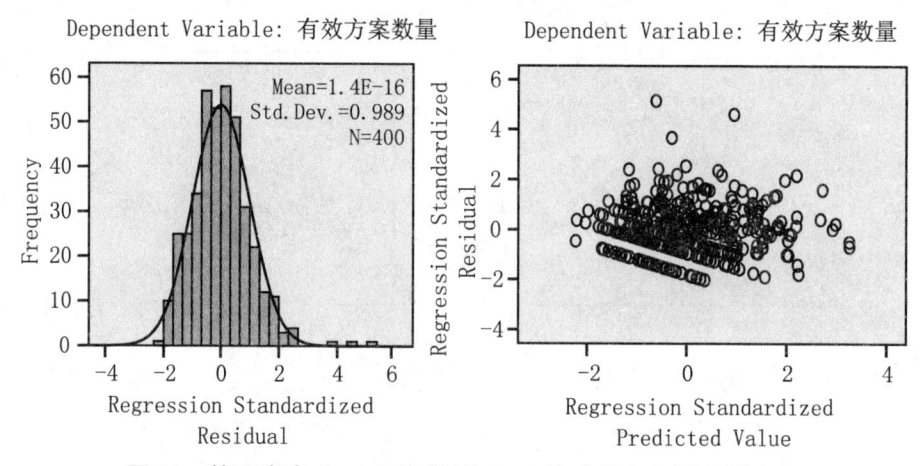

图21 第四章表4-4回归模型4-6的残差直方图和散点图

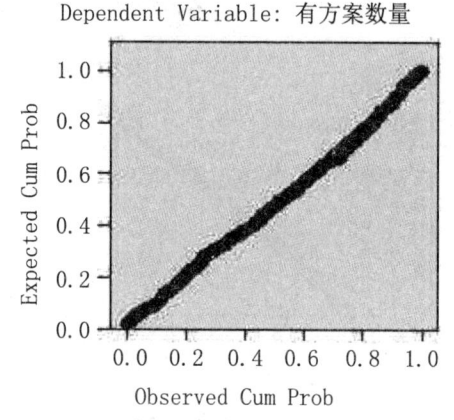

图22 第四章表4-4回归模型4-6的P-P图

6. 表 4-4 中回归模型 7-9 的残差直方图、散点图与 P-P 图

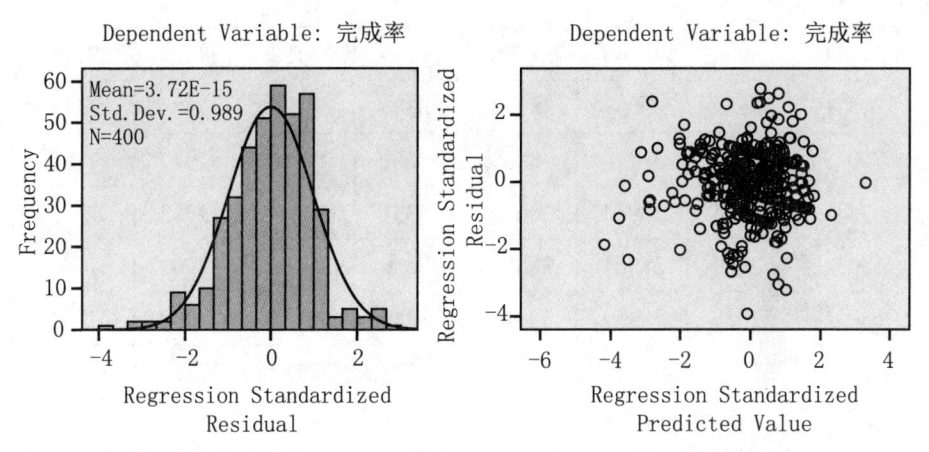

图 23　第四章表 4-4 回归模型 7-9 的残差直方图和散点图

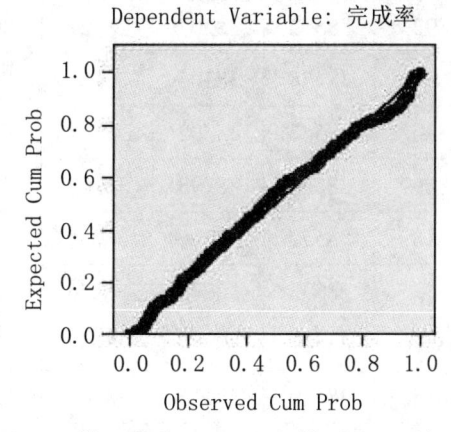

图 24　第四章表 4-4 回归模型 7-9 的 P-P 图

附录4 第五章实证数据样本

1. 任务中国网站（www.Taskcn.com）创意类竞赛数据任务编号（N=508）

71474	53982	40046	38706	38390	38188	37985	37774
70371	53557	39089	38700	38383	38173	37982	37771
70079	52999	38974	38665	38381	38166	37977	37769
69472	52434	38964	38663	38351	38160	37963	37752
69031	52079	38961	38654	38350	38156	37961	37742
68031	52018	38959	38643	38340	38153	37960	37731
67581	51432	38958	38642	38337	38147	37957	37724
66626	51349	38935	38626	38326	38146	37956	37716
65733	50800	38929	38612	38323	38144	37949	37706
64656	50034	38927	38598	38321	38138	37945	37704
64060	49998	38925	38594	38317	38132	37942	37703
63293	49800	38923	38582	38307	38121	37941	37702
62424	49742	38912	38558	38305	38111	37937	37701
62063	49196	38902	38557	38302	38108	37936	37697
62061	48967	38899	38553	38298	38107	37929	37691
61739	48735	38889	38552	38296	38089	37928	37681
60770	48386	38885	38533	38295	38076	37921	37672
60560	47500	38876	38529	38284	38067	37920	37642
60496	47320	38856	38520	38276	38061	37913	37616
60050	47197	38843	38510	38270	38056	37910	37612
59513	46742	38828	38509	38268	38045	37906	37608
59387	46542	38815	38508	38265	38044	37901	37605
59169	46271	38814	38491	38258	38041	37900	37593

附 录

续表

58444	46040	38813	38476	38252	38040	37886	37586	
58256	45374	38806	38474	38249	38034	37885	37579	
57298	45155	38791	38467	38247	38031	37880	37577	
57022	45132	38790	38452	38239	38030	37878		
56351	44922	38782	38451	38232	38025	37872	⋮	
55596	44564	38775	38442	38231	38023	37845		
55381	44403	38772	38441	38230	38020	37832	32268	
55282	44157	38771	38435	38229	38017	37820	32209	
54981	43257	38763	38433	38226	38016	37811	32175	
54562	43146	38761	38424	38225	38015	37805	32126	
54444	43106	38755	38416	38214	38010	37799	32079	
54178	42562	38738	38412	38201	38009	37789	31436	
54163	41250	38713	38397	38197	38000	37788	30944	
54010	41096	38708	38394	38194	37989	37776	30515	

2. 任务中国网站（www.Taskcn.com）专业知识类竞赛数据任务编号（N=400）

81451	71503	66927	61532	58433	55802	51975	49609
80773	71432	66637	61517	58314	55787	51951	49543
80380	71411	66420	61415	58253	55691	51836	49531
79252	71264	66412	61091	58098	55464	51743	49525
79010	71253	66282	60986	58062	55460	51733	49275
78858	71141	66257	60960	57816	55402	51713	49273
78671	70927	66101	60837	57809	55380	51670	49208
78455	70740	65640	60744	57806	55041	51513	49180
78310	70423	65538	60672	57778	55025	51500	49166
78309	70201	65426	60305	57723	54790	51459	49116

续表

78085	70151	65402	60276	57628	54731	51307	48795
77989	70109	65119	60186	57558	54654	51295	43254
77715	70019	65033	60102	57522	54539	51127	42834
77657	69996	64731	60015	57277	54516	51045	42434
77630	69987	64671	59894	57159	54308	51012	41809
75981	69642	64604	59824	57036	54257	50957	41231
75393	69639	64423	59791	57028	54159	50912	34472
75238	69546	64332	59624	57026	53935	50885	32593
74876	69363	64227	59606	56894	53836	50777	32475
74826	69341	64010	59504	56780	53602	50709	31957
74343	69334	64001	59469	56669	53534	50660	30195
74184	69276	63804	59402	56598	53429	50639	28305
74130	69219	63561	59383	56597	53332	50633	28254
73983	68788	63481	59381	56550	53311	50597	26142
73908	68535	63353	59347	56523	53262	50579	25716
73899	68495	63264	59210	56464	53219	50552	25363
73677	68491	62947	59173	56427	53153	50463	
73242	68304	62617	59072	56370	53082	50309	⋮
73078	68290	62563	59009	56305	53058	50256	
72746	68229	62505	58936	56110	52986	50090	6496
72495	68221	62288	58925	55991	52973	50057	6235
72380	68071	62278	58902	55957	52970	49968	6088
72201	67846	62240	58891	55950	52867	49949	5936
72104	67519	62032	58709	55891	52709	49948	5856
71654	67267	61966	58663	55846	52692	49877	5523
71570	67191	61926	58572	55819	52245	49766	1212
71515	67186	61737	58528	55818	52237	49758	1161
71505	67118	61623	58433	55808	51996	49642	6496

附录5　第五章实证数据样本

1. Topcoder 网站（studio. Topcoder. com）众包竞赛数据任务名称（N = 823）

1	Hercules Quantum X2 Storyboard Design Contest Part I REPOST
2	Hestia B2B New Platform E-Commerce UX Design Contest II
3	2013 TopCoder Open T-Shirt Design Contest REPOST
4	TC-Open Innovation Analytics PowerPoint Presentation Design Contest
5	VTARC-TSA Wireframes Design Contest
6	MNEMOSYNE Pricing Tool Storyboard Design Contest
7	FAST!! Hercules Field Tech Dashboard Concept Design Contest
8	TopCoder Blog Subscription Footer Design Contest
9	FAST!! -VTARC-TIA Wireframes Design Contest
10	Chaos Direct-UI Design Update Contest
11	FAST!! Hestia ProPlus Flat Design Update Contest
12	TopCoder Studio Logo and Branding Design Competition
13	Seto IT Services Icon Sets Design Contest
14	2013 TopCoder Open T-Shirt Design Contest
15	FAST!! Talos-Dispatch Heat Map Storyboard Design Contest
16	TopCoder University-Newsletter Sign Up Banner Contest
17	TIS-IT Website Storyboard Contest
18	TopCoder Member Stats Graphics Redesign Contest

续表

19	NASA IT Labs-Banner contest
20	FAST!! CSFV Mini Site Page Skinning Contest
21	Hestia UX Intake Forms Redesign Contest
22	2013 TopCoder Open Animation Presentation Design Contest I
23	FAST!! Corningstone-Bid Creation HTML5 POC Storyboard
24	NNS Quest2Matter Storyboard Contest
25	Funktional Dental-Landing Page Design Contest
26	EMP Panels Storyboards Design Contest
27	MNEMOSYNE-Pricing Tool Web Wireframes Design Contest
28	TopCoder Studio Membership Recruitment Advertisements Design Contest
⋮	
818	TopCoder Competition Language Type Icons-Round 2
819	Studio Site Masthead Design-REPOST
820	TopCoder Component Catalog Category Icons Round 2
821	TopCoder Competition Language Type Icons
822	TopCoder Component Catalog Category Icons
823	Studio Birthday Banner

附 录

附录6　第五章回归模型残差分析结果

1. 表5-3中回归模型1-2的残差直方图、散点图与P-P图

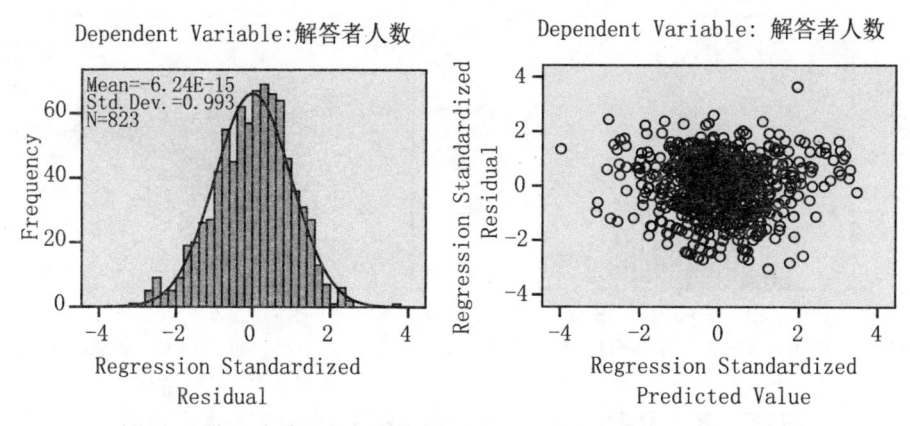

图25　第五章表5-3回归模型1-2的残差直方图和散点图

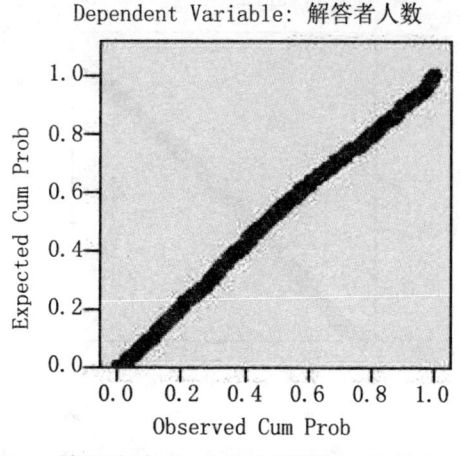

图26　第五章表5-3回归模型1-2的P-P图

2. 表 5 – 3 中回归模型 3 – 4 的残差直方图、散点图与 P – P 图

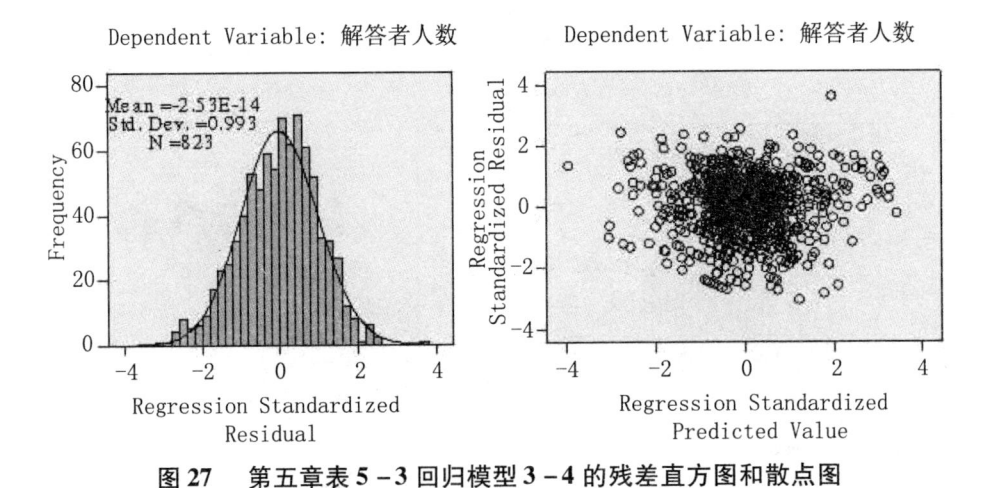

图27　第五章表 5 – 3 回归模型 3 – 4 的残差直方图和散点图

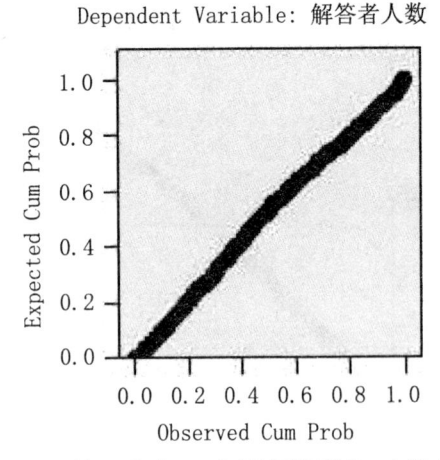

图28　第五章表 5 – 3 回归模型 3 – 4 的 P – P 图

附　录

3. 表 5-3 中回归模型 5-6 的残差直方图、散点图与 P-P 图

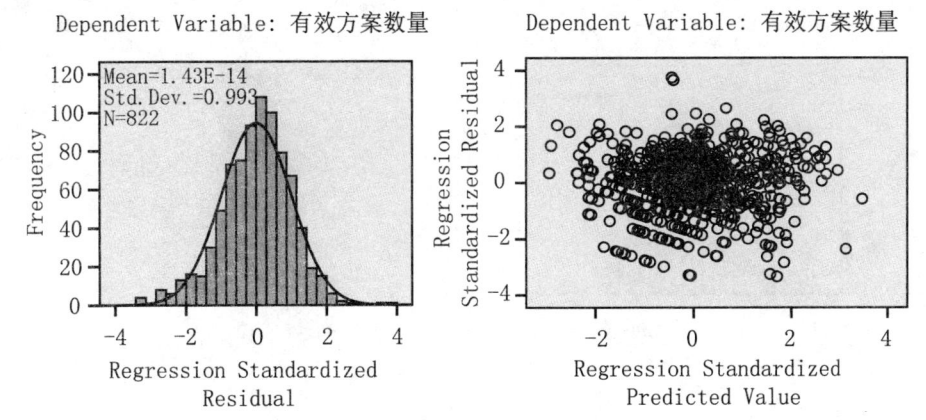

图 29　第五章表 5-3 回归模型 5-6 的残差直方图和散点图

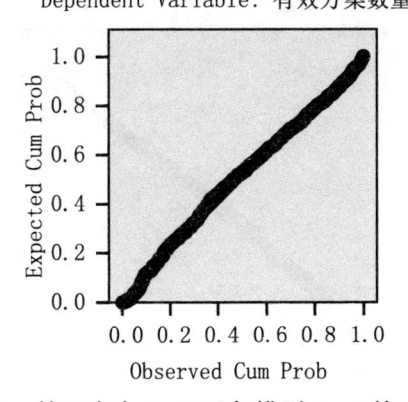

图 30　第五章表 5-3 回归模型 5-6 的 P-P 图

4. 表 5-3 中回归模型 7-8 的残差直方图、散点图与 P-P 图

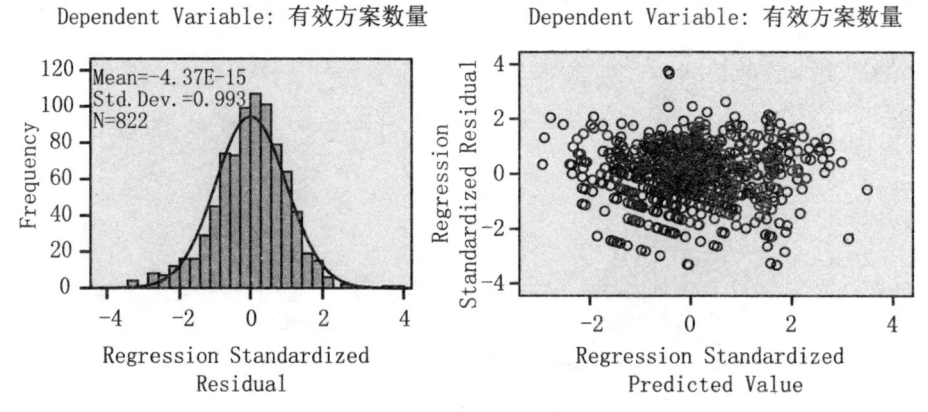

图 31　第五章表 5-3 回归模型 7-8 的残差直方图和散点图

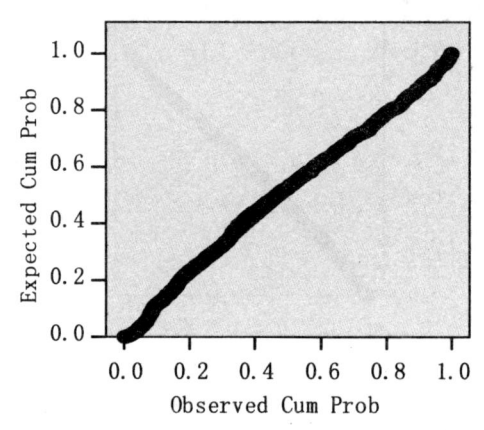

图 32　第五章表 5-3 回归模型 7-8 的 P-P 图

附 录

5. 表 5-4 中回归模型 1-2 的残差直方图、散点图与 P-P 图

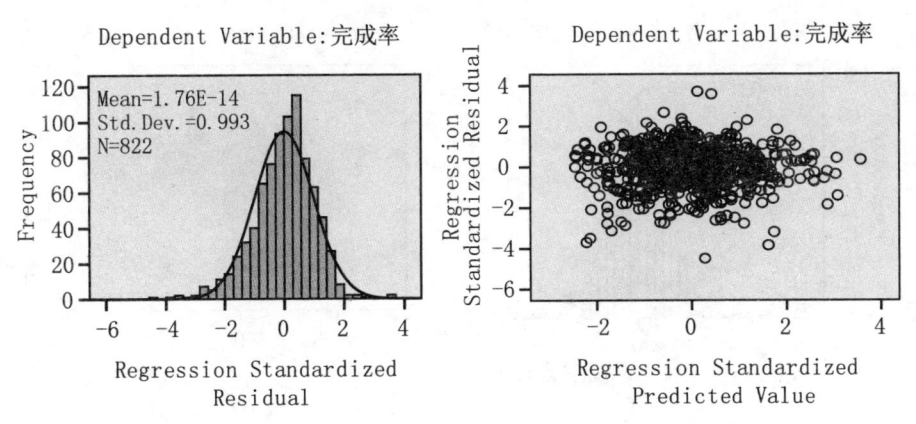

图33　第五章表5-4回归模型1-2的残差直方图和散点图

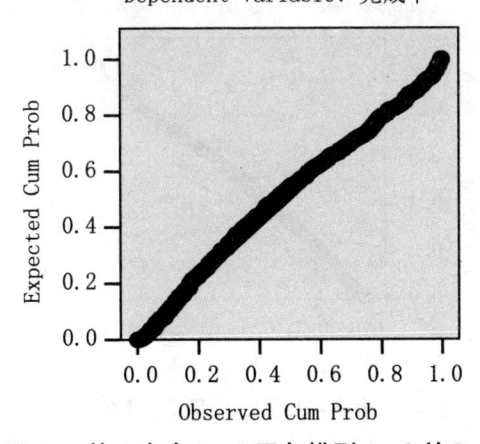

图34　第五章表5-4回归模型1-2的P-P图

6. 表 5-4 中回归模型 3-4 的残差直方图、散点图与 P-P 图

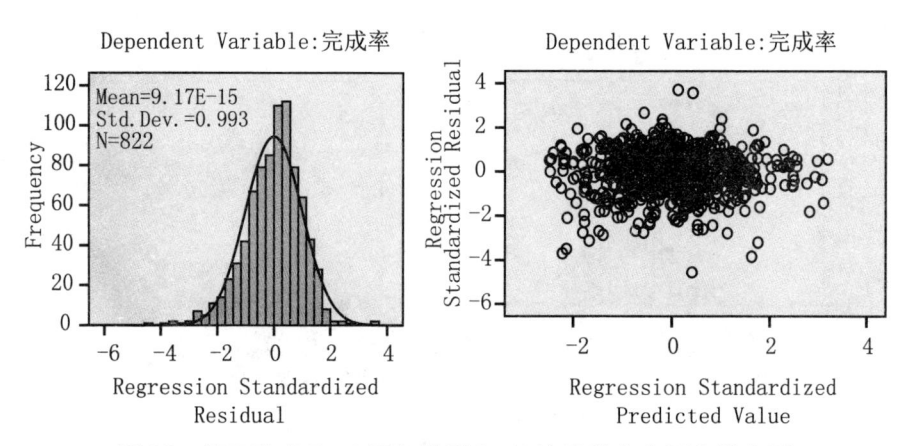

图35 第五章表 5-4 回归模型 3-4 的残差直方图和散点图

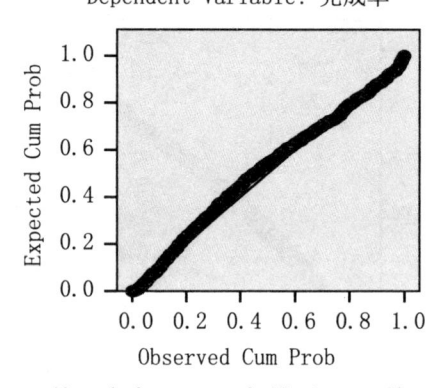

图36 第五章表 5-4 回归模型 3-4 的 P-P 图

附录7 第五章仿真程序源代码

1. 赢者通吃情形下竞价奖励机制中解答者努力程度分析源代码

```
clear all;
close all;

k = 0.3;

m = 0.5;
x = 0:0.1:1;
y = (x*k)/(2*power(m,2));

m2 = 1;
x2 = 0:0.1:1;
y2 = (x2*k)/(2*power(m2,2));

m3 = 1.5;
x3 = 0:0.1:1;
y3 = (x3*k)/(2*power(m3,2));

plot(x,y,'-o',x2,y2,'-*',x3,y3,'--rs','LineWidth',1.5,...
    'MarkerEdgeColor','k',...
    'MarkerFaceColor','g',...
    'MarkerSize',10);
legend('m = 0.5','m = 1','m = 1.5',2);
title('k = 0.3');
xlabel('解答者的参赛经验');
ylabel('解答者的努力程度');
```

2. 赢者通吃情形下竞价奖励机制中组织者期望收益分析源代码

```
clear all;
close all;

k = 0.3;
rho = 2;

m = 0.5;
x = 0:0.1:1;
for i = 1:11
    a(i) = (k * power(x(i),2))/(2 * power(m,2));
end
mu = std(a);
for i = 1:11
    y(i) = power(x(i),4)/(4 * power(m,3) * (power(x(i),2) + 2 * power(m,3) * rho * mu * mu));
end
end

m2 = 1;
x2 = 0:0.1:1;
for i = 1:11
    a(i) = (k * power(x2(i),2))/(2 * power(m2,2));
end
mu = std(a);
for i = 1:11
    y2(i) = power(x2(i),4)/(4 * power(m2,3) * (power(x2(i),2) + 2 * power(m2,3) * rho * mu * mu));
end
end

m3 = 1.5;
```

```
x3 = 0:0.1:1;
for i = 1:11
    a(i) = (k * power(x3(i),2))/(2 * power(m3,2));
end
mu = std(a);
for i = 1:11
    y3(i) = power(x3(i),4)/(4 * power(m3,3) * (power(x3(i),2) + 2 *
    power(m3,3) * rho * mu * mu));
end

plot(x,y,'-o',x2,y2,'-*',x3,y3,'--rs','LineWidth',1.5,...
    'MarkerEdgeColor','k',...
    'MarkerFaceColor','g',...
    'MarkerSize',10);
legend('m = 0.5','m = 1','m = 1.5',2);
title('k = 0.3')
xlabel('解答者的参赛经验');
ylabel('组织者的期望收益');
```

3. 赢者通吃情形下不同奖励机制中组织者期望收益分析源代码

```
clear all;
close all;

m = 0.3;
w0 = 0.6;
rho = 2;
x = 0.1:0.1:0.9;

for i = 1:9
    y(i) = x(i) * sqrt(w0/power(m,3)) - w0;
```

```
end


for i = 1:9
    k = 0.3;
    a(i) = (k * power(x(i),2))/(2 * power(m,2));
end


mu = std(a);


for i = 1:9
    y1(i) = power(x(i),4)/(4 * power(m,3) * (power(x(i),2) + 2 * power(m,3) * rho * mu * mu));
end


p = 0.01;
for j = 1:99
    Y(j) = (power(p*j,4)/(4 * power(m,3) * (power(p*j,2) + 2 * power(m,3) * rho * mu * mu))) - (p * j * sqrt(w0/power(m,3)) - w0);
end
[~,index] = min(abs(Y));
p1 = p * index
h1 = power(p1,4)/(4 * power(m,3) * (power(p1,2) + 2 * power(m,3) * rho * mu * mu));
A1 = power(p1 - sqrt(power(p1,2) - 4 * power(m,3) * h1),2)/(4 * power(m,3));


for i = 1:9
    k = 0.5;
    a(i) = (k * power(x(i),2))/(2 * power(m,2));
```

end

mu = std(a);

for i = 1:9
   y2(i) = power(x(i),4)/(4 * power(m,3) * (power(x(i),2) + 2 * power(m,3) * rho * mu * mu));
end

for j = 1:99
   Y(j) = (power(p * j,4)/(4 * power(m,3) * (power(p * j,2) + 2 * power(m,3) * rho * mu * mu))) - (p * j * sqrt(w0/power(m,3)) - w0);
end
[~,index] = min(abs(Y));
p2 = p * index
h2 = power(p2,4)/(4 * power(m,3) * (power(p2,2) + 2 * power(m,3) * rho * mu * mu));
A2 = power(p2 - sqrt(power(p2,2) - 4 * power(m,3) * h2),2)/(4 * power(m,3))

for i = 1:9
   k = 0.8;
   a(i) = (k * power(x(i),2))/(2 * power(m,2));
end

mu = std(a);

for i = 1:9
   y3(i) = power(x(i),4)/(4 * power(m,3) * (power(x(i),2) + 2 * power(m,3) * rho * mu * mu));

```
end

for j = 1:99
    Y(j) = (power(p*j,4)/(4*power(m,3)*(power(p*j,2)+2*power(m,3)*rho*mu*mu)))-(p*j*sqrt(w0/power(m,3))-w0);
end
[~,index] = min(abs(Y));
p3 = p*index
h3 = power(p2,4)/(4*power(m,3)*(power(p2,2)+2*power(m,3)*rho*mu*mu));
A3 = power(p2-sqrt(power(p2,2)-4*power(m,3)*h3),2)/(4*power(m,3))



plot(x,y,'-cx',x,y1,'-bo',x,y2,'-m*',x,y3,'--rs','LineWidth',1.5,...
    'MarkerEdgeColor','k',...
    'MarkerFaceColor','g',...
    'MarkerSize',6);
legend('E_G','E_J1 k=0.3','E_J2 k=0.5','E_J3 k=0.8',2);
title('w0 = 0.6 m = 0.3')
xlabel('p');
ylabel('E');
```

4. 多奖项情形下竞价奖励交互产出模型中解答者努力程度分析源代码

```
clear all;
close all;

k = 0.3;
m = 0.5;
```

```
rho = 2;

mu1 = 0.5;
p1 = 0:0.1:1;
p2 = 0:0.1:1;
for i = 1:11
    for j = 1:11
        e1(i,j) = k*(p1(i) + m*mu1*p2(j))/(2*power(m,2));
    end
end

mu2 = 0.8;
for i = 1:11
    for j = 1:11
        e2(i,j) = k*(p1(i) + m*mu2*p2(j))/(2*power(m,2));
    end
end
%% p1 = 0:0.1:1;
%% p2 = p1;
% [p1,p2] = meshgrid(p1,p2);
%% Ii = mu2*(p1. + p2.);
% e2 = k*(t + mu2*(t + t2))/(2*m);


hold on;
c1 = 0.22*ones(11,11);
c2 = 0.32*ones(11,11);
surf(p1,p2,e1,c1)
surf(p1,p2,e2,c2)
% plot3(p1,p2,e1,'-o',p1,p2,e2,'-*');
```

```
legend('mu = 0.5','mu = 0.8',2);
title('k=0.3,m=0.5')
xlabel('p_i');
ylabel('p_j');
zlabel('e_i');
```

5. 多奖项情形下竞价奖励交互产出模型中组织者期望收益分析源代码

```
clear all;
close all;

k = 0.3;
m = 0.5;
rho = 2;


p1 = 0:0.1:1;
p2 = 0:0.1:1;




mu1 = 0.5;
for i = 1:11
    for j = 1:11
    a(i,j) = (k * p1(i) * (p1(i) + m * mu1 * p2(j)))/(2 * m * m);
    a2(i,j) = (k * p2(i) * (p2(i) + m * mu1 * p1(j)))/(2 * m * m);
    end
end
v1 = var(a(:));
v2 = var(a2(:));

for i = 1:11
```

```
    for j = 1:11
        E1(i,j) = power(p1(i) + m * mu1 * p2(j),4)/(4 * power(m,3)
        * (power(p1(i) + m * mu1 * p2(j),2) + 2 * power(m,3) * rho *
        v1));
        E2(i,j) = power(p2(i) + m * mu1 * p1(j),4)/(4 * power(m,3)
        * (power(p2(i) + m * mu1 * p1(j),2) + 2 * power(m,3) * rho *
        v2));
        E01 = E1 + E2;
    end
end

mu2 = 0.8;
for i = 1:11
    for j = 1:11
        a(i,j) = (k * p1(i) * (p1(i) + m * mu2 * p2(j)))/(2 * m * m);
        a2(i,j) = (k * p2(i) * (p2(i) + m * mu2 * p1(j)))/(2 * m * m);
    end
end
v1 = var(a(:));
v2 = var(a2(:));

for i = 1:11
    for j = 1:11
        E1(i,j) = power(p1(i) + m * mu2 * p2(j),4)/(4 * power(m,3)
        * (power(p1(i) + m * mu2 * p2(j),2) + 2 * power(m,3) * rho *
        v1));
        E2(i,j) = power(p2(i) + m * mu2 * p1(j),4)/(4 * power(m,3)
        * (power(p2(i) + m * mu2 * p1(j),2) + 2 * power(m,3) * rho *
        v2));
        E02 = E1 + E2;
```

```
        end
end

hold on;
c1 = 0.5*ones(11,11);
c2 = 0.2*ones(11,11);
surf(p1,p2,E01,c1)
surf(p1,p2,E02,c2)
% plot3(p1,p2,e1,'-o',p1,p2,e2,'-*');
legend('mu = 0.5','mu = 0.8',2);
title('k=0.3,m=0.5')
xlabel('p_i');
ylabel('p_j');
zlabel('E_H');
```

6. 多奖项情形下不同奖励机制中组织者期望收益分析源代码

```
clear all;
close all;

k = 0.5;
m1 = 0.5;
m2 = 0.5;
mu = 0.5;
mu2 = 0.8;
wA = 5;
rho = 2;
alpha = 0.7;

p1 = 0:0.1:1;
p2 = 0:0.1:1;
```

```
for i = 1:11
    for j = 1:11
        a11(i,j) = (k * p1(i) * (p1(i) + m1 * mu * p2(j)))/(2 * m1 * m1);
        a12(i,j) = (k * p2(i) * (p2(i) + m2 * mu * p1(j)))/(2 * m2 * m2);
        a21(i,j) = (k * p1(i) * (p1(i) + m1 * mu2 * p2(j)))/(2 * m1 * m1);
        a22(i,j) = (k * p2(i) * (p2(i) + m2 * mu2 * p1(j)))/(2 * m2 * m2);

    end
end
v11 = var(a11(:));
v12 = var(a12(:));
v21 = var(a21(:));
v22 = var(a22(:));


for i = 1:11
    for j = 1:11
        E11(i,j) = power(p1(i) + m1 * mu * p2(j),4)/(4 * power(m1,3)
             * (power(p1(i) + m1 * mu * p2(j),2) + 2 * power(m1,3) * rho *
             v11));
        E12(i,j) = power(p2(i) + m2 * mu * p1(j),4)/(4 * power(m2,3)
             * (power(p2(i) + m2 * mu * p1(j),2) + 2 * power(m2,3) * rho *
             v12));
        Eh1(i,j) = E11(i,j) + E12(i,j);

        Ea(i,j) = (p1(i) * sqrt((alpha * wA)/power(m1,3)) + p2(j) * sqrt
             (((1 - alpha) * wA)/power(m2,3))) - wA;
```

```
    end
end

for i = 1:11
    for j = 1:11
        E21(i,j) = power(p1(i) + m1 * mu2 * p2(j),4)/(4 * power(m1,
        3) * (power(p1(i) + m1 * mu2 * p2(j),2) + 2 * power(m1,3) * rho
        * v21));
        E22(i,j) = power(p2(i) + m2 * mu2 * p1(j),4)/(4 * power(m2,
        3) * (power(p2(i) + m1 * mu2 * p1(j),2) + 2 * power(m2,3) * rho
        * v22));
        Eh2(i,j) = E21(i,j) + E22(i,j);

    end
end


hold on;
c1 = 0.5 * ones(11,11);
c2 = 0.8 * ones(11,11);
c3 = 0.2 * ones(11,11);
surf(p1,p2,Eh1,c1)
surf(p1,p2,Eh2,c2)
surf(p1,p2,Ea,c3)
% plot3(p1,p2,e1,'-o',p1,p2,e2,'-*');
legend('E_H_1 mu=0.5','E_H_2 mu=0.8','E_A',2);
title('w_A=5,k=0.5')
xlabel('p_1');
ylabel('p_2');
zlabel('E_H_1,E_H_2,E_A');
```

7. 不同的赢者确定方式下组织者期望收益比较源代码

```
clear all;
close all;

k = 0.3;
m1 = 0.5;
m2 = 0.5;
mu = 0.5;
mu2 = 0.8;
rho = 2;
alpha = 0.7;

p1 = 0:0.1:1;
p2 = 0:0.1:1;

for i = 1:11
    for j = 1:11
    a11(i,j) = (k * p1(i) * (p1(i) + m1 * mu * p2(j)))/(2 * m1 * m1);
    a12(i,j) = (k * p2(i) * (p2(i) + m2 * mu * p1(j)))/(2 * m2 * m2);
    a21(i,j) = (k * p1(i) * (p1(i) + m1 * mu2 * p2(j)))/(2 * m1 * m1);
    a22(i,j) = (k * p2(i) * (p2(i) + m2 * mu2 * p1(j)))/(2 * m2 * m2);
    a23(i,j) = (k * p1(i) * p1(i))/(2 * m1 * m1);


    end
end
v11 = var(a11(:));
```

```
v12 = var(a12(:));
v21 = var(a21(:));
v22 = var(a22(:));
v23 = var(a23(:));



for i = 1:11
    for j = 1:11
        E11(i,j) = power(p1(i) + m1 * mu * p2(j),4)/(4 * power(m1,3)
         * (power(p1(i) + m1 * mu * p2(j),2) + 2 * power(m1,3) * rho *
         v11));
        E12(i,j) = power(p2(i) + m1 * mu * p1(j),4)/(4 * power(m2,3)
         * (power(p2(i) + m1 * mu * p1(j),2) + 2 * power(m2,3) * rho *
         v12));
        Eh1(i,j) = E11(i,j) + E12(i,j);

        E21(i,j) = power(p1(i) + m1 * mu2 * p2(j),4)/(4 * power(m1,
         3) * (power(p1(i) + m1 * mu2 * p2(j),2) + 2 * power(m1,3) * rho
         * v21));
        E22(i,j) = power(p2(i) + m2 * mu2 * p1(j),4)/(4 * power(m2,
         3) * (power(p2(i) + m2 * mu2 * p1(j),2) + 2 * power(m2,3) * rho
         * v22));
        Eh2(i,j) = E21(i,j) + E22(i,j);

        Ej(i,j) = power(p1(j),4)/(4 * power(m1,3) * (power(p1(j),2) + 2
         * power(m1,3) * rho * v23));
    end
end
```

```
hold on;
c1 = 0.3 * ones(11,11);
c2 = 0.4 * ones(11,11);
c3 = 0.1 * ones(11,11);
surf(p1,p2,Eh1,c1)
surf(p1,p2,Eh2,c2)
surf(p1,p2,Ej,c3)
% plot3(p1,p2,e1,'-o',p1,p2,e2,'-*');
legend('E_H_1 mu=0.5','E_H_2 mu=0.8','E_J',2);
title('k=0.3')
xlabel('p_1');
ylabel('p_2');
zlabel('E_H_1 ,E_H_2,E_J');
```

附录8　威客网站中威客行为研究调查问卷

尊敬的女士/先生：

您好！本问卷是一项关于目前中国威客网站中威客行为的调查研究。对于您的关注和支持，我们表示万分感谢！本次调查对象是参与过众包竞赛任务的威客成员，调查结果仅用作学术研究，无任何商业目的。您的宝贵意见对本研究非常重要，请根据您个人的实际经验填写问卷。本问卷纯属学术研究，不涉及实际姓名，数据只用于学术统计分析，我们将严格遵守《中华人民共和国统计法》中的保密原则，请您放心填写。

填写说明：请基于您在威客网站的竞赛任务中的参与经历和主观感受，对以下相关方面的内容进行评价，并选择相应的评价得分（其中1表示完全不同意，2表示不太同意，3表示一般，4表示基本同意，5表示完全同意；例如：您对某一问题态度是"完全不同意"，则填"1"，每个问题只选一个得分，请不要多选！）。您的评价仅代表您个人的观点，没有正确和错误之分。

第一部分

1. 基于您自身的实际感知对下列题项进行评价

编号	问题	1	2	3	4	5
PF1	我觉得参与竞赛任务是非常有趣的					
PF2	我喜欢参与猪八戒网站中的竞赛任务					
PF3	参与竞赛任务给了我机会去做感兴趣的事情					
PF4	参与竞赛任务给我带来了乐趣					
SE1	我对于自己参与竞赛任务的能力很有自信					
SE2	我具备完成竞赛任务所需要的相关专业知识和技能					
SE3	我觉得我可以胜任很多竞赛任务					
SI1	通过参与竞赛任务，我可以学到相关的技能					
SI2	通过参与竞赛任务，我可以提高自己的相关技能					
SI3	赢得竞赛任务有助于自我能力提升					

续表

编号	问题	1	2	3	4	5
FA1	当参与竞赛任务时我会忘记我周围的环境					
FA2	我时常会觉得参与竞赛任务是我生活的一部分					
FA3	我时常觉得我离不开我所在的竞赛活动					
EA1	我倾向于选择参与同类任务中悬赏金额较高的任务					
EA2	参与竞赛任务能帮助我获得一定报酬					
EA3	我参与竞赛任务主要目的是为了能获得一些奖金					
PU1	参与竞赛任务可以让我结识兴趣相投的朋友					
PU2	参与竞赛任务有助于我了解自己感兴趣的信息					
PU3	众包竞赛社区为我提供了一个开发自己潜力的平台					
PE1	掌握竞赛任务的整个流程对我来说是容易的					
PE2	参与竞赛任务要花费的精力是我能接受的					
PE3	很容易学会如何使用竞赛任务的各个操作环节					

2. 基于您参与的实际情况对下列题项进行评价

编号	问题					
EF1	我尽了最大努力设计并提交了创意或解决方案					
EF2	我花了很多时间来完成竞赛任务					
EF3	我充分运用了各种技巧和才能来解决竞赛中遇到的问题					

3. 基于您对任务及发起者的实际感知对下列题项进行评价

编号	问题					
TU1	我认为任务发布者是值得信任的					
TU2	我相信任务发布者会信守承诺并且不会欺诈					
TU3	我相信任务发布者能够公平的评价每个参与者的提交作品					

第二部分

背景信息（※这部分信息是我们进行总体分析的重要依据，我们将对这些信息保密，请在相关信息上选择※）

1. 您参与的威客平台：
2. 您的威客名称：
3. 您的受教育程度：

   A. 高中/中专及其以下　　B. 大专　　　　　　C. 本科
   D. 硕士　　　　　　　　E. 博士及其以上

4. 您的性别：

   A. 男　　　　　　　　　B. 女

5. 您的年龄：

   A. 18 岁以下　　　　　B. 18～25 岁　　　　C. 26～35 岁
   D. 36～45 岁　　　　　E. 45～55 岁　　　　F. 55 岁以上

6. 您的威客历史（参与时间）：

   A. 3 个月以下　　　　　B. 3～6 个月　　　　C. 7～12 个月
   D. 1～2 年　　　　　　E. 2 年以上

7. 您的固定月平均收入为：

   A. 1000 元以下　　　　B. 1000～2000 元　　C. 2000～3000 元
   D. 3000～5000 元　　　E. 5000 元以上

8. 你参加悬赏任务并最终获得奖金的次数大约为：

   A. 参加过但未获得奖励　B. 1～10 次　　　　　C. 10～50 次
   D. 50～100 次　　　　　E. 100 次以上

非常感谢您抽出宝贵的时间参与本次调查研究！现在请您保存问卷！